国家哲学社会科学成果文库

NATIONAL ACHIEVEMENTS LIBRARY
OF PHILOSOPHY AND SOCIAL SCIENCES

互联网群聚传播

隋岩 著

科学出版社

内 容 简 介

互联网虽具有人际传播、组织传播、大众传播等多种属性，但本质属性是传播主体极端多元的群体聚集性传播。速聚速散的群集，形式酷似"快闪"，但绝不同于"快闪"背后的组织传播本质。时间碎片化与空间叠加且加速流动，赋予群聚传播生成条件，促使大众传播时代的离散社会，演变为互联网空间中常态化的社会聚集，即原本非常态的集合行为常态化了。

多元主体聚散瞬间化、常态化的社会表达，既直逼话语权力和舆论角逐，又反映出虚、实社会结构的"共变共振"关系。群聚传播以表征符号映射社会结构冲突，用情绪发泄裹胁民意，激发真相难辨的网络狂欢，把个体事件、局部问题扩散演化为整体问题，转化为舆情海啸，不仅可以绑架个人、机构、企业、行业，甚至可以影响任何国家的外交政策乃至战争走向和国际格局。

本书涉猎的论题较广泛，可供传媒、社会、语言、政治、文化心理等领域的研究者参考。

图书在版编目（CIP）数据

互联网群聚传播 / 隋岩著. —北京：科学出版社，2023.6
（国家哲学社会科学成果文库）
ISBN 978-7-03-075552-0

Ⅰ.①互⋯ Ⅱ.①隋⋯ Ⅲ.①互联网络-传播媒介 Ⅳ.①G206.2

中国国家版本馆 CIP 数据核字（2023）第 086197 号

责任编辑：杜长清 / 责任校对：郑金红
责任印制：赵 博 / 封面设计：有道文化

科 学 出 版 社出版
北京东黄城根北街16号
邮政编码：100717
http://www.sciencep.com

北京中科印刷有限公司印刷
科学出版社发行 各地新华书店经销
*
2023年6月第 一 版 开本：720×1000 1/16
2025年7月第三次印刷 印张：20 1/2 插页：2
字数：303 000

定价：168.00 元
（如有印装质量问题，我社负责调换）

《国家哲学社会科学成果文库》
出版说明

为充分发挥哲学社会科学优秀成果和优秀人才的示范引领作用，促进我国哲学社会科学繁荣发展，自 2010 年始设立《国家哲学社会科学成果文库》。入选成果经同行专家严格评审，反映新时代中国特色社会主义理论和实践创新，代表当前相关学科领域前沿水平。按照"统一标识、统一风格、统一版式、统一标准"的总体要求组织出版。

全国哲学社会科学工作办公室

2023 年 3 月

目　录

CONTENTS

绪　论
群聚传播：互联网的本质

互联网虽具有人际传播、组织传播、大众传播等多种属性，但其本质属性是传播主体①极端多元的群体聚集性传播，本书称为互联网群聚传播②（the internet-based assembly communication），即指极端多元的网络主体因事自发聚集在互联网空间中，以去结构的方式展开的传播活动，是原本非常态的社会集合行为（collective behavior）在互联网传播中的常态化，换言之，是大众传播时代的离散社会③演变为互联网空间中的常态化社会聚集。

一、互联网传播的"群聚"本质

"群聚"即群体聚集，群体是主体，聚集是主体的行为。主体和主体的行为是一个硬币的两面。下面从两个方面，即互联网的主体和主体的行为来理解互联网传播的本质。

首先，如何理解互联网中的"群体"？有别于传统意义的"群体"，互联网群聚传播中的网络群体，既非首属群体，也非次属群体，还有别于所谓网络社群传播中的社群④，而是原本分散但又能因事迅速聚集的离散性多元主体

---

① 互联网传播时代，人人都拥有表达的机会和渠道，意味着所有人都是互联网传播活动的传播者与接受者。他们是网络叙事的作者与传播者，也是互联网传播活动的读者与接受者。传播者与接受者是同等的主体，传播主体就是接受主体，接受主体亦是传播主体。因此，本书用"传播主体"这一术语总括传播者、接受者、传受主体、作者、读者等用语，有时也根据具体语境互换使用。

② 为了表述简洁，本书在很多情况下简称互联网群聚传播为群聚传播。

③ 所谓离散社会，意指大众传播时代，民众在独处自居中接受广播电视报纸等传统媒介的信息传播，而缺乏民众间的信息交流交换。

④ 笔者认为，社群传播具有一定的组织性，可以被看成是组织传播的初级阶段。

的暂时性群集。这样的多元主体群集因某一事件在互联网平台自发聚集形成，主体通常具有匿名性，主体之间联系松散，甚至可能此前、此后永远不存在任何真实的社会联系和社会关系；这是一种随着被关注事件的更迭而移动不居的、暂时性的隶属群集，隶属的是被关注事件，而非组织性的群集；当被关注事件冷却、淡出视野或结束后，群集迅速散去。这种迅速聚集又迅速散去的传播形式，形式上如同"快闪"，但又与"快闪"有本质的区别——"快闪"的背后是有组织的，是一种组织传播。

"群体"的视角意味着从主体的角度来认清极端多元主体涉入是互联网传播的本质。但需要着重强调的是，互联网群聚传播中的极端多元主体，不仅包括数量庞大的网民个体，也包括自发形成或非自发形成的各类社会组织主体、政府职能部门主体以及智能化的数字主体等。活跃在互联网中的各类行动者，都是互联网传播的主体，也即，互联网群聚传播中的主体是多类型的极端多元主体。随着元宇宙和 ChatGPT 等新技术的发展，包括 AI 虚拟人、网络机器人等在内的众多数字主体，将会继续丰富互联网群聚传播的主体类型，使互联网群聚传播主体更加多元化。同时，与之伴生的问题或许是如何理解数字主体与网民主体、组织主体、媒体主体之间的复杂关系，以及如何评判前者可能对后者造成的误导乃至操控，这些都是值得关注和警惕的。

其次，既然互联网的传播主体是极端多元的，其传播行为就必然是多元且由聚焦而生发又不确定的。互联网提供的超时空、泛传播的媒介环境让多元主体只要能连接互联网就可以参与到聚集性的传播中，从而造就了互联网群聚传播的即时化、常态化。在深度媒介化的社会，所有信息传的主体都被新的互联网传播机制捕获，或者说都可以借助互联网传播机制产生群体聚集效应。小到个体事件的聚集性评论，大到社会议题的全民参与，都在开放的互联网平台上发生碰撞、形成叠加，从而体现出互联网传播的"聚集"本质，可谓以往社会生活中非常态的集合行为（collective behavior）在互联网传播中常态化了，催生出一个多元主体聚集在互联网社交媒体上生产无限量信息的互联网群聚传播时代，或者说是催生出一个互联网社交媒体所营造的信息环境时代、拟态环境时代。

　　值得进一步关注的是，互联网的聚集功能，不仅产生了强大的传播能量，而且塑造了传播的海浪状形态。这种强大的传播能量像大海的巨浪一样，一波紧跟着一波，究其根源，是其"因事聚集"的动力机制。互联网传播中的聚集，并非无缘而聚，而是因事而聚。因事聚集的"聚"，及伴随"聚"而生成的庞大参与群体，以及信源的高度不确定性和信息间的互文性，才是互联网海浪式传播能量的根源。每一次海浪式传播皆因"聚"而来，也可因下一次"聚"的发生，阶段性结束上一次"聚"所引发的传播。因"某明星逃税被罚 1.06 亿"的群聚传播，可以结束"某明星逃税被罚 13 亿"的群聚传播；因"国足失力"开启的群聚传播，也可以结束"某明星获国家精神奖"的群聚传播。换言之，因下一个事件而"聚"的传播，结束着因上一个事件而"聚"的传播。因事聚散的更迭，成为互联网的本质特征。所以说，互联网传播的聚集，是暂时而又接连不断的聚集。

　　互联网传播的"群聚"本质，为这个时代带来了新的活力与风险。一方面，传播的自主自由形塑了新的社交场景、社交方式和信息生产与交换方式，使网络空间的社交黏性、群体聚集的活跃性、信息的极大丰富性得到前所未有的增强，扩展了主体性的动力机制；而且也成为可增值的社会资本，催生出新的生活方式、生产方式与消费方式，创造了巨大的商业价值、文化价值和政治价值，并在一定程度上推动时代精神的迭代更新与社会结构的嬗变。

　　另一方面，极端多元的传播主体的无限量生产与传播不仅使信息体量暴增，还造成了信源的高度不确定性、匿名性、无序性；权威信息被淹没在海量信息中而导致的权威性丧失，给互联网群聚传播中的感染性和盲从性以更大的可乘之机；虚拟网络连接起来的弱关系，甚至无关系在扩大聚集规模的同时，隐含着情感情绪的爆发力，尤其个体情感情绪的社会化传播成为常态并聚合成势，导致网络的群聚行为如蚁群行动，隐含着"千里之堤，溃于蚁穴"的巨大破坏力；在群聚传播过程中，多元传播主体聚散瞬间化、常态化的社会表达，引发舆论快速发酵，每一次群聚都是一次集体无意识的"围剿"；失去理性的舆论极化并多次反转，群体的共情、移情"围剿"能力得到空前释放，加剧了群聚传播引发的诸多不确定性，直逼话语权力。最终，在互联网群聚传播的狂欢和"围剿"中，以表征符号映射社会结构冲突、以个体情绪裹胁公共意见逐渐成为常态，个体事件、局部问题扩散成为整体问题，甚至发酵成为舆情海啸，不仅可以绑架个人、机构、企业、行业，甚至可以影响任何国家的外交政策乃至战争走向和国际格局。信息环境、象征性现实僭越了客观环境、客观现实，成为民众头脑中主观性现实形成的决定性力量，给社会认知、价值判断、行为选择、社会秩序与管理带来风险。总之，虚、实社会结构共变共振，活力与风险并存，是互联网传播"群聚"本质的凸显。

二、"群聚"赋予互联网传播的新内涵

互联网群聚传播看似满足了个人主体性的建构需求，也推动着社会信息的共享与意义生产。其实，在媒介技术的赋权下，主体间的聚散关系改造了互联网传播的多元主体，使其演变为情绪先行的狂欢者与意义的再生产者，并构建了一个前所未有的社会资源配置的新型平台。因此说，"群聚"赋予了互联网传播新的内涵。

（1）互联网群聚传播是以传播主体为核心的关系型传播。互联网媒介的连接属性与居间者的角色，使"主体关系"成为互联网传播的始基与价值所在。传播形态的变革与媒介技术的牵引密不可分，媒介技术的每一次变革，都导致传播在时间或空间维度上产生偏倚，进而对文明的走向产生影响。随着时空边界的消融，原有的时空秩序也被打破和重构，散落在世界各处的人们能够在同一时间与他人共处于同一信息场，这就为大规模的主体关系聚集提供了可能，并不断推动新的主体关系实践。这种新的主体关系实践包括个体、群体、民众、组织、政府职能部门等多层面的生产关系、社会关系与文化关系，表明了群聚传播是以传播主体为核心的关系型传播。群聚传播关系实践中的主体不仅是流动不居的、随时生成的，且具有意向性和超越性；主体之间的关系虽是偶然邂逅的，却是有机融合的，也是情感交织互构的。

（2）互联网群聚传播是感性化特征凸显的情感型，甚至情绪型传播。互联网技术为个人情感的社会化传播创造了介质条件，而互联网群聚更是为个

人情感的社会化传播提供了动力机制。这里的情感既有相对稳定而持久的共有性、结构性情感，也有短暂而强烈的情境性与极化的情绪。作为一种特殊信息，情感情绪具有传染性、累积性，情感情绪的流动推动着信息在互联网中不断地生成、变化、叠加、撞击，并依靠情感情绪的关系聚拢起来。同时，群聚传播的情感情绪偏向也带来了社会整体文化生活中感性意识的彰显。群聚传播中多元主体的传播模式和媒介表达都呈现出感性化特征，这使得群聚传播成为一种多元主体日常化的感性交往实践。这种感性交往所激发的社会认同力量，不仅赋予了普通个体在关系构建时的极大选择性，还意味着感性选择成为群聚传播中主体关系建构的重要机制。

（3）互联网群聚传播是井喷式的叙事型传播。互联网是一个传播和叙事的喷井，并因"井喷"而产生强烈的互文性、过度阐释、无限衍义。表面上是新媒介技术使得非线性叙事结构和交互性叙事方式成为可能，本质上是网络技术带来的多元主体共同参与群体叙事、群体传播，才使得关于同一事件的众多叙事文本组合交织在网络空间中。互联网群聚叙事超越了传统叙事中本事、底本、述本的关系，形成了事件相关体、文本集合体和具体文本的三个层面，从"本事"到"事件相关体"的演变、从"底本"到"文本集合体"的演变、从"述本"到"具体文本"的演变，可以发现三组相对应，但截然不同的概念演变，能够帮助我们认知网络叙事机制，揭示出正是事件相关体、文本集合体与具体文本三个层次的关联机制协同推动叙事与传播进程。首先，具体文本与文本集合体在主题建构和表达形式等方面形成彼此指涉、互为参照的互文链。在群体传播的推动下，这种互文链渗透到社会生活中，网络叙事意义的动态层累也由此形成。其次，网络文本的叙事意义经历着文本集合体内部文本间相互交织的共生过程，一则，形态丰富的副文本不仅能烘托语境和勾连意义，也能促进情感召唤和情绪感染，甚至还会对社会事件的现实发展造成影响；二则，通过关键词搜索、主题词关联等链接方式，具体文本的正文本和副文本，以及具体文本与同步文本、前文本、后文本之间建立起比以往任何媒介环境下都更为紧密和广泛的联系，成为网络叙事中意义不断再生的关键性推手。再次，网络文本的叙事意义也源自作者与读者的双向建构，不同阶层、群体、代际在信息接触、选择、认知、表达和传播等方面存在诸多不同，导致网络叙事文本的生成与阐释也更为复杂。人人皆有叙事和阐释的权力与机会，离散的个体化叙事在群体传播系统中被链接，并发生关系、产生互文性。在具体的阐释过程中，多元主体的二次叙述作为重要的接收与阐释环节，通过还原式、转述式以及创造式的方式对文本进行再度阐释与建构，以及转发、评论、跟帖、回帖、链接等互联网特有的传播方式，形成过度阐释和无限衍义。多元传播主体或通过解构、借题发挥等方式对具体文本、文本集合体进行多层次的无限衍义，或在解读文本前将预设意义赋予被阐释文本，从多维度进行过度阐释。这不仅形成多元阐释间的张力，也必然影响相关事件社会舆论的演变。而这一切都是随着互联网群体的聚散叙事、聚散传播而发生和演变着。

（4）互联网群聚传播是拓展社会资源分配方式的平台型传播。凸显传播主体关系的互联网群聚传播带来了新的传播格局，为人类的信息生产方式带来了前所未有的改变。而新的信息生产方式改变了大众传播时代以传播者为中心的线性传播模式，构建了以互联网平台为载体的传播关系结构，赋予了普通个体的认知、情感和情绪社会化传播的可能，颠覆了信息生产者的既有身份和地位，因此也带来社会资源分配方式的革新。新的信息生产方式挑战了大众传媒只将社会资源配置给精英群体的模式，开启了将社会资源配置给普通个体的历史。草根、网红火爆的现象说明，普通个体可以通过互联网群聚传播吸引社会注意力，可以借助社交媒体获取社会资源，进而重构资源分配关系，改变社会资源格局，部分地再生产社会结构。

三、认知互联网群聚传播本质的价值

互联网技术的飞速发展，为人类的新型"群居"生活打开了方便之门，也在很大程度上解构了依赖身体共在与空间实存的传统群体传播方式，一种脱身、解域，依靠符号聚集与符号想象的互联网群聚传播模式被建构起来。群体聚集从传统的身体聚集转向互联网的注意力聚合和表达聚合，群体传染从接触性传染转为无接触传染，群体暗示也从现实情境转为符号情境。种种变化

显影了作为主体的多元参与者在互联网传播中的意义，也标志着群聚传播时代的到来。

（1）从学理价值层面而言，对互联网群聚传播本质的认识，跳出了学界长期以来"重媒介，轻主体"的研究取向，打破了技术引领媒介环境的技术决定论误区，从传播学、社会学、心理学、管理学、政治学等学科中汲取养分，从信息传播主体的角度对信息传播机制与环境及其所倚重的媒介技术进行了重新思考和总结，揭示了互联网成为当代社会最大变量的根源是传播主体的极端多元。对互联网群聚传播本质的认识，从参与者、行动者的主体视角出发，为探求网络社会形态的形塑机制、网民行为动机、网络社会心理、网络关系模式及其对现实社会的影响等提供了主体性视角，指出了互联网信息传播模式、格局、结构所发生的巨变，以及由此带来的社会心理、情绪、关系等一系列改变的根源，表面上看是源于媒介技术的"淫威"，本质上却是媒介技术带来主体关系的改变。

当整体性的社会传播由偏倚传统媒体转向依赖互联网平台，由偏倚大众传播转向依赖互联网群聚传播，这不仅给传播生态、文化生态、经济生态、政治生态与社会管理带来了新课题，也给以传统媒体为主的大众传播带来了新的挑战。因此，对互联网群聚传播本质的认识以"人类信息生产方式颠覆式变革"①的宏大视野审视互联网传播及其社会影响，将互联网群聚传播上升到了人类社会信息生产方式变革这一高度，进而观照互联网中的各类传播实践及其引发的社会问题，为传播研究确立了更广阔、更具深度和高度的研究视野和目标。

（2）从社会实践价值层面而言，对互联网群聚传播本质的认知揭示了普通个体信息生产社会化的根源，阐释了赋权普通个体以信息生产者的地位、多元主体对话带来多种可能的学理依据。在人人皆为自媒体的传播环境下，为深刻把握互联网群聚传播的本质及内涵，把握人与媒介、人与社会的复杂关系，引

---

① 参见隋岩：《群体传播时代：信息生产方式变革与影响》，《中国社会科学》2018 年第 11 期，第114—134 页。

导舆论、缓和极化情绪、管控社会风险以及互联网治理提供了学理思路。

　　同时，互联网群聚传播作为一种传播现象，具有群聚选择代替媒体选择、碎片化传播代替完整传播、多向传播代替单向传播的特性，以更复杂的方式影响互联网传播实践，带来了诸多新的问题。例如多元主体聚集带来的信息海量生产使新闻传播的"社会功能"被信息传播的"社会意义"包围和淹没，而信息又被情绪控制着；再如社交媒体狂欢中的戏谑互文解构了严肃话语、宏大叙事，思想和精神被冒犯、亵渎和吞噬；又如群聚传播的海量信息不仅可以淹没媒体的新闻、企业的广告，也可以淹没企业本身——哪怕是拥有核心技术的高科技企业，完全有可能没有死在技术本身、在残酷的科技竞争中涅槃，而是毁在偶发事件引发的互联网群聚传播的舆情海啸中——在被群聚传播围殴后，极有可能它的产品及其本身被群聚传播的信息海洋悄无声息地、轻松地吞噬了；还如，在高级工人、高级技师、高级工匠、高级农艺师等匮乏急需的情况下，大量的社会劳动力、生产力没有把时间和精力放在工厂里、生产线上、试验田里、图书馆里，而是耗费在群聚传播的网络狂欢中，其中不乏精英人才，而人才是现代社会发展的核心资源，这无疑是巨大的资源浪费。这些新问题的直观表现是传播现象缤纷万千、传播内容纷繁庞杂，深层次则是人与人、人与自身内心、人与社会关系的改变，给社会带来的焦虑感、危机感、脆弱感等诸多负面情绪被移情、被共情。群聚传播，既是互联网的生命力所在，又是互联网给社会秩序、社会管理乃至社会公平带来巨大困扰的不确定因素。

四、群聚传播不过是信息现代性的注脚

　　"因事聚集"的群聚传播既是互联网传播的动力机制，也是互联网传播中时间碎片化与空间叠加且加速流动的信息现代性的体现；既颠覆了线性传播的时序状态，又脱离了工业化时代的信息生产与交换的结构法则，从而促使工业化时代的时间性主导原则演变为信息化时代的信息性主导原则。易言之，从工业现代化到信息现代化，现代化进程中工具理性和价值理性的博弈今天集中呈现在群聚传播的互联网上，信息现代性的张力与悖论由此凸显。

　　信息传播技术发展为人们的日常生活、社会的整体性生产提供了便捷与时效。"用时间征服空间"作为工业化时代的现代性信仰，的确实现了人类的"解放"，包括双手、双脚、身体和感官等的解放。同时这种现代性信仰和"解放"又进一步延伸到了信息时代，特别是当移动互联网和社交媒体普及后，普通个体获得了传播主体地位和社会表达的可能。这种过度的时间追逐也带来了线性时间的崩解，集中体现在互联网信息传播的非线性的解放乃至无序化方面。它使得互联网群聚传播成为了一种"非制度化的传播制度"，并产生了"速度的群聚"。"速度的群聚"生产着脉冲式的"流文化"，不断制造着"震惊体验"，只留下瞬息间存在的信息价值。在这样的传播模式下，因与果时常变得具有不确定性，甚至呈现倒置状态。

　　从加速社会和群聚传播两种现代性体验着手，追溯伴随现代性体验变化的时间观念变迁，由此可以揭示出工业现代性的运行逻辑，是以时间性为原则（time is precious）①。相较信息传播技术在工业现代化社会中占据的辅助性、功能性地位，在信息现代化社会中，信息性原则成为了整个社会的支配逻辑和主导性原则。也即在工业现代化到信息现代化的转变过程中，信息传播也随之完成了在经济社会中的从属地位向主导地位的跃迁。这一点突出体现在信息传播将经济、政治、社会与文化等内容均囊括在自身框架下，并于此交织交融。这种不同于工业现代性的支配逻辑，以及由此引发的人的生存境况、社会结构状态、思想文化观念等层面的变化，即"信息现代性"事实上加深了工具理性与价值理性之间的鸿沟。

　　其中，信息性正是"用时间征服空间"，进而超越自身的结果。同时，"用时间征服空间"进而超越自身，也是"信息现代性"的根本特征。"信息现代性"的视角为移动互联网时代的传播分析拓宽了理论视野。同时，虽然立足于传播视野，对于"时间征服空间"的考察却不能局限于信息传播，而是要深入到信息传播引发的社会生活状态与行动方式的转变中，深入到行为

① 德国社会学家马克斯·韦伯发表《新教伦理与资本主义精神》时代的流行观念"Time Is Precious"即工业化时代普遍的时代精神。

方式、生活方式、生产方式与社会结构的变迁中，进而深入到这些转变带来的文化观念、价值理念的变化中。

在信息现代化的社会中，谁掌握了技术谁就掌握了传播，这让工具理性的光辉被过多强调。经媒介技术强化后的工具理性，在社交媒体中猛烈冲击甚至颠覆着人类的价值理性，并借助互联网群聚传播构筑了附带诸多不确定性的网络社会结构。作为一种文化现象，互联网允许个体通过新的媒介技术创造新的文化模式，释放了主体间差异的巨大力量，生成了隐喻性、互文性、指涉性极强的网络舆论场域；作为一种社会现象，互联网能够最大程度地激发作为传播主体的人的潜能，建立新型社会关系，一定程度上影响和改变了整个社会的运行方式；作为一种经济平台，互联网通过建立新型的物质交换和信息交换关系，带来了共享经济模式，拓展了社会资源配置途径，参与了社会结构的再生产。互联网这些错综复杂的传播现象、特点、属性使很多经典传播学理论或重获新生，或捉襟见肘、难掩局限。而群聚传播的认知视角，即关注传播中极端多元的主体聚集，或许能让我们真正接近互联网的本质，直指信息现代性，[1]并加以警惕。

---

[1] 更有甚者，互联网群聚传播已经把信息现代性的自反性送上了时代的风口浪尖，而随着 AI 虚拟人、网络机器人、ChatGPT 等媒介技术的成熟和扩张，信息现代性的悖论与张力将会对以信息性为主导原则的信息社会呈现出更显著的多维度多层面的冲击，或直逼技术僭越伦理，甚至让我们真的要担忧福柯喊出的"人死了"。

第一章
群聚传播中的主体关系

第一节　网络群体的观念演变与价值反思

信息技术革命肇始的互联网勃兴，可谓 20 世纪下半叶最具影响力的媒介实践。自技术壁垒突破和国家政策扶持以来，人们向网络新时空的"移民"速度大大超越了历史上任何一次迁徙。信息技术的普及不仅改变了社会生产、生活方式，也变革着人与人之间的日常交往方式、缔结关系的方式。因此，在对技术变革执着探索的同时，对技术建构下的新型群体及其所形成的主体关系的反思与追问，也越发具有现实意义。

一、对网络认知的嬗变是认知网络群体的基础

"网络群体是随着网络技术的发展和人们对网络的认识与利用而诞生和发展的"[①]，人们对网络的认识，经历了从技术与结构到功能与本质的变化。

对网络的技术性认识诞生于互联网出现早期，此时人们对网络的认知多停留在媒介技术、传播工具与信息载体的层面，认为"计算机网络是指若干台地理位置不同，具有独立功能的计算机，通过通信设备和线路相互联结起来，以实现信息传输和资源共享的一种计算机系统"[②]。这强调了网络的技术属性与运行原理，将网络上的每台计算机称为一个节点，认为信息传输与资源共享是计算机网络的实现目的。也有学者从网络的组成结构——硬件与软

---

① 昝玉林：《网络群体研究》，人民出版社，2014，第 4 页。
② 彭兰：《网络传播概论》，中国人民大学出版社，2001，第 1 页。

件方面对网络概念进行界定，认为"网络指一组在物理与逻辑两个层面上相互连接的计算机"[1]。物理层面是指电话线、光纤的连接，逻辑层面则是指传输控制协议（TCP）与网络间协议（IP）的连接。[2]不难看出，此时人们对实现互联网连接的技术构造的揭示同样侧重于网络的工具性。随着网络技术的迅猛发展，技术准入门槛的降低与家用电脑的普及，都使得社会普通用户被引入赛博空间。信息技术革命对人类活动的普遍渗透，开启了人们对互联网功能与本质的思考与追问。从为了军事目的而产生，向服务社会民众而转型，人们开始认识到网络不仅仅只是工具性的存在，而且也是一种价值性的存在。因为网络突破了工具属性，为人们提供了"相遇、交谈、做生意、发现事物、营造群体、传播语言"[3]的新场域，为人们提供了"和他人合作、实现他们自己的目标的一根有力的杠杆"[4]。因此，与其说它是一个信息源，倒不如说，它更是人们用来自我组织的新方式。互联技术的推广与普及作为一种历史趋势，使得"信息时代的支配性功能与过程日益以网络组织起来。网络建构了新的社会形态，而网络逻辑的扩散实质地改变了生产、经验、权力与文化过程中的操作和结果……新信息技术范式为其渗透扩张遍及整个社会结构提供了物质基础"[5]。从功能层面来说，网络的价值在于极大地拓宽了人与人之间的活动空间，丰富了人与人之间的交往方式；从本质属性来看，网络参与建构人与人之间新的社会关系，参与改变人类社会的系统与结构，促进着人类社会关系的发展，客观上宣示着网络社会的崛起。

互联网"作为一场技术革命，也必然带来一场社会革命"[6]。然而，技术并不能决定社会，互联网技术引发的是一场技术、人与社会相互作用的互动革命。因此，厘清网络技术构造、功能特点与本质属性，必然成为认知基于

---

① 〔美〕丹·希勒：《数字资本主义》，杨立平译，江西人民出版社，2001，第13—14页。
② 郭良：《网络创世纪：从阿帕网到互联网》，中国人民大学出版社，1998，第160页。
③ 〔美〕埃瑟·戴森：《2.0版数字化时代的生活设计》，胡泳、范海燕译，海南出版社，1998，第12页。
④ 〔美〕埃瑟·戴森：《2.0版数字化时代的生活设计》，胡泳、范海燕译，海南出版社，1998，第52页。
⑤ 〔美〕曼纽尔·卡斯特：《网络社会的崛起》，夏铸九、王志弘等译，社会科学文献出版社，2001，第569页。
⑥ 黄少华：《网络社会的基本议题》，浙江大学出版社，2013，第9页。

这一技术架构而建立的新型社会群体的基础与关键，成为明晰新型群体关系、群体与社会关系的条件与依据。

二、网络群体与网络技术的协同发展

诚如人们对网络的认知经历着从技术、工具到功能、本质的嬗变，网络群体的形成与发展也经历着从知识精英到普通民众、从他组织驱动到自组织主导的流变，折射出互联网对社会生活的持续渗透与深入改变，也同时反映出人们对网络认知的逐步深化。

（一）网络群体的身份来源：从知识精英到普通民众

从网络群体的身份来源来看，网络群体的形成经历着从知识精英到普通民众的转变。互联网的萌芽与雏形是 1969 年始于军事应用的阿帕网（ARPANET），这一网络技术通过计算机之间的连接，以期实现军事研究、军事防御中的信息交流免受干扰与破坏的目的。可以说，阿帕网的使用者——少数军方人员成为最早的网络群体。在阿帕网之后，美国的一些高校、科研院所与知名企业为了提高工作效率纷纷采用网络技术进行信息的沟通、交流与分享。1986 年，我国开启了互联网发展的历程。这一年中国学术网（Chinese Academic Network）成立。在国家的政策扶持下，一批计算机专业技术人员率先"触网"。[①]这种在特定区域内实现计算机之间互联的技术架构，就是今天互联网的源头——局域网。可见，局域网条件下的网络群体是一个以专业分工为基础的业缘群体。此时的网络群体规模很小、人数较少、种类单一，群内成员之间的交流通过计算机的专业符号代码得以进行，充满着深奥的数学信息论味道。由于受到当时经济与技术发展水平的限制，早期"触网"群体只涉及少数知识精英，这种来源于特定业缘群体的网络群体基本上都是现实社会的正式群体，这样背景下形成的网络群体可谓一种组织群体的网络"移步"，是一种高度组织化的网络群体。此时人们对网络的理解尚停留在技术层面与工具层面，"计算机作为人脑的延伸，更多地和科学研究、重

---

① 郑志勇：《网络社会群体研究》，《2006 中国传播学论坛论文集》2006 年 8 月。

大决策相关，而与普通百姓的生活并无太大关联"①。

从 20 世纪 70 年代末到 90 年代末，网络的技术架构从局域网向广域网再向万维网逐级发展。1989 年蒂姆·伯纳斯-李（Tim Berners-Lee）的超文本链接设计开启了互联网时代，网络连接的范围逐步突破并超越原有地理限制。这期间电子邮件群、新闻组、BBS、电子公告板、网络聊天室等交互性软件的发明，简化了实现连接的操作步骤，降低了网络使用的技术门槛。这使得新技术的早期接触者、采纳者与爱好者有幸接入互联网。1994 年，我国正式接入国际互联网，"1995 年民营网络服务提供商'瀛海威'开始为社会用户提供接入服务，标志着我国互联网由科研及部分政府职能部门垄断走向民用阶段"②。此时的网络群体身份由早期的知识、技术精英扩展到部分普通民众，群体的规模、人数与种类逐渐壮大。这种脱离了组织化社会群体身份的个体触网行为，使得"以网结缘"成为可能。"直到 20 世纪 90 年代，因特网逐渐在世界各地普及开来，其开放性的架构，让任何连上因特网的人都能在同一个网站上与全球范围内志趣相投的人针对同一主题发表意见、互动交流，这种自由、开放而兼具隐匿特性的交往方式，让各式各样的网络群体如雨后春笋般兴起。"③利用社交软件进行沟通与对话，普通民众可以因为"志同道合"而"结伴成群"，交互技术的发展使得网络"趣缘群体"诞生。群体之间的交流不再拘泥于程序语言，语言输入系统的发展已经可以为普通民众所接受。此时人们对网络的普遍认识已经超越了工具性价值，人们开始意识到互联网作为人的延伸，正在影响着人与人之间的交往关系，甚至变革着经济运行的方式。

技术的蓬勃发展使互联网大规模进入民用领域。网络硬件配置的持续升级换代、软件技术的层出不穷，加之个人电脑拥有成本的大幅降低，使得普通用户迅速卷入互联网技术带来的社会变革之中。网民数量开始呈指数级增

---

① 〔美〕西奥多·罗斯扎克：《信息崇拜——计算机神话与真正的思维艺术》，苗华健、陈体仁译，中国对外翻译出版公司，1994，第 123 页。

② 郑志勇：《网络社会群体研究》，《2006 中国传播学论坛论文集》2006 年 8 月。

③ 昝玉林：《网络群体研究》，人民出版社，2014，第 52 页。

长，网络群体的规模、数量与种类的发展惊人，网络群体的身份来源也变成以普通民众为主。2000 年初，互联网新贵美国在线（American Online）宣布以巨额资金收购老牌传媒帝国时代华纳（Time Warner），2001 年两家公司正式合并，成为世界历史上第一大并购案。①然而，互联网新贵与老牌传媒巨头的"世纪盟约"并未如人们所期待的实现传统与现代、"1+1>2"的有机融合。基于 Web1.0 信息内容供应服务的网络公司普遍陷入泡沫危机。然而，泡沫破灭的背后，实际上是呼之欲出的 Web2.0 时代。因为，互联网的广泛普及使得此时的网络群体不再满足于简单的网络"接入"，对网络的功能性要求普遍提高。从连接速度来看，网络群体的交互内容早已从程序代码向文字、影像、音乐等多元视听符号融合发展转向。因此，拨号上网的速度已经无法满足网络群体对快速传送与接收大量而丰富信息内容的需求，越来越多的网络群体舍弃拨号上网转而投向速度更快的宽带接入；从连接广度来看，网络群体的媒介使用目的不再只是信息获取需求的满足，社交、娱乐、生活服务、技能提升等需求不断产生；从连接深度来看，网络接入时间的存续与积累使得人们对网络的认知大大超越了信息传播层面，而网络的发展已经渗透到政治、经济、文化等社会生活的方方面面，演变成一种思维方式、一种逻辑范式。在突破网络的工具性认知之后，网络被认为是"继广播、电视、报刊之后的第四媒体。网络不仅和信息有关，而且成为了人们的生存方式"②。此时网络群体的身份来源复杂多样，是一个知识精英与普通民众组成的多元身份共在。普通民众成为网络群体中规模庞大的主导力量，而不再是技术垄断时期的排他性的存在，几乎被全部纳入互联网营造的既虚拟又现实的网络社会之中。

（二）网络群体的形成机制：从他组织驱动到自组织主导

从网络群体的形成机制来看，网络群体的发展经历着从他组织驱动到自

---

① 《硅谷网：回顾 AOL 收购时代华纳这一失败并购案例》，https://www.aliyun.com/zixun/content/2_6_299866.html.

② 〔美〕尼古拉·尼葛洛庞帝：《数字化生存》，胡泳、范海燕译，海南出版社，1997，第 2 页。

组织主导的嬗变。受限于网络技术的发展条件、个人电脑的普及状况，早期网络群体几乎全部来源于国家职能部门和科研院所的从业人员，其网络组织形式基本与现实组织形式保持一致，可以说是现实社会正式群体的网络化，传统业缘群体的网络化。从网络群体的建构机制来说，这些群体主要通过外力因素（科学研究目的、社会发展需要）而形成，遵循着他组织机制，即组织力量来源于群体外部，"在外力的特定干预下获得时间、空间、结构与功能"①。早期网络化进程的推动主要由国家的大力倡导与政策支持。然而，随着互联网普及化程度的逐步提高，不但一批批传统社会学意义上的正式群体、业缘群体走进网络，而且以现实社会中的个体为单位的自然人，也迅速投入网络世界的怀抱。

在经历了全球网络泡沫蒸散期之后，互联网进入了稳步发展阶段。2004年，人类社会正式切入 Web2.0 时代。正如"你不该仅仅是在互联网上冲浪，你本身就是波浪制造者"②这一流行语所揭示的，网络技术从集中式计算迈进分布式计算，使得每一个网民都成为了信息的传播者与发布者。如果说 Web1.0 时代还需要通过网络浏览器浏览网站 HTML 网页来获取信息，那么 Web2.0 时代不仅可以单纯的"输入"信息，而且还可以"输出"信息，使得作为网络主体的网民从被动的信息接收者向主动的信息创造、分享者迈进，参与到信息内容的生产、加工与传播之中。基于 Web2.0 技术构造下诞生的 Flickr、Linkedin、Tribes、Facebook、Twitter 等社交网络，依据人际六度分隔理论而迅速发展，受到网民的广泛追捧。在国内，伴随着网络技术的大规模覆盖，特别是近年来以移动互联技术为依托的新浪微博、腾讯微信等社会化媒体的出现，迅速抢占了移动社交网络的绝大部分用户与市场。自互联网大规模地进入民用领域之日起，普通民众便被引入网络虚拟社会空间。"经过20 多年的互联网普及，网民结构不断和国民结构趋同。互联网和新媒体已不仅仅作为外在工具而存在，而是为人们营造了一个新的社会场景，网络生活

---

① 宋爱忠：《自组织与他组织概念的商榷辨析》，《江汉论坛》2015 年第 12 期，第 42—48 页。
② https://blog.csdn.net/fufei/article/details/1455501.

成为人们全新的生活方式。"①当互联网成为人类生活的第二场域，在网络中开启交往行为、建构社会关系便成为人们网络化生存的重要资本，而交往行为与关系建构的实践表征便是"结群"。结群，即形成人们日常生产、生活中赖以存在的社会关系。结群是人的社会性需求，是人的本质属性的外化。马克思主义人学理论认为："人的本质不是单个人所固有的抽象物，在其现实性上，它是一切社会关系的总和。"②我国古代思想家荀子也曾道："人，力不若牛，走不若马，而牛马为用，何也？曰：人能群，彼不能群也……人生不能无群。"③可见，结群对人类生存与发展的重要性。而作为人的社会关系建构过程，结群方式正在被基于 Web2.0 技术建构下的新社交场景所影响与引导。新技术在变革结群方式的同时，也直接促成了新型网络群体的形成。

　　网络建构着一个新的社会形态——信息社会，网络化逻辑正在"实质性地改变着传统社会生产、经验、权力与文化过程中的操作和结果"④。自伯纳斯-李发明超文本链接以来，互联网便在一次次技术迭代中彰显着它"连接一切"的本质。与农业社会和工业社会相比，互联网技术赋予了个体前所未有的集群能力。互联网的出现打破了以血缘、地缘、业缘为纽带建构的牢固的所属群体身份，将个体从传统工农社会秩序化的结构中"脱嵌"、抽离出来，并赋予其第二场域中的身份重组。"脱嵌一方面意味着个人与原有群体关系的调整，另一方面又再嵌入新群体。因此，这一过程不仅是个体崛起的过程，也是新的社会组织方式出现的过程。"⑤就国内互联网的发展状况来看，新技术的迅速扩散与应用，不断重构着整个社会的传播格局，技术赋权使网络群体主体发生着结构性转型。一方面，新媒体技术迅速向中下普通民众扩散，向低年龄层次、低学历人群和低收入人群渗透与扩散；另一方面，网络的结

---

① 张华：《网络社群的崛起：基于国家、社会、技术互动视角的研究》，复旦大学出版社，2018，第3页。
② 《马克思恩格斯选集》（第一卷），人民出版社，1995，第60页。
③ 《荀子·王制》。
④ 夏德元：《电子媒介人的崛起：社会的媒介化及人与媒介关系的嬗变》，复旦大学出版社，2011，第47页。
⑤ 张华：《网络社群的崛起：基于国家、社会、技术互动视角的研究》，复旦大学出版社，2018，第4页。

构形态也在发生巨大变化，以 SNS（Social Networking Services）为代表的资源共享型、情感互动型社交媒体成为集聚人数最多、规模最大的服务平台。[①] 可见，随着社会网络化程度的不断加深，个体需求成为网络群体聚集的主要原因。从网络群体的主体性水平来看，自发性则成为网络群体形成的主导性原因，这意味着网络群体的主体性水平尚处于初级阶段。当前网络群体的结群目的更多基于多元利益的表达，因群体成员需求、利益与价值观的一致性而自发形成，自组织机制便是这类网络群体形成的结构性动因。建构于互联网开放性、流动性、非线性空间中的网络群体，天然具有开放非平衡的系统结构。自组织理论认为，一个开放非平衡系统"在内在机制的驱动下，会自行从简单向复杂、从粗糙向细致方向发展，不断地提高自身的复杂度和精细度"[②]。在作为系统的网络群体内部，"信息的流动性和参与者身份的多重性及选择信息的自主性，随时有可能消解一个既存的网络群体，建构出一个新的能给他们以归属感和认同感的网络群体"[③]，不断实现着从非稳定平衡向新的稳定平衡，从无序向新秩序的迈进。

三、网络群体与社会群体的关系

我国互联网经历了从四大门户到搜索引擎、到社交网络、再到移动互联的发展历程。从知识精英到普通民众，从组织群体的网络"移步"到网络建构新型群体，个体通过不断触网，逐渐从现实社会群体僵化的、固定的、组织化的身份属性与角色扮演中获得抽离，摆脱边界严密、依靠空间界定文化归属的田园牧歌式的社会群体观念。如今，以移动互联为技术构造的"网络社会不再仅仅作为获取信息的手段，它更重要的价值在于其对社会组织、社会结构的联系、聚合和调节的作用"[④]。

---

① 丁未：《新媒体赋权：理论建构与个案分析——以中国稀有血型群体网络自组织为例》，《开放时代》2011 年第 1 期，第 124—145 页。

② 曾国屏：《自组织的自然观》，北京大学出版社，1996，第 63 页。

③ 昝玉林：《网络群体研究》，人民出版社，2014，第 83—84 页。

④ 郭湛：《主体性哲学：人的存在及其意义》，云南人民出版社，2002，第 273 页。

（一）网络群体是社会群体交往关系的空间延伸

媒介即人的延伸，互联网在变革社会关系的同时，也使得网络群体成为传统社会群体交往关系的延伸。群体作为普遍的社会存在，是社会分工与协作的产物。伊恩·罗伯逊认为，"群体，是以彼此行为的共同要求为基础，并以一种有规则的方式相互发生作用的人们所组成的集体"。①威廉·麦孤独认为，群体共同点是耦合人群构成心理学意义上的群体的必要条件。②我国学者认为，群体是"人们在一定的空间和时间内相互作用，直接或间接地使有效的相互关系在持续性、广泛性和融洽性上达到密切的程度，并自身形成一个内部准则，直到群体价值实现"③的集合。社会群体则"泛指通过一定的互动模式或社会关系结合起来进行共同活动的人类个体集合"④。

网络社会的崛起，为现实社会群体提供了建构社会关系的新环境、新空间。互联网"打破了传统社会的时空限制，将距离和时间压缩到零，并且通过脱域机制把社会关系从地方性场景中抽离出来，在无限延伸的全球时空中再嵌入"⑤，为个体持续提供着网络结群的媒介时空机遇，使得个体在不断拓展的媒介时空中，基于共同的兴趣和一致的目标自发结成，并通过自组织机制实现网络群体成员之间的互动。然而，这并不意味着网络群体与现实社会群体的截然对立，网络群体是基于现实社会交往关系与互动机制而建立，是现实社会群体关系的延伸。网络群体与社会群体之间存在着虚拟空间与现实空间的信息流动与身份互动。

交往，作为人类最重要的社会化途径，"不仅包含着物质交换，也同样包含着信息交流的精神过程。可以说，人的一生是在交往中不断社会化的一生，而人类的历史也是一个不断扩大的交往史"⑥。交往是人的本质需求。马克思主义人学理论认为，人的需求层次分为生存需求、享受需求以及发展需

---

① 转引自郑志勇：《网络社会群体研究》，《2006 中国传播学论坛论文集》2006 年 8 月。

② 〔奥〕弗洛伊德：《弗洛伊德文集 6：自我与本我》，长春出版社，2004，第 61 页。

③ 郭玉锦、王欢：《网络社会学》（第三版），中国人民大学出版社，2017，第 92 页。

④ 郭玉锦、王欢：《网络社会学》（第三版），中国人民大学出版社，2017，第 92 页。

⑤ 黄少华：《网络社会学的基本议题》，浙江大学出版社，2014，第 25 页。

⑥ 昝玉林：《网络群体研究》，人民出版社，2014，第 21 页。

求，是一个不断由低级向高级发展的过程。无论是生存需求的解决、享受需求的满足，还是发展需求的实现，都需要交往实践来达成。无独有偶，马斯洛的需要五层次理论，直接将交往需求作为人的基本需要之一，足见交往在人类生存与发展过程中的重要性。网络社会的崛起重塑着人类的交往方式，使网络交往成为网络社会中重要的实践活动。网络交往作为交往实践主体借助数字化手段在网络空间中进行的双向对象化活动，使得社会群体之间基于交往所形成的社会关系延伸到网络，形成网络社会中人与人之间的信息关系。作为人类交往实践的结果，网络群体同样是以彼此的共同兴趣和一致目标为基础，在这样的价值驱动下，通过网络空间中的一系列交往行为而形成集体。从本质上来说，社会群体的形成在于社会关系的构建。而基于网络纽带所搭建的人与人之间的联结，在网络人际互动中直接促成了网络社会关系的构建，进而推动着网络群体的形成，使得交往行为从现实社会空间延伸到网络空间。

（二）网络群体是社会群体交往关系的媒介化表征

网络群体不仅是社会群体交往关系的延伸，还是现实社会群体交往关系的媒介化表征。"媒介化反映了媒介在文化与社会中日益加剧和变动的重要性……关注包括个人与组织在内的不同社会角色之间社会交往和关系的变动模式"①，即恩斯特·曼海姆所提出的"人类关系的媒介化"。媒介化"一方面指媒介对于日常生活实践的渗透，另一方面涵括了媒介与社会、文化系统的相互作用和影响，强调媒介的形成如何'介入'当代生活的不同层面，特别是建制化的社会实践"②。

随着互联网渗透到日常生活、生产的各个领域，网络交往成为日常生活实践的重要组成部分。作为当今社会最具影响力的媒介，互联网正在"制度

---

① 〔丹〕施蒂格·夏瓦：《媒介化：社会变迁中媒介的角色》，刘君、范伊馨译，《山西大学学报（哲学社会科学版）》2015年第5期，第59—69页。
② 周翔、李镓：《网络社会中的"媒介化"问题：理论、实践与展望》，《国际新闻界》2017年第4期，第137—154页。

化和技术化的过程中通过传播行动产生塑造力"①，并不断延伸、渗透、重塑着现代社会逻辑下建构的社会群体关系，使其朝着网络化逻辑的呈现方式和互动方式转向。丹尼斯·麦奎尔曾指出，媒介化逻辑指征着一个用来决定时间分配、项目运作、内容选择的媒介语法的存在。②如果说，"传统的媒介逻辑本质上是一种以时间面向为主导、以传播效果为目标的单向技术逻辑；那么网络化逻辑在很大意义上是基于日常生活的以空间面向为主导的多元实践逻辑"③。互联网自由、开放的媒介特质，使得网络空间中的支配性逻辑成为一种流动性逻辑。流动性作为网络社会的动力机制，让人们"不仅生活在由钢筋混凝土建立的现实城市之中，而且同时栖身于由信息网络建造的'比特城市'之中"④。这意味着网络化是一个发展式的进程，网络化进程中所形成的网络群体关系也始终存在着流动性因素。在网络流动性逻辑中形成的网络群体，一方面作为社会群体互动关系的投射；另一方面遵循着网络化逻辑，在网络空间的信息流动和人际互动中不断优化。然而，网络化并不意味着网络"殖民化"。网络化"预示着文化与社会逐渐依赖于媒介及其逻辑，而媒介则融入了文化和社会实践的不同层面"⑤，实践着媒介、社会和文化三者之间的有机互动。人类社会的发展与人的发展都遵循着一个由自发性向自觉性的过渡过程。随着网络的逐渐普及、网络化逻辑的普遍渗透，网络群体未来的发展会从自发性向自觉性迈进。

（三）网络群体关系的形成是对社会群体关系的再建构

"技术与生产的关系，虽然在源自社会之支配性领域的范式里组织起来，

---

① 周翔、李镓：《网络社会中的"媒介化"问题：理论、实践与展望》，《国际新闻界》2017年第4期，第137—154页。

② 〔英〕丹尼斯·麦奎尔：《麦奎尔大众传播理论》（第五版），崔保国、李琨译，清华大学出版社，2010，第269页。

③ 周翔、李镓：《网络社会中的"媒介化"问题：理论、实践与展望》，《国际新闻界》2017年第4期，第137—154页。

④ 〔美〕威廉·J.米切尔：《比特之城：空间、场所、信息高速公路》，范海燕、胡泳译，生活·读书·新知三联书店，1999，第25页。

⑤ 〔丹〕施蒂格·夏瓦：《媒介化：社会变迁中媒介的角色》，刘君、范伊馨译，《山西大学学报（哲学社会科学版）》2015年第5期，第59—69页。

但他们会扩散到整个社会关系和社会结构之中，以致穿透了权力和经验。"①
诚如曼纽尔·卡斯特（Manuel Castells）所言，源自现代工业社会发展进程之
中的信息技术，正在通过社会化的普及与渗透，逐渐形成了自身的运行范
式，改变甚至颠覆着现代社会群体关系的建构模式。

现代社会学依据联结纽带、组织化程度、互动方式、亲密关系、认同程
度等，普遍认为社会群体可分类为：血缘性、地缘性、业缘性群体，正式群
体与非正式群体，初级群体与次级群体，内群体与外群体。在社会群体形成
和发展的历史演进中，生产力成为推动社会群体变化与革新的最根本要素。
生产力决定生产关系，生产关系就是"人以群分"的联结方式。网络建构的
信息社会之所以有别于农耕时代和工业时代，是因为网络技术作为生产力改
变了传统社会群体的联结纽带，改变着网络群体关系的建构方式。

从群体的联结纽带来看，人类社会经历着以血缘、地缘、业缘为纽带关
系的社会群体的建构过程。以血缘为纽带结构的社会关系是农耕时代社会群
体的形成基础，以家族、民族、种族为表征；以地缘为纽带结构的社会关系
是城市化进程的产物，以邻里关系为表征；以业缘为纽带结构的社会关系肇
始于社会产业化进程的推动，以社会分工为形成基础，是工业时代社会群体
的重要表征。网络技术作为社会生产力变革着人与人之间的社会关系，互联
网以信息技术为基础、以网缘为联结纽带，结成"基于特定信息、兴趣、情
感或价值观的网络身份"②。

从群体的组织化程度来看，现代社会学认为以社会分工为纽带关系结成
的业缘群体依据组织化程度的高低还可分为正式群体与非正式群体。与由官
方正式组建、具有明确的规章制度、固定的成员编制、规定的权利义务、明
确的奖惩机制、细致的责任分工的正式群体相对，非正式群体并未经官方正
式规定，而是自发形成并存在于正式群体之中，拥有着自发形成的独特行为

---

① 〔美〕曼纽尔·卡斯特：《网络社会的崛起》，夏铸九、王志弘等译，社会科学文献出版社，2001，
第 21 页。

② 隋岩、苗伟山：《中国网络群体事件的主要特征和研究框架》，《现代传播》2014 年第 11 期，第
26—34 页。

规范，常常带有较为鲜明的情绪色彩，是基于人际交往中的个人喜好而自发结成的伙伴关系。互联网的出现松动了产业化进程中以社会分工为主要依据的群体关系的划分标准，摆脱了工业化社会分工赋予的群体身份嵌入，通过第二生存场域的提供使得现实社会中的特定群体成员的身份与个体分离。与社会群体相较，网络正式群体的存在方式一般来源于社会组织、结构、团体等的网络"移步"，而网络非正式群体并非仅仅存在于网络正式群体之中。

从个体对群体的认同程度来看，现代社会学将个体参与其中，并在其间生活、学习、工作或进行其他活动的社会群体称为内群体，也叫我们群体。内群体中的成员将本群体的社会习俗视为唯一合理且正确的群体规范，成员们有着强烈的群体归属感和凝聚力。外群体，也叫他们群体，是指个体不被包含在其中的任何社会群体。网络群体关系的建构同样诉诸对群体认同感的强调，这也就意味着网络群体中也存在着内、外群体之分。成员对网络群体的认同效度是决定网络群体关系稳定性、维系网络群体存续时间、衡量网络群体凝聚力、实现网络群体关系再建构的重要指标。

互联网通过变革人与人之间的联结方式建立以信息技术为纽带的网络群体关系，形成具有共享价值取向的新型社会关系——信息关系。网络群体关系的建立摆脱了面对面直接互动的局限，在身体缺席的超时空、数字化环境里，凭借网络群体共同认可的符号系统和叙事模式实现信息的互动，客观上改变着社会群体关系中主体的存在方式，使网络群体成为超时空环境下的数字化存在。然而，身体的缺场交流在超越物理限制的同时，也为基于面对面直接互动形成的自然关系世界，如父母、亲友关系，隔上了一道屏障。

四、网络群体的存在价值

Web2.0技术架构下的互联网是一个以个体为中心，以关系建构为目的，具有"自组织、自相似、吸引子、小世界、无标度中部分或全部性质"[1]的复杂网络。网络特有的媒介特质、结构特点在为网络群体营造新传播时空的同

---

① 郭世泽、陆哲明:《复杂网络基础理论》，科学出版社，2012，第9页。

时，也使得网络群体主体之间的交往与互动产生着与大众传播时代不同的价值，实现着人类认识与交往新的结构性耦合。媒介环境学派将人的需求作为技术变革与社会发展的根源，互联网的不断发展正在使"主体建构、意义生产、信息共享、关系搭建"①成为新技术条件下传播主体的新需求，而网络群体恰恰成为满足新需求而结成的网络社会关系表征。

（一）网络群体的形成满足个体需求

人的需求是技术变革与社会发展的根本原因，也是网络群体形成与发展的根本动力。网络群体的价值在于个体需求的满足，而网络交往则是网络群体形成的重要途径。"驱使网民进行网络交往，参与网络群体活动的核心因素是交往目的，而交往目的主要来自人们对自身需求的认识。客观的外部对象不能直接满足人的需要，必须根据人自身的要求对它进行改造。这种改造必须通过人与人之间的交往进行。"②马克思主义唯物史观认为，人的需求是一个不断丰富与发展的过程。在经济发展面临着产能过剩的今天，物质需求不再成为个体生存的主导性需求，人们对精神需求与发展需求的呼声尤为高涨。

精神需求的满足是个体参与网络群体活动、进行网络交往的直接目的。现代社会高强度、快节奏的生活、工作方式使得人们每天都在承受来自不同层面的精神压力。现实社会群体成员身份的明确性、责任与义务的社会期望性，使得个体生存既需要符合社会行为的模式，又需要遵守社会规范的约束，主体的自主选择性较弱。在互联网环境下，年龄、性别、居住地等人口统计学意义上的聚类分群方式已然失去了意义，血缘群体、地缘群体与业缘群体在互联网群体传播时代已经失去了价值。维系网络群体的"一般是基于特定信息、兴趣、情感或价值观而形成的网络身份"③。个体通过共同的兴

---

① 张华：《网络社群的崛起：基于国家、社会、技术互动视角的研究》，复旦大学出版社，2018，第68页。

② 昝玉林：《网络群体研究》，人民出版社，2014，第66页。

③ 隋岩、苗伟山：《中国网络群体事件的主要特征和研究框架》，《现代传播》2014年第11期，第26—34页。

趣、爱好建立网络群体关系，使得"网络群体一开始就具有自我附加的主动性，不存在外界的强力控制"①，网络群体成员之间的交往打破了现实社会业已存在的人际关系，模糊了社会身份带来的边界，颠覆了社会性主体的交往规则。同时，网络的匿名性承担了罗尔斯"无知之幕"的功能，让网络群体成员摆脱了心理束缚，以平等的主体身份畅所欲言地进行自我表达，以消除个体成员因现实需求无法满足而产生的挫败感与焦虑情绪，在网络群体交往中发觉群体归属感与认同感，实现个体精神需求的满足。

发展需求的满足是个体参与网络群体活动、进行网络交往的内在动力。自由、开放与共享的特性使得网络空间中存在着丰富多样的网络群体，为网民不同发展需求的满足与实现提供着可供选择的网络群体环境，使个人的主体性在参与网络群体活动中被唤醒、被发展。恰如科恩所言："比较复杂和自主的工作有利于发展比较灵活的思维和对自己、对社会的自主态度；反之，死板的劳动限制劳动者的自主性，使他的思维也比较死板，并且促使他对自己、对社会采取从众的态度。"②网络群体交往本身作为一种虚拟劳动实践，使交往双方在建立信息关系的相互作用中获得自由、自主、自觉的发展。另外，参与网络群体交往不仅摆脱了信息与知识获取的地域性的禁锢与局限；同时为个人发展提供了更多的自由时间。时间"作为人的积极的存在，不仅是人的生命的尺度，而且是人的发展空间"③。自由时间来源于满足绝对需求之后的劳动时间的剩余。作为一种可支配性时间，它本身就是一种财富，而创造可自由支配时间，则彰显着人的主体性与能动性。依赖于网络技术创造的网络群体交往极大地增加了群体成员的自由时间，使得成员个体通过网络群体交往从事自由活动，满足自身的发展需求。

（二）网络群体的形成推动社会进步

新社会空间的出现催生了新的交往结构，促进新社会关系的建立，推动

---

① 李素霞：《交往手段革命与交往方式革命》，人民出版社，2005，第172—173页。

② 〔苏〕伊·谢·科恩：《自我论：个人与个人自我意识》，佟景韩、范国恩、许宏治译，生活·读书·新知三联书店，1986，第199页。

③ 黄静婧：《论网络交往中的人的发展》，《理论月刊》2018年第4期，第162—168页。

网络群体的形成。网络群体的形成不仅意味着社会关系的网络延伸，而且意味着价值关系的网络发展。价值关系的网络发展一方面体现为网络群体对社会群体结构的优化配置，另一方面体现为网络群体对社会群体类别的丰富和文化的创新。

现代社会学认为，人类社会的群体结构是一个由农耕社会的血缘、地缘群体向工业社会的业缘群体演变的过程。农耕社会中以血缘性、地缘性关系为纽带结成的社会群体通常建立在人与人的相似性基础之上，导致高度同质化的社会群体的产生，形成人与人之间的机械团结。涂尔干认为，劳动分工产生机械团结与有机团结，机械团结是相似性所致的团结，而有机团结则是在个体异质性基础上建立的团结。社会分工越发达，个体之间的依赖性就越强烈。①工业社会的到来让个体从土地的束缚中解放出来，也带来了社会分工的出现，让异质性群体成为工业社会关系的重要表征。网络社会的崛起使社会分工更加专业化、分众化，同时网络交往的出现也让个体的现实社会群体身份"脱嵌"与网络群体身份"再嵌入"成为可能。网络群体的形成来源于现实社会群体中的身份个体，这也使得网络群体更加具有异质性色彩。如果说同质性群体内部存在着高度一致的信仰、情感、意愿，以及文化结构与生存形式上的共性；那么异质性群体则通过强调个体人格和意识的独立与发展，形成群体成员对所属群体的自觉归属感与认同感。网络群体正是基于个体自由选择、自愿参与、自觉认同而形成的有机团结群体，弥补与优化了社会群体结构的缺憾与不足。"从本质上说，是对社会的人力资源进行整合、优化配置。"②

网络技术的出现撼动了由静态空间与永恒时间建构的传统社会群体观念，为原本社交范围狭窄的个体提供了与他人"连接"的机会。同时，互联网自由、平等、开放、包容的特点也赋予了人的主体性前所未有的释放。"在网络社会中，个人通过对自己所处环境的反思性观察，认清'自我'与集体

---

① 〔法〕埃米尔·涂尔干：《社会分工论》，渠东译，生活·读书·新知三联书店，2000，第46—67页。
② 昝玉林：《网络群体研究》，人民出版社，2014，第150页。

之间的联系。而网络群体的形成正是来源于网民在虚拟世界中不同的角色担当和身份建构，通过依托互联网信息沟通的方式在不同时空聚集，进行社会交往，形成了各式各样的网络社群。"①网络社会交往利用文本、声音及影像等符号的互动整合形成网络空间中重要的交际工具——网络语言。在换喻、转喻、模因等机制下，网络语言不断创生并发展，不仅形成了网络群体交往的独特沟通与表达方式，也同时意味着网络群体文化的生成。御宅族、弹幕族、Cosplay、二次元文化、帝吧文化、网络粉丝文化等便是网络群体文化的典型表征。传统社会群体的文化缘起与群体认同大多聚焦于特定的历史、社会情境，而虚拟空间中的网络群体文化则更多地来源于个体在跨时空观察中形成的或基于共同爱好、或基于行为习惯、或基于价值观念的自我认同与群体认同。恰如卡西尔所言，"人不再生活在一个单纯的物理宇宙之中，而是生活在一个符号宇宙之中。语言、神话、艺术和宗教则是这个符号宇宙的各部分"②。人类思维与行为的文化符号化，正在成为网络社会最显著的特征，"在某种意义上，文化符号促进了网络中个人自我意识的确立，网络中的个人又通过文化符号和共同遭遇的文化事件形成的对群体的认同产生归属，完成了从网络个体到网络群体的转变"③。网络群体文化的不断涌现与丰富发展弥补了传统社会群体的文化缺失，网络群体文化的符号化则强化了网络群体的群际边界，形成对"我群"与"他群"的认同建构。对群体文化的认同意味着群体意识的出现，而群体意识则是群体凝聚力与归属感的重要来源。随着人们对互联网的普遍使用与深入了解，网络群体认同正在成为协调现实社会身份个体价值取向的群体哲学，而共同的利益与需求则成为维系网络群体存在的关键因素。共同的利益与需求使得网络群体将分散的力量"凝聚为合法的、建设性的利益表达，从而使其能够更接近决策层面"④，推动社会民主参

---

① 周建新、俞志鹏：《网络族群的缘起与发展——族群研究的一种新视角》，《西南民族大学学报（人文社科版）》2018 年第 2 期，第 154—159 页。

② 〔德〕恩斯特·卡西尔：《人论》，甘阳译，上海译文出版社，2003，第 41 页。

③ 周建新、俞志鹏：《网络族群的缘起与发展——族群研究的一种新视角》，《西南民族大学学报（人文社科版）》2018 年第 2 期，第 154—159 页。

④ 昝玉林：《网络群体研究》，人民出版社，2014，第 149 页。

与和改革进步，客观上巩固并维护了社会的稳定，增强了社会凝聚力与身份认同感。近年来，通过网络群体舆论动员的方式解决社会热点、难点事件成为网络群体发挥社会影响力的重要途径之一，这正是信息时代社会运动与互联网逻辑协同共振的结果。正如卡斯特所揭示的，"互联网不仅仅是一个便利的应用工具，它适应了信息时代出现的社会运动的基本特征"，"这些运动也发现了组织起来的合适媒介，它们发展并打开了社会变革的新途径，这反过来又加强互联网作为优势媒介的地位"①。

五、网络群体的价值反思

网络群体是一个伴随着网络技术的迭代演进而不断发展的概念。对网络群体的认知嬗变来源于人们对互联网络的不断深思，更来源于技术、人与社会的协同发展。从知识精英到普通民众，从他组织驱动到自组织主导，从组织群体的网络"移步"到网络建构新型群体，网络群体逐渐彰显主体性释放的魅力。网络群体并非凭空产生，也非与社会群体对立。网络群体不仅是社会群体交往关系的空间延伸，还是对社会群体关系的再建构。因为网络群体是在互联网不断延伸、渗透、重塑的制度化与技术化逻辑中产生并聚合而成，这使得网络群体成为社会群体交往关系的媒介化、网络化表征。作为网络社会关系的表征，网络群体的诞生一方面满足了个人主体性建构、关系搭建与发展需求；另一方面推动着社会信息共享、意义生产与民主进步。互联网搭建的信息社会摆脱了农耕社会与工业社会交往的空间束缚，使得网络群体交往极大地区别于身体在场的社会群体交往。网络空间作为社会交往空间的延伸，不仅实践着网络群体多样化信息交流与多元化观念沟通，而且实现了网络群体交往内容即政治、经济、文化与社会等的空间延伸。

然而，网络化逻辑的渗透势必给沉溺于网络虚拟世界的个体带来现实社会群体关系疏远、情感淡漠，乃至主体异化的危机。一方面，网络群体交往所提供的低成本性、高便利性，虽然在一定程度上消除了个体的孤独感与空

---

① 〔美〕曼纽尔·卡斯特：《网络星河：对互联网、商业和社会的反思》，郑波、武炜译，社会科学文献出版社，2007，第 152 页。

虚感，使个体获得心灵上的慰藉，但是身体的缺席使得网络群体交往失去了面对面人际交往的生动性与亲切感。恰如雪莉·特克尔所言，"我们在网络上与他人的联系越来越紧密，却变得越来越孤独"，"我们因网络连接而同在，但是我们对彼此的期待却削弱了，这让我们感到彻底的孤独"。[1]网络群体身份的可匿名性、不确定性，让身份的不断切换与随时抽离成为可能，导致交往双方对象化的信任危机。另一方面，互联网的普及与渗透使得个体获得了自由选择所属群体的媒介权力，然而网络化的媒介逻辑也反过来制约、束缚了人的自由个性。网络群体中的交往关系实质上是一种信息关系，网络空间中的互动与交往都通过特定的符号信息表达，甚至交往主体的身份也被符号化、信息化了，造成虚拟与真实的异位，使人成为了信息，最终导致人的异化。此外，网络群体的生成与流动构成了异常活跃的生活场域与话语空间，推动着社会文化与价值观念的多元发展。然而，网络群体不断壮大与勃兴的同时也加大了群体性事件发生的风险。互联网上的资源共享与实时传播为相似观点的相互吸引提供了快速便捷的汇集空间，为网络交往的情感认同输入了丰富可感的符号资源。当传统社会群体所提供的以情感性为心理基础的本体性安全受到重创时，人们的焦虑情绪与不安全感便会在网络环境中交织并叠加，严重时会危及社会的稳定，引发社会动荡。

但是，必须指出的是，以上问题的出现并非互联网及网络群体的永恒诟病。网络群体仍然处于一个发展中的状态、处于社会发展的进程之中。正如人的发展、社会的发展是一个由自发到自觉、由低级向高级的发展过程，网络群体亦然。随着互联网对人的主体性的不断强化与释放，人们对互联网认知的不断加深，网络群体的主体性也会由低级向高级、从自发性向自觉性迈进。网络群体并非勒庞口中极度非理性的"乌合之众"。勒庞这一极具轻蔑口吻的论断，显然贬低了人的主体性、忽视了主体性发展的过程。当然，在网络群体的发展过程中，相关职能部门通过他组织机制的协助、推动与规范成

---

① 〔美〕雪莉·特克尔：《群体性孤独：为什么我们对科技期待更多，对彼此却不能更亲密？》，周逵、刘菁荆译，浙江人民出版社，2014，第169页。

为未来网络群体与社会协同、健康发展的必要保障与有力杠杆。

第二节　群聚传播中的主体关系偏向

哈罗德·伊尼斯（Harold Innis）在《传播的偏向》一书中通过对文字、印刷、电影及广播时期文明的梳理和分析，从时空两个维度总结了任何传播及传播媒介都具有某种偏向，"所谓媒介或倚重时间或倚重空间"①。传播媒介的属性影响文明的走向及社会形态的演变，对知识在时间和空间中的传播产生重要的影响。虽然伊尼斯的梳理到广播时代便停止，但传播的偏向作为一种理论工具却一直引领着后来者沿着媒介技术创新的道路，去不断探讨媒介对于文明的意义以及文明的偏向对于人类交往及社会发展所产生的影响。

可以看到，在对传播的偏向进行时空二分的过程中，伊尼斯将媒介技术视作其中最为主要的驱动因素，因此当新的媒介出现并不断向日常生产生活渗透时，会创造出新的文明。随着第二次世界大战的结束，互联网这一新媒介经历了从军事领域到商业领域再到日常生活领域的飞速发展，并给整个社会带来了革命性的变化。从 ARPANET 和 TCP/IP 技术统一了互联网语言，到万维网和门户网站再到博客和社交媒体，及至今天的智能互联终端，互联网对社会进行深度媒介化的过程，也是对时空进行消融与平衡的过程，而正是在这一过程中，传播的时空二维偏向终结，关系的联结属性凸显。这一属性寓于新的传播形态即群聚传播中，其中以人为主体的主体关系最为凸显，由是，传播的偏向得以跳出时间与空间的维度而转向作为传播主体的人，人及其所携带的各种关系也便成为传播活动中最为重要的所指和依赖。

一、传播观念的关系转向

当前，新的媒介环境中的人已不再是以往物理意义上的纯自然人，其主体性也发生了变化，"媒介人""智人""沉浸人"等的指称，迫使人们对人的本性或特质进行再思考和重新界定。一方面，由于数字技术开放的信息系统

① 〔加〕哈罗德·伊尼斯：《传播的偏向》，何道宽译，中国传媒大学出版社，2015，第71页。

带来了生产力的解放，人作为传播中心的主体性被空前凸显，在驾驭媒介的过程中能够积极主动地进行信息内容的生产和传播活动；而另一方面，在人对媒介进行主导与操控的同时，技术的生物属性也反噬着人原初的人性，并以海德格尔（Martin Heidegger）所说的"架构"方式促逼着人，人类于是不得不面临一场前所未有的人文主义危机。不同于传统人文主义者通过对技术的抵制和贬抑来呼唤和倡导对于最初自然人性的回归（其过度强调人的完整性和完美性，因而将人在技术作用下的一切改变视为一种退化），未来人文主义精神从关系层面来观照媒介深度融合中的人。从关系视角看待社会文化现象的倾向始自20世纪中后期，因更多的研究者发现，世界从整体上来说是相对的、关系的、共构的，尤其随着社交媒体对日常生活的不断嵌入，整个世界被编织成一张流动的关系网。如此一来，以往作为实体本体被过度强调的人成为一种被关系所决定的存在，人性以人伦的精神与内涵得以持续存在和发展。而对于关系的强调，也即关系本体论的体现。

关系本体论在传播学领域引起重视或可追溯至帕洛阿尔托小组（Palo Alto group）（后发展为帕洛阿尔托学派，也被译作巴罗阿多学派）。在经过半个世纪的发展后，由控制论、经验-功能主义学派和结构主义方法论这三大基础学派所构建的传播学在西方学术界得以成立，但直到20世纪60年代，这门学科还不算十分成熟。得益于科学技术革命的控制论模式将社会畅想为一个可控制和传播的系统，正如其提出者维纳所认为的，"只能通过消息的研究和社会传播设备的研究来理解社会"[1]。而发端于美国的经验-功能主义学派则继承了亚里士多德（Aristotle）以说服听者为重点的传播思想，从社会实用功能的角度来阐释人们与大众传媒及其相关机构和职业群体的关系，认为媒介在参与和指导社会管理中具有决定性的作用。结构主义主要从语言学角度来研究传播，并认为"意义"存在于传播行为中，语言传播的本质是功能性的。总体上来看，三大基础学派作为主流的传播学学术思想，其理论概念基本停留在一种从信源经由渠道再到接收者的线性传播观念上，且当他们变得愈发

---

[1] 〔美〕N.维纳：《人有人的用处——控制论和社会》，陈步译，商务印书馆，1978，第8页。

纯熟和精致之际，也就与现存社会秩序构成一种同谋关系而无力对社会的进一步发展注入活力，如此一来，整个社会系统也就逐渐趋于封闭。随着社会和经济的快速发展，大量社会科学和人文科学渗入传播学领域，尤其 60 年代西方社会思潮的兴起，使其迎来了学术思想发展的转折点，尤其是批判思潮的介入和渗透，为传播学的更新和发展带来了新旨趣。

不同于经验-功能主义学派对于西方社会制度的鼓吹及对其秩序的维护，以法兰克福学派为代表的批判学派将注意力集中于个体自由的呈现，认为在现代化高速发展的过程中，自由这一主题已随着个体主体性的衰落而被消解；同时，他们还对大众传媒在大众文化中的肯定性作用予以了意识形态和社会控制层面的否定。[1]诚然，批判理论为传播学领域带来了新的理论视角和思想锋芒，但由于是特殊历史语境之下的产物，因而其带有一种与生俱来的缺陷。例如，由于它并未能触动资产阶级的民主根基，而只是对当时的主流传播思想给予一定的批判，所以未能在此基础上提出具有建设性意义的新思想，导致其传播观念在实质上也被看作是围绕传播内容而形成的一种线性传播模式。

不同于批判学派囿于以往传播范式框架的反思，20 世纪 60 年代，弗洛伊德在临床领域的侧重从个体内在动力转向了个体交往或关系模式，而帕洛阿尔托小组正是这一范式转换的一个重要组成部分。[2]格雷戈里·贝特森（Gregory Bateson）受控制论思想的启发，并以此为出发点对人类所有意义上两种类型的传播活动进行了区分：一种是二进位的，数值化的，倾向于内容的表达，对信息符号进行编码；另一种是类似的，是通过象征符号来进行的一种外在表象的传播，倾向于关系的表达。[3]可以说，这一学派从根本上抛弃了以往线性的传播学研究范式，提出了"传播本质寓于关系和反应过程"及"人的所有行为都有一种价值"两个假说，主要内容包括了从人际关系到社会

---

[1] 陈卫星：《西方当代传播学学术思想的回顾和展望（上）》，《国外社会科学》1998 年第 1 期，第 3—7 页。

[2] 〔美〕E. M. 罗杰斯：《传播学史：一种传记式的方法》，殷晓蓉译，上海译文出版社，2012，第 87 页。

[3] 陈卫星：《传播的观念》，人民出版社，2004，第 29 页。

关系的所有关系范畴，因此这一学派也被称作交往传播学派或关系传播学派，从而拓展了有关传播学的本体论表述。

如果从词源学视角来考察，我们会发现，"communication" 一词的词根 "com" 在希腊文中指的就是"与别人建立一种关系"，其本身涵盖了一种"共有、共享"之意。据此，针对媒介在传播中所占据的重要位置及其各自的特征，詹姆斯·凯瑞（James W. Carey）在伊尼斯对传播偏向做出的时空划分基础上，对传播的观念做出了两种最为基本的区分，即传播的传递观和传播的仪式观，传播的传递观侧重于传播在空间维度的横向延展，即讯息在空中的扩散；而传播的仪式观则关注传播在纵向层面的、时间上对一个社会的维系，并认为传播的起源及最高境界不是指智力信息的传递，而是建构并维系一个有秩序、有意义、能够用来支配和容纳人类行为的文化世界。由此，传播建构了社会关系。但一直以来，传播的传递观在传播领域中占据着主要的地位，而仪式观则不被重视，但不可否认的是，关系仍是传播的底色和内涵。社会学家库利曾将传播定义为"人与人的关系赖以成立和发展的机制——包括一切精神象征及其在空间中得到的传递，在时间上得到保存的手段"[①]，也强调了传播的社会关系属性。在此基础上，郭庆光对于传播的实质做出界定：所谓传播，实质上是一种社会互动行为，人们通过传播保持着相互影响、相互作用的关系。[②]

随着社交媒体技术和互联网的急剧发展，传播研究的范式在近十多年间转向了媒介化研究，从而迫使人们对媒介及传播进行重新的认识。以往，媒介总是被作为一种中介性要素而与整个社会及其文化、制度相分离，因此，相关的研究大多着眼于媒介所携带或传递的信息对社会其他方面所产生的影响，由此也导致了对于传播效果研究的偏好。但自 20 世纪 90 年代卡斯特明确提出"网络社会"概念以来，以互联网为代表的信息技术不断渗透进社会生活的方方面面，导致社会的形态发生了根本性的变革，整个社会结构得以

---

① 转引自郭庆光：《传播学教程》（第二版），中国人民大学出版社，2011，第 2 页。
② 郭庆光：《传播学教程》（第二版），中国人民大学出版社，2011，第 3 页。

重构。由此，媒介不再被仅仅当作一种中介性要素，而是作为一种"居间者"穿透于社会的其他各个方面，并与之发生复杂的互动。在媒介化的研究范式中，媒介或在中观层面被当作一种与其他社会机构并置的、独立的社会机构，或在微观层面被视作一种社会情境，即将焦点放置于新的传播形式与新的互动/交往实践方式所开启的新的社会活动中，而无论哪种，其中所蕴含的都是对于人、技术、社会三者复杂关系的梳理、界定以及反思。从 Web1.0时代的终端连接到 Web2.0 时代的内容连接，再到当前的关系连接，都表明了传播的关系维度凸显，并成为解释当前各类社会现象的一个始基。而各种关系理论如社会网络理论、弱连接理论，以及对于新的交往方式的探讨等受到重视和广泛讨论，也证明了传播对于关系维度的强调和偏重。

二、群聚传播的主体关系偏向

社会化媒体的出现，也即 Web2.0 时代的到来，宣告了罗杰斯"关系理论最终将得到广泛的理解和接受，关系传播学派也将得到应有的重视"[①]的预言成为现实。当前，各种层出不穷的在线服务为人与人、人与物的连接提供了无尽的可能，交互式、即时性的双向连接也将原来隐形和潜在的联系凸显出来，"关系"迅速演变为一种宝贵的可见性资源。尤其是当媒介的时空二维偏向趋于平衡时，原有时空秩序被打破和重构，散落在世界各处的人们能够在同一时间与他人共处于同一信息场，从而为大规模的聚合提供了可能，从根本上推动了新的主体关系实践。这是关系传播最为集中的体现，也代表了关系传播发展的高潮。如果说，互联网的出现及广泛普及导致了传播偏向在突破时空二维后转向了关系，那么，以社交媒体为主要传播媒介、多元的传播主体及其互构为本质属性的群聚传播所蕴含的偏向维度，正是主体关系。主体关系偏向在群聚传播中的突出体现有其深刻的历史和现实原因。

首先，互联网尤其是社交媒体出现的初衷是在人与人之间建立更广泛的关系，而建立关系最主要的就是通过分享而进行的互动合作。正如《社交媒

---

① 转引自陈先红：《论新媒介即关系》，《现代传播》2006 年第 3 期，第 54—56 页。

体简史：从莎草纸到互联网》一书中所言，在社交媒体所建构的人类生存语境中，好比灵长类动物通过相互梳毛来获得信息以确保安全一样，人类生来也在交往中分享信息，同时在分享中获得交往，因此人的大脑是社会性的，分享是本能的，"我们的大脑就是为了建立社交关系网而生成的"①。尽管个人经验的私密性和个体意识的相互隔绝不可能使人与人之间达到一种"天使般的交流"，但作为社会关系中的人一生都在渴望交流，建立关系是人类与生俱来的社交需求。古希腊神话中，宙斯和诸神为削弱人的力量，将原本是球体形状的人一劈两半，因此人生来都只是半个人，毕生都在寻找与自己相合的另一半，而交流也就成为人与生俱来的永恒夙愿。无论是早期语言和文字符号的出现，还是印刷、电报、广播、电视等大众媒体的发明与运用，都是为寻求与他人、社会，甚而自然与神灵之间的联系与交流。在经历了 Web1.0 时代的互联网商业主义浪潮后，随着 Web2.0 时代的到来，对于交流与合作的诉求，以及有关自由分享的精神在 21 世纪初重新燃起，自主性、参与性、合作性等文化功能的承诺，使得社会化媒体早期的使用者对未来充满信心，也激发了更多的个体对于创建平台的努力，维基百科、博客等都是这一理想的典型代表。这种对于人而非内容的强调，对关系而非简单连接的追求和渴望，是祈盼人与人之间能够通过合作而使自身更加完善，是人类从诞生之初至今未绝的一种精神坚守。

其次，当前互联网中集合行为的常态化要求对传播中主体关系的维度予以重视。集合行为又被译作集群行为、集聚行为或聚合行为、集体行为，与常态化的群体行为相对，是社会学、心理学、社会心理学等关注的重要领域。这种行为方式发生在一些特殊的情境中，并不受通常的行为规范所指导，是自发的、无组织的、无结构的。②集合行为的发生有其特定的条件，在传播学研究领域，郭庆光将其归纳为三个：结构性压力、触发性事件，正常

---

① 〔英〕汤姆·斯丹迪奇：《社交媒体简史：从莎草纸到互联网》，林华译，中信出版社，2019，第 13 页。

② 周晓红：《现代社会心理学：多维视野中的社会行为研究》，上海人民出版社，1997，第 398 页。

的社会传播系统功能减弱，非常态的传播机制活跃化。①随着社会生产力的发展，尤其是在移动互联网及社交媒体出现后，这三个条件得以经常性地具备，集合行为的发生也就成为一种常态化的社会存在。一是转型期的我国社会处在一种维克多·特纳（Victor Turne）所说的"阈限"结构状态中，社会中的各种矛盾凸显、社会关系胶着，原有的社会结构模式动摇，新的结构形式正在形成，从而为突发的聚集行为增添了契机；二是在新型物理空间的互联网平台上，信息的快速集聚和传播使各种突发性事件变得多发，人们被随处可见的各种事件或议题裹胁；三是以往以大众传播为主导的传播系统遭到瓦解，大众传播、组织传播、群体传播、人际传播四种传播形态得以共处于互联网所营构的传播环境中，而以信源不确定性为主要传播特征的群聚传播机制活跃，带来了流言等现象的频发。可以说，我们当前已经来到了一个由互联网等新媒介技术引发的"人人都能发声，传播无处不在"的群聚传播时代。需强调的是，群聚传播作为一种常态化的社会存在，不仅仅指基于事件或议题之上无序的群体扩散，同时也包含了在这种扩散的表层之下散落在日常生活中有序化的人际传播；其传播主体也不仅是作为人的个体，还包括社会组织、政府机构，以及数字化主体，他们共同构筑起了互联网时代新的传播模式。因此，群聚传播"通过多元信息生产者的关系连接而形成的网络传播，是社会关系的网络重铸，抑或说是互联网重构了人们的社会关系"②。在这样一种新的传播范式之下，大众的社会关系、群体的文化关系以及个体的人际关系等主体关系都得以重组，人的存在方式和日常生活意义凸显，成为重要的时代命题。而存在于其中的个体也不再是大众传播时代原子式的个体，而是时时刻刻处在媒介介入后形成的关系连续体中，在这一意义层面上，个体人际关系的变化与整个社会关系的变化形成了一种同构，且反过来又对媒介的特性及传播的偏向产生不同程度的影响。

---

① 郭庆光：《传播学教程》（第二版），中国人民大学出版社，2011，第84页。
② 隋岩：《群体传播时代：信息生产方式的变革与影响》，《中国社会科学》2018年第11期，第114—134+204—205页。

三、主体媒介关系实践：群聚传播主体关系偏向的维度呈现

与媒介化研究兴起相伴随的，是媒介研究范式的实践转向。早期的实践观念是布尔迪尔为了驳斥列维斯特劳斯对于日常思维和行为动力学的忽视而提出的，他激进地认为，对行为的研究要通过对实践的分析，而实践的前提条件是"惯习"；此外，他还强调了实践与时间的紧密联系，认为不能忽视社会事实在变迁过程中所产生的正在形成的实践之时间的东西，尤其是速度，这也提醒后续研究者要重视对当前加速社会中各种具体媒介实践的考察。其后，西奥多·莎茨基（Theodor Schatzki）等人对布尔迪厄（Pierre Bourdieu）的观点进行了进一步的反思，莎茨基认为，实践有其独特的秩序场所，通过对独特习惯的独特组织，能够构成大范围的"社会秩序"。而把媒介研究与实践真正勾连起来的，是以夏兹金为代表的第二代理论家引领的对于实践理论"二元性内涵"的探究，即实践是对于主客两种元素的统一与整合。库尔德利在对媒介实践进行分析时也提到："实践路径不始于媒介文本或媒介机构，而是始于与媒介相关的事件，含一切松散和开放的关系。"①它所要回答的问题是在各种不同的情境中，个体、群体、社会机构等主体在做什么与媒介相关的事情，以及其动因如何。这一新的研究路径使人们的行为与媒介的关系问题转向了更大的范围，也使得不同层面的社会关系有了新的内涵。无论是媒介的居间者形象，还是实践的集合性意涵，都暗含了媒介的物质特性，即被作为一个"容器"而将万物聚集，这种凸显互动的聚集性正是群聚传播的本质，且其在社会层面、群体层面与个体层面的相关媒介关系实践中具体呈现出来。

（一）群聚传播中的社会关系实践

新媒介环境下的社会关系实践主要体现为个体层面社会角色的转变与群体层面社会关系的聚合。角色是社会关系的主要构成要素之一，是"编织社会群体或社会组织的基础，是与某种社会地位、社会身份相一致的一种行为

---

① 〔英〕尼克·库尔德利：《媒介、社会与世界：社会理论与数字媒介实践》，何道宽译，复旦大学出版社，2014，第41页。

期待"①。在新的媒介关系实践中，角色的扮演发生变化，导致个体身份的冲突与失调，从而引发了情绪的社会化传播。而群体层面的社会关系变化则指具有一定稳定性和持久性的社会关系结构受到了侵蚀，原有群体的规则或规范松动，群体边界消弭融合，新的结构生成或正在生成。

首先是个体可见的复数人设。依据阿伦特的说法，当存在者能够通过自己的言行来彰显自己的存在，并为世界带来新的样貌时，人就是"复数的人"，且每个人都是独一无二和与众不同的。而在传统大众传播时代，人的独特性由于受单一场景模式的制约而被排除在信息生产者的行列，因此只能呈现出某种单一的人设面向。只有到了群聚传播时代，各种场景的融合使得以往被约束的特性得到释放，人本来的多面性在不同的社交场景中得到展现，"复数的人"才成为现实。直观来看，人的这种复数性主要体现在其所扮演的社会角色中，即在虚拟与现实、线上与线下的融合场景中，个体在与他者进行交往互动中角色的转变或增减，而社会化媒体的泛在又使得这些角色在同一时空内集中呈现，从而形成个体角色的集聚，进而造成角色间的冲突。此外，媒介技术的可供性也赋予每个人在不同的社交平台扮演多重身份的权利，人们会根据不同平台的特质来设定自我身份、塑造个体形象。例如，基于微信的熟人关系在朋友圈分享日常生活、晒自拍照；基于微博公共空间的印象而针对时事热评发表意见和看法等。这些不同侧面的角色或身份共同组成了一个完整而复杂的个体自我。因此，断不能仅凭一个侧面就对一个人或一件事妄下评判，因这种妄断不仅是无意义的，甚至容易加剧社会意见的割裂。

当下，对于个体角色形成分裂与整合最具代表性的是网络直播技术的发展。通过极具场景化的网络直播，人们更多地将以往神秘的、不予他人涉足的"后台"主动呈现给屏幕前的观众，在这种前后台的混淆中，个体的某些角色会根据直播目的或被悬置、或被凸显，或被糅合拼贴、或被组合并置，甚至还会在直播过程中不断创设出新的角色。通过在不同场景中的角色展

---

① 孙立平：《社会学导论》（第五版），首都经济贸易大学出版社，2020，第65页。

演，人与人之间建立起或垂直、或倾斜，或真实、或虚拟的关系模式，并依据每种模式来开展相应的媒介实践活动。例如，在产品营销类的直播中，为了促进产品的销售，有些主播会通过亲昵的称呼、夸张的语言及热闹场景的营造，在悬置自我真实身份的同时为自己创设出一种真诚和善的虚拟形象，并在虚拟互动中与观看者形成一种含蓄的垂直关系，典型如直播带货风潮；又如在日常生活分享类的直播中，由于其目的仅为了展示自我生活，主播会将自我的生活环境与日常光景细腻用心地呈现出来，从而将现实角色与虚拟角色融为一体，并在日常的互动中与粉丝形成一种持久的、具有倾斜性的关系，典型如李子柒、张同学等引领的多元个体生活方式分享。

其次是社会关系的聚合。在关系赋权下，节点化的个体成为信息传播和收集的中心，社会的生产和生活方式发生转变，传统熟人社会关系结构面临着被解构和重组。不同于传统社会中依循血缘、地缘，甚至趣缘形成的社会关系，活跃在网络社会中的个体更多是因对某一信息的共同关注而聚集在一起，从而形成或自愿、或被动的社会关系集合体，有研究将这种关系群体称为"信缘群体"①。这一群体中的各成员之间虽相互联通，但有一种结构上的不平衡性，其源自网络社会结构的二重性，即网络社会中的社会关系既包含无现实根基而直接在网络中建立起来的通常是不稳定的关系，同时也囊括了基于现实熟人社交关系形成的关系延续体，因此其蕴含的社会意义既有情感层面的，也有社会治理层面的。可以说，在数字技术的全民覆盖之下，我们每个人都不可避免地置身于某一信缘群体中，在其中，各种类型的社会关系被集聚在一起，为各种突发状况的治理带来新的难题。尤其在"家国一体"的社会传统影响下，这种关系的复杂性表现得更为显著，因此要对之加以更多的关注。与此同时，其结构上的不平衡性也提醒人们，在虚拟的网络社会中建立新的社会关系时，要时刻警惕一些群体对个人理性意识的盘剥和削弱，以免导致冲动行为和偏差行为的增加。

① 郭星华、朱涛：《信缘：数字时代的新型社会关系》，《探索与争鸣》2022 年第 6 期，第 30—39+177 页。

（二）群聚传播中的文化关系实践

文化是赋予生活以意义的实践。传播的仪式观认为，传播的起源及最高境界并不是智力信息的传播，而是建构并维系一个有秩序、有意义、能够用来支配和容纳人类行为的文化世界。①传播仪式观关注的是传播在人类的生存与维系方面的内涵，注重的是主体之间在生存状态上的交流，是对于过程性的未来与可能性的强调，并主要通过人们共同开展的文化实践呈现出来。雷蒙德·威廉斯（Raymond Williams）从语言在日常生活中的应用出发，将文化的研究置于人们的日常生活中，认为文化"是对特定生活方式的描述，它不仅在艺术和学习中，而且在制度和日常行为中表达某些意义和价值"②。同时，也将一个时代人们在共同生活中形成的"情感结构"（structure of feelings）作为每个时代的文化基础。由于情感结构是某一特定时空中人们对于日常生活的感悟和理解，因此它具有一种生成性、动态性和穿透力，这一概念的发现使得文化在被"降维"的同时，边界得到了拓展。从社会生活的维度来开展文化研究，也正是从社会关系，尤其是主体关系的维度来进行文化实践活动。群聚传播时代的文化关系实践主要体现为各类型文化通过符号表达所进行的共同意义建构的过程，以及由此引发的社群聚合。其中，依共同兴趣结合而形成的趣缘社群文化传播最为广泛，已成为群聚传播时代的一种重要文化表征。

首先，全球化加速了世界范围内文化的交流，各民族间的文化得以突破原有界限而相互融通，我们—他者、本土—异邦、民族性—世界性等抽象范畴渗透进日常生活领域，成为可见的、具体的分析概念。其次，社会化媒介技术的日渐成熟，使个体的生产力在更大范围内得到解放，每个人都有机会成为信息的生产者和传播者，全民创作成为可能，促进了文化的集中化。由是，涌现出诸如二次元文化、弹幕文化、佛系文化、躺平文化等席卷全网的新文化风潮，并呈现出间歇性的文化狂欢。再次，人们对于文化的认知行为

---

① 〔美〕詹姆斯·W.凯瑞：《作为文化的传播："媒介与社会"论文集》（修订版），丁未译，中国人民大学出版社，2019，第18页。

② 〔英〕雷蒙德·威廉斯：《漫长的革命》，赵国新导读，外语教学与研究出版社，2019，第61页。

由过去现场参与的共同体，转变为媒介仪式中想象的共同体，在这一突破时空界限的共同体中，不仅文化的交流方式发生转变，传统文化也被重新编码和解读。最后，凝聚性与自由性的共存推动了趣缘社群的可持续生长。趣缘社群中的成员因共同的爱好而聚集在一起，彼此间有共同的精神信仰，信息与情感的分享和互动是自觉、自愿的，而非通过某种强制力量，因而此类趣缘社群在极具凝聚性的同时，也富有极大的弹性，成员可按照自己的意愿自由地加入或离开，其秩序及边界的形成完全依靠成员的自组织，而互联网的开放性、低门槛等特性也为这种自组织提供了条件。

不同的文化关系背后蕴含着不同的价值观。大众传播时代的文化是主流文化主导之下的大众文化，相应的文化关系实践以主流文化所倡导的标准化价值观为指导，边缘的和小众的亚文化受主客观条件的限制难以被多数人看到。而当前，各类文化主体有了发声的机会，尤其在消费文化过度繁荣之下，社会价值多元化，且各种价值观相互交织碰撞，以往更多的边缘人群被发现和看到，其诉求和个性得以彰显和得到尊重。在这样的文化关系实践中，不仅传达出小众亚文化与主流文化的对话与协商，且个体的创造性被激发，激励更多的人参与其中来表达其文化价值诉求。在社群成员的积极互动及社群精神的鼓舞下，新的自我、新的社交关系被挖掘。但同时要注意的是，这种趋势的加强也引起了一定的反思，即互联网等新的媒介技术在将越来越多的人卷入文化实践的公共领域、各种异质文化得到呈现的同时，也通过算法及程序化等形式暗中削减着文化批判的空间，从而容易导致文化的同质化和类型化。因此，要对新时期价值认同的凝聚与重塑给予更多关注，注重从意义层面开展相关的文化实践活动。

（三）群聚传播中的人际关系实践

在社会关系实践与文化关系实践的基础上，新媒介环境下的人际关系实践主要从微观层面出发来观照具体的个体关系实践，并聚焦于网络交往中的自我呈现与自我意识。不同于以角色扮演和社交资源获取为主要内容的社会关系实践，人际关系实践中的关系主体更加注重人与人之间在情感层面的感性化交流。在这一因素驱动下，交往主体通过对外部附加因素的剥离和对所扮演社会角色的悬置，以更为纯粹和单一诉求的方式来与他者进行关系的建构，以寄希望于与他者达到一种超越"我—他"关系的"我—你"关系，也即马丁·布伯（Martin Buber）所说的"相遇关系"。然而，当前社交媒体的快速发展也使人们为无处不在的连接所累，人与人之间关系的建立与维系附带有更多的目的性和工具性，因而在关系迅速建立的同时断裂得也快，且这种关系的性质更多是因一件事或一个任务而形成的一种临时的、表层的连接。如现在的微信好友列表中，出现了越来越多只有一面之缘或互不熟识的人和群组，其大多随着事件的完成或被解散、或归于沉寂，可以维持长期关系的要么有一定的现实基础作为支撑，要么因相同的价值观而形成某种共同体。为此，依据人们在实践中出现的种种关系状况，微信通过更新不同的版本，推出如好友分组、朋友圈三天可见、朋友权限"仅聊天""拍一拍"等功能；微博新增了拉黑、半年可见、隐藏喜欢的内容等选项；一些短视频平台，如抖音也可将喜欢列表、发布内容，甚至整个账号设为私密等。通过此类媒介实践，可区分人们对于不同关系的态度——热情真挚还是敷衍冷淡，并在此基础上产生更加有意义和有效的交流，进而找到距离最为适当的关系状态，同时也对泛连接和无效连接做出一定的回应。

可以说，在人际关系的媒介实践中，社会现实因素与媒介技术因素互相驱动磨合，共同作用于人与人之间情感的产生、发展与维系，其目的都是寻求人与人之间更好地交流，从而达到一种充满张力的、富有弹性的主体关系状态。为此，在人与媒介的互嵌共构中，我们不断进行媒介探索，以更好地实现媒介化生存（或曰关系性生存）。例如，当前各类社交媒体平台围绕人类交流的初衷不断推陈出新，算是一种聚焦于人际关系的媒介实践。典型如网易云音乐于 2020 年 7 月上线的新功能"一起听"，通过它可与好友在线同步共享一首歌，且在听歌过程中，还可点击话筒按钮与好友进行实时交互，分享当下听歌心情，在艺术审美方面充分满足了人们以歌会友的需求。还有如小宇宙 App 等中文播客平台的出现和风靡。小宇宙 App 由社交媒体平台——"即刻"于 2020 年 3 月推出，旨在发现个人的深层次需求，以提升其互动感和参与感；同时注重每个个体的主体性和收听者的特殊性，通过"发现""收听""社区"三种体验，帮助找到人与人之间相似的品味和喜好。在更为多元和理性的收听和对话交流中，参与者可有效避免被集体情绪裹挟，从而形成更多看问题的视角和面向，促进更多共识的达成。从这些尝试性的媒介实践中可以看出：一方面，这些形式可看作在技术赋权下，人们对于理性交流的渴盼与期待；另一方面，此类对于对话的热衷也是新媒介技术对于传播逻辑的一种重新架构。

三种主体关系的媒介实践分别从不同侧面勾勒出了群聚传播中的主体关系偏向，为我们从主体关系视角了解群聚传播的内涵与外延提供了分析维度。从大众社会关系到群体文化关系再到个体人际关系的媒介实践，是主体关系实践由宏观到微观的具体体现，它表明，作为媒介关系实践的群聚传播是一种以传播主体为核心的关系型传播，而当前对于关系本位的强调，也是对多元传播主体能够在超越时空中不断"相遇"的可能性的强调。媒介关系实践中的主体不仅是流动的、生成的，且具有意向性和超越性；主体之间也不仅是有机的、相遇的，更是情感的和交织共构的，他们共同造就了群聚传播中的主体关系偏向。

传播的偏向是针对不同媒介技术主导之下的文明形态所提供的一种文化分析方法，它可帮助人们更好地理解每一历史时期的社会文化形态。媒介的不同偏向会影响文明的性质，正如伊尼斯所说："一种新媒介的长处，将导致一种新文明的产生。"[①]群聚传播是基于互联网技术的发展而形成的一种新的传播形态，它不仅高度体现了时空界限消弭后传播以人为中心的关系转向，且引发了社会生活中各种主体关系的重构，导致新的时代文明正在被创造出来。例如，知识不再只被少数人掌握，而是具有了明显的社交性，它们能够"从个人的头脑移动到群体的网络"[②]，从而直接对社会的话语权产生了改变；传统熟人社会被肢解，半熟人社会和陌生人社会扩大，引发新的身份认

---

① 〔加〕哈罗德·伊尼斯：《传播的偏向》，何道宽译，中国传媒大学出版社，2015，第72页。
② 〔美〕戴维·温伯格：《知识的边界》，胡泳、高美译，山西人民出版社，2014，第72页。

同及信任危机，远距离的群体组织模式孕育和出现，文明的生成与传承面临新的界定；万物互联在全球形成蔓延趋势，社会关系资源成为各个领域争夺的对象，对于主体关系的处理和协调成为维系新文明的重要着眼点。这些新的社会景观共同构筑了群聚传播时代的文明形态，决定了这一历史时期人类全新的交往实践活动及生产生存方式。

第三节　群聚传播中的主体关系建构

产能过剩的出现与社会的数字化、信息化、网络化发展，使人们的消费方式不断升级，通信、社交、游戏、购物、娱乐等无不以体验作为盈利点。究其原因，这一方面来源于产能过剩的消费社会土壤对普通个体主体地位的提升，在传播领域中体现为普通个体成为了传播主体；另一方面来源于互联网技术的兴起与繁荣所引发的经济结构的转型，特别是随之而来的整体性文化的转变，即感性意识的彰显与感性文化的复归。对"体验"的强调从本质上来说，是一种诉诸于人的感性意识的经济方式，与传统产品经济、商品经济等类型相比，"最突出的变化是计算理性走向了后台，而感性意识则走向了前台"①。感官感知、情感体验成为了交换、交往的发生机制。这意味着感性意识的凸显不仅伴随着社会数字化、信息化、网络化的发展而存在于经济方式之中，同时也在互联网技术强大的普及与渗透下而作用于传播领域之中，这使得网络时空中的信息传播、人际交往与媒介文化的感性化趋势越发鲜明。

一、感性的内涵及特征

感性与理性相对，一般是指感觉、知觉、表象等直接感官层面的意识。现代文明进程中对理性的强调造成了长期以来对感性的忽视，感性通常被认为是被动的、简单的、低级的、浅薄的意识存在。实际上，这种判定是一种理性主义立场的论断。从康德、马克思，到布迪厄、吉登斯等均从不同层面

---

① 刘少杰等：《社会学理性选择理论研究》，中国人民大学出版社，2012，第 168 页。

论及有关感性的观点，为审视和理解感性范畴提供了借鉴。

（一）感性的能动性

感性并非被动、简单、低级而浅薄的，康德早在其著作《纯粹理性批判》中就表达了对感性的能动性认识。他认为，感性是人们通过感官接受外部事物或现象刺激从而获得表象的能力[①]，认为感性是借助于时空形式对零散的"现象的质料"的架构，是知性认识和理性认识阶段的基础。同时，他反对机械反映论和能动唯理论将感性视为被动的心理接受机能[②]，而是将人类的感性与动物的本能相区别，将时空形式作为人脑中固有的感性机能。他认为，"无论一种知识以什么方式以及通过什么手段与对象发生关系，它与对象直接发生关系所凭借的，以及一切思维当作手段所追求的，就是直观。但直观只是在对象被给予我们时才发生"[③]。而"借助于感性，对象被给予我们，而且唯有感性才给我们提供直观"[④]。这实际上是对感性能动性的肯定，也揭示了感性在人类认识活动和选择行为中的基础地位。

（二）感性的主体性

马克思将感性阐释为丰富的、全面的感官感觉，反对将感性体验仅仅归结为片面的、局限的享受、占有、拥有的快感。感性并非先验的、抽象的意识存在，而是具体的、历史的产物。具体的感性意识存在于生动、鲜活的现实生活之中。马克思（将感性从认识论层面发展到实践论层面）认为，感性意识是一种具体的、鲜活的实践经验，通过它，人们能够确证自己的生命存在。在马克思看来，不应仅仅把人的本质归结为逻辑思维、推理计算和功利追求的理性，而是将视觉、听觉、触觉等感性方面也作为人的本质方面，强调感性在实现"全面的人"方面发挥的重要价值。马克思将感性作为人的生命本质，强调感性作为人的本质的现实实现。他在将视觉、听觉、触觉等感

---

① 〔德〕伊曼努尔·康德：《纯粹理性批判》，李秋零译，中国人民大学出版社，2004，第45页。

② 刘少杰：《感性意识的选择性》，《学海》2005年第5期，第104—109页。

③ 〔德〕伊曼努尔·康德：《纯粹理性批判》，李秋零译，中国人民大学出版社，2004，第45页。

④ 〔德〕伊曼努尔·康德：《纯粹理性批判》，李秋零译，中国人民大学出版社，2004，第45页。

性方面也作为人的本质方面时，实际上就是在强调感性的人本性。而当他将感性作为真实的实践性加以论述时，实际上强调了感性的主体性，因为马克思主义主体性正是以现实的人对世界的实践改造为原则，以人的内在尺度为出发点。正如马克思所强调的，要解放一切属人的感觉和特质，就应该把对象、现实、感性"当作人的感性活动，当作实践去理解"，"从主体方面去理解"。①

（三）感性的实践性

布迪厄感性实践理论的建构受到马克思有关感性的实践性观点影响。然而，与马克思不同，布迪厄对实践的论述并非局限于生产实践，而是将实践放置于日常生活领域，这也就为他的"实践感"范畴奠定了逻辑基础。他通过"实践的模糊逻辑"概念，强调了具体鲜活的、真实存在的感性意识在人类实践中的重要地位，驳斥了德国古典哲学和古典经济学等长期以来所主导的，将日常生活实践视为不合逻辑的观点。他认为，日常生活实践并非不合逻辑，"它具有某种自身的逻辑却不把一般意义上的逻辑当成自己的准则"②。只不过它既非形式逻辑，也非辩证逻辑，而是人们在日常生活实践中通过"惯习"（habitus）表现出来的"实践感"逻辑。而对于"实践感"，布迪厄通过橄榄球比赛中参与者的"游戏感"来加以比喻。他指出，当参与橄榄球比赛中的游戏者面对不断变化的比赛情境时，其行动并非通过逻辑推断进行，而是凭借自身瞬间的感觉、感官体验来采取行动。这种介于无意识本能和理性意识之间的前逻辑的、非推论的感觉就是"实践感"。"实践感"不是受动感。相反，它具有对实践行动的引导性和预见性。"通过自发地预见所在世界的内在倾向，实践感将世界视为有意义的世界加以建构。"③

---

① 《马克思恩格斯选集》（第一卷），人民出版社，1995，第58页。
② 〔法〕皮埃尔·布迪厄、〔美〕华康德：《实践与反思——反思社会学导引》，李猛、李康译，邓正来校，中央编译出版社，1998，第164页。
③ 〔法〕皮埃尔·布迪厄、〔美〕华康德：《实践与反思——反思社会学导引》，李猛、李康译，邓正来校，中央编译出版社，1998，第22页。

二、作为感性媒介实践的互联网群聚传播

在实体经济领域，产能过剩的社会土壤极大地提高了普通民众作为消费者的主体性地位。而互联网技术的普及与社会生活网络化程度的加深，又加速推动着这种转变从实体经济领域向信息传播领域蔓延。普通民众成为了信息的生产者与传播者，信息生产与传播从"一对多""我说你听"的单向、线性的大众传播模式，到"多对多""人人皆有麦克风"的多元、互动的群聚传播模式，"催生出一个'人人都能生产信息'的互联网群聚传播时代"[①]。互联网群聚传播时代的莅临开启了普通民众网络化的感性传播实践。从互联网群聚传播的传播主体与传播模式、传播媒介的技术逻辑与信息方式、传播主体的价值诉求等维度来看，互联网群聚传播呈现出与当前社会背景及时代语境相适应的感性化表征。

（一）传播主体及传播模式的感性化

互联网发现了个人，赋权并激活了个体，也提供了现实的人与人之间无限连接的可能性。[②]互联网"连接一切"的属性特质，实现了近乎"所有人对所有人"的传播。这意味着"现实的人"既成为了传播活动的出发点，又成为了传播活动的落脚点，不仅体现了传播本质的复归，也彰显着人的感性实践本质。

大众传播时代伴随着工业现代化的发展与传播活动的扩大而出现。大规模的广播、电视机构作为传播主体并非感性化的、现实的人。虽然作为媒介的广播、电视在激活并延伸人的听觉、视觉等感官体验方面的确弥补了文字、印刷媒介过于抽象化、概括化的不足，但是在效果理论深受追捧的早期西方传播学研究中，作为媒介的广播、电视在激活人的感官体验方面的优势与功能，主要服务于商业资本的运作与社会控制效果的实现。"枪弹论""议程设置"假说、"沉默的螺旋"理论等，都从不同角度追求着大众传播媒介带

---

① 隋岩：《群体传播时代：信息生产方式的变革及影响》，《中国社会科学》2018 年第 11 期，第 114—134 页。
② 胡百精、李由君：《互联网与共同体的进化》，《新闻大学》2016 年第 1 期，第 87—95 页。

来的理性传播效果，片面强化着社会控制功能。在其中，理应作为传播主体的、具体的、现实的人成为了"受众"，在传播中的主体性与能动性被剥夺。通过精细测量、推理计算、预先计划的理性化的"宣传、动员、组织手段，来强化社会统一的功能，被发挥到了前所未有的程度"①。这就使原初人际传播与交往中感性的"现实的人"，在高度组织化、结构化的大众传播模式中，被客体化、对象化，传播主体反而成为了理性化的组织机构，甚至是冰冷的程序机器，导致交互主体性的缺失。所谓交互主体性，亦即主体间性，是指人们在交往与传播实践中结成互为主体关系时，所表现出来的主体的存在状态。交互主体性的实现有赖于传播双方"在信息的共享中达到相互认同、相互沟通、相互理解"②，有赖于精神的通达与心灵的共鸣，有赖于感性意识能动作用的发挥。而大规模的传播机构对更大范围的受众的"一对多""点对面"的传播模式显然不能触达每一个具体的、现实的人的心灵，感性意识的能动作用被削弱甚至压抑，普通个体处于被动地位，在整个传播过程中被客体化。

　　互联网群聚传播一方面诞生于产能过剩的社会土壤，生产实践中的产能过剩意味着经济方式中的主动地位从卖方走向了买方，从生产者转向了消费者。这无疑赋予了作为普通民众的个体消费者极大的自主性与选择性，个体自我意识在主体地位的获得和能动性的发挥中不断增强。另一方面，进入大众传播晚期，作为传播媒介的互联网的诞生与社会化普及给予了普通民众前所未有的自主传播的媒介可供性。特别是移动互联与实时交互技术的实现，使"多对多""点对点"的传播模式成为了可能。这使得每一位普通个体都拥有了各自的话语权和主体，并在网络化自我表达、自我呈现的传播实践中发挥着感性意识。互联网群聚传播激活了主体的传播意识，并在不断展开的传播实践中逐渐形成了一种吉登斯所谓的"实践意识"。实践意识是"行动者在社会生活的具体情境中，无须明言就知道如何'进行'的那些意识"③。它并

① 刘仁圣：《交互主体性的回归——网络虚拟空间的人际传播》，中国传播论坛 2001 年 9 月。
② 刘仁圣：《交互主体性的回归——网络虚拟空间的人际传播》，中国传播论坛 2001 年 9 月。
③〔英〕安东尼·吉登斯：《社会的构成：结构化理论大纲》，李康、李猛译，王铭铭校，生活·读书·新知三联书店，1998，第 79—80 页。

非本能的无意识，而是一种可以支配行为的意识。同时，实践意识也并非抽象概念、推理判断和可以通过言语表达的"话语意识"，而是一种介于无意识和话语意识之间，来源于无法被言说的日常与惯例的主体意识①，即感性意识。这也就解释了互联网群聚传播缘何通常以自发性、自组织、无结构化、去中心化的传播方式呈现。

互联网群聚传播以广大普通民众作为传播主体，传播行动的发生带有很强的自发性，这都表征着互联网群聚传播是一种在并未上升到理性体系和抽象概念的感性意识支配下展开的主体行动。然而，感性不等同于非理性，非理性在包含着感性的同时，也包含着作为无意识的本能，而无意识的本能冲动并不具有能动性和选择性。互联网群聚传播模式导致的网络群聚性事件，其中的确包含着一味情绪宣泄的本能冲动。然而，作为情绪宣泄的互联网群聚传播并不是一种日常化、常态化、惯例化的主体行动。随着传播主体感性实践经验的积累，主体意识的能动性不断提高，在一定程度上摆脱了由纯粹的本能冲动引发的情绪宣泄。同时，外部理性因素的不断渗透也使得在作为常态化的互联网群聚传播实践中，仅仅停留在本能冲动层面的网络群聚性行动正在逐年减少。作为由普通个体自发性、日常性传播实践而构建的互联网群聚传播，在感性意识的直接支配下逐渐成为普通个体认识自我、群聚、社会、国家的实践基础。

（二）媒介逻辑与信息方式的感性化

与传统的、固有形态的群聚传播不同，经济社会的网络化规定了互联网时代的群聚传播特有的媒介逻辑与信息方式。同时，以数字化、信息化、网络化为特征的媒介技术革命，又使得互联网逻辑区别于工业化时代在传播格局中占据主导性地位的大众传播的媒介逻辑。

如前所述，大众传播模式根源于工业化思维，注重生产效率、强化时间

---

① 刘少杰：《后现代西方社会学理论》（第二版），北京大学出版社，2014，第256页。

观念、追求统一标准成为工业社会的价值取向与支配逻辑①，形成了以报刊、广播、电视为媒介表征的大众传播模式和组织化、结构化、系统化、规范化的信息生产技术范式，体现着一种带有理性意识取向的媒介逻辑。以文字符号作为能指的书籍、报刊、杂志等，其信息方式往往诉诸于抽象化、概念化的语义系统和标准化、规范化的表意逻辑传达着所指意义。同时，报刊、书籍等的传播主体通常是知识精英与行业专家，其传播内容也往往是理性化的专业剖析、理论阐释抑或哲学思辨。而长期以来被称为"大众传播媒介"的广播、电视，实际上是一种"面向大众的传播"，这一称谓立足于传播对象的视角。大众是传播对象、受众，而非传播主体、传播者。尽管其电子技术丰富了印刷技术仅能承载的文字、图片等符号能指，增添了声音与影像等形象化、具体化、感性化的符号能指，强化了人们的视听感官体验。但是，从传播主体上来说，它却是一种组织机构发起的传播行为。试图通过构建"拟态交流环境"来增强传受之间互动性的传播手段，并不能脱离工业化的媒介技术范式所遵循的线性传播逻辑。因此，它并不能称为一种感性化的媒介实践，其媒介逻辑与信息方式也必然没有脱离理性思维的主导。

互联网技术的发展，孕育出一种有别于传统工业化思维的后现代技术范式与网络化逻辑。与注重标准化、规范化的文字印刷媒介和强调组织化、结构化的广播电视媒介的理性思维不同，信息化、数字化、网络化松散了大众传播模式的刚性组织形态，平等、开放、自由、共享的互联网技术特质与去中心化、扁平化的结构属性，使网络传播模式越发呈现出流动、弹性和柔化的感性特征，形塑了一种全新的物理时空。网络时空改变了基于地方性空间聚集而成的群聚传播的表意（signification）方式和广播、电视大众传播媒介的信息性表意方式。如果说口语化表意方式是感性化的，文字书写的表意方式是理性化的，广播、电视的表意方式是感性直观与理性规约并存，那么，

---

① 姜楠、闫玉荣：《场域转换与文化反哺：青年群体与变迁社会的信息互动》，《当代青年研究》2020年第2期，第39—45页。

互联网的表意方式则是对感性直观表意方式的强化。信息性表意方式（信息方式）使"符号与指涉之间最为重要的联系被粉碎了"，"从语境化的线性分析转变为摆出一副客观外表的孤立数据的蒙太奇"。①波斯特以电视广告为例解释了从语境化线性分析向蒙太奇叙事的转变。他指出，图像、文字作为流动的符号能指"以一种能够优化观众注意力而又不致引起批判觉悟的方式加以描述"②，形成了一种非再现性表意方式，弱化了元叙事支配的理性交流模式，从而削弱了通过理性世界建构合乎逻辑的主体的企图。而数字网络技术的革命性发展与传播主体的极端多元，进一步推动着信息性表意符号能指的丰富性，使能指的具象性与形象感被不断强化。同时，多元传播主体的去中心化、非线性、裂变式的传播不仅打破了文字语境的线性分析，而且也进一步消解了蒙太奇叙事拼贴画式的线性建构。多元传播主体或文字、或图片、或短视频、或表情包的丰富表意符号能指实时涌现、轮番呈现，使信息性表意方式在互联网群聚传播语境中的感性特征越发凸显。互联网逻辑展开的"会意"沟通，正是一种感性化的信息方式。其中，频繁涌现并被人们津津乐道的网络语言，是"会意"沟通的典型例证。例如，网络流行语"不明觉厉""人艰不拆""喜大普奔"等，都是不同于线性语法逻辑和再现性表意方式的感性话语实践，是通过仿照四字成语形式，缩略、生造词语的信息性表意方式所构建，呈现出或戏谑、或调侃、或自嘲的情感表达。正如有学者所指出的，在网络信息方式中，"人们已经不是通过语言的论辩力、感染力来彼此接近，人们通过'会意'而不是'同意'来彼此接近"③。这恰恰构成了互联网群聚传播的重要信息方式。"会意"往往来源于一种感性直观，是包括直觉在内的感性意识。通过网络"会意"方式构建的文字，"不理会语法、词法、句法，漠视既定的表意逻辑，肢解词语，拼贴画面"④。

---

① 〔美〕马克·波斯特：《信息方式：后结构主义与社会语境》，范静晔译，商务印书馆，2000，第87页。

② 〔美〕马克·波斯特：《信息方式：后结构主义与社会语境》，范静晔译，商务印书馆，2000，第88页。

③ 段永朝：《互联网：碎片化生存》，中信出版社，2009，第152页。

④ 段永朝：《互联网：碎片化生存》，中信出版社，2009，第152页。

（三）传播主体价值诉求的感性化

传播主体及传播模式、媒介逻辑及信息方式的感性化，让互联网群聚传播成为信息化时代典型的感性媒介实践。如果说"工业化思维是透过现象看本质，由浅入深；那么信息化思维方式则是透过本质看现象，由深入浅"[①]。互联网群聚传播通过具象化、形象化、表象化的感性方式，反映、揭示着日常生活，表达着传播主体的价值诉求。

"产能过剩的出现与整个社会的数字化、信息化、网络化发展，引发了经济结构的转型，最突出的变化是计算理性走向了后台，而感性意识走向了前台。"[②]感性意识在新经济方式中的凸显，根源于从"交换"理念到"交往"理念的变化。交换实质的"以物易物"，转变为交往实质的"以物易情"甚至是"以情易情"。这导致了随之而来的整体性文化的转变，即感性意识的彰显与感性文化的复归。互联网群聚传播作为一种感性媒介实践，本质上是一种围绕日常生活而展开的信息交往实践。它离不开经济社会和整体性文化环境，也不可能脱离信息交往中主体所处的媒介情境。这意味着"以情易情"的交往理念也必然渗透甚至贯穿于信息传播领域之中，使传播主体的价值诉求越发呈现出感性化特征。互联网群聚传播中传播主体的价值诉求作为一种心理驱动力量，往往通过传播行为来体现，而互联网群聚传播又是一种信息交往实践。因此，传播主体的价值诉求便可以从其信息选择性接触与传播行为中窥见一斑。

网络交流的空前活跃使每时每刻来自四面八方的海量信息持续涌现，不断扑向、冲击和影响着网络时空中的每一个个体的心理状态和情绪变化。川流不息的海量信息时常让人们应接不暇，而具体到每一条信息又经常被新一轮公共事件、舆情事情、娱乐信息等的快速"刷屏"而覆盖、淹没。因此，面对如此快速流转且充满不确定性的信息输入，普通网民难以通过逻辑推理、科学计算来分辨和评价信息。同时，对于绝大多数普通网民来说，他们

---

① 〔美〕尼古拉斯·卡尔：《浅薄：互联网如何毒化了我们的大脑》，刘纯毅译，中信出版社，2010，推荐序言一。

② 刘少杰等：《社会学理性选择理论研究》，中国人民大学出版社，2012，第168页。

也并不具备理性计算、数据分析、逻辑推断的能力，他们的信息选择与传播
行为往往诉诸于感知，参照于"常规"、评判于"惯习"。作为传播主体的普
通网民的信息行为，实际上遵循着布迪厄所谓的"实践的模糊逻辑"，它来源
于日常生活中的具体实践。而互联网群聚传播的普遍化、常态化，俨然成为
了一种日常生活的具体实践，因此它也必然具有自身的合乎逻辑性，体现为
"某种自身的逻辑却不把一般意义上的逻辑当成自己的准则"①。互联网群聚
传播所遵循的这种逻辑，既非抽象形式理性逻辑，也非纯粹的实质理性逻
辑，而是通常以情感判断来展开的主观逻辑，是主体心理诉求的媒介呈现。
它不同于客观主义所认为的行动的机械反应，也不同于主观主义所理解的通
过理性盘算、刻意筹划而苦心追求的效用最大化。它受到"前逻辑"或"前
理性"的"实践感"支配。而以普通个体构成、广大民众共同参与的互联网
群聚传播实践便是这种真实存在的实践活动，其传播诉求正是受"前逻辑"
或"前理性"的"实践感"支配。网民日常发布与传播的海量微信、微博信
息字数简短、语言直白、内容具体，而最能引发舆论热度、传播力最大、影
响力最广的通常是他们通过语言交流、符号展示、观点碰撞而传播的对具体
人和事的美丑评价、道德评判以及对现实需求的表达，是来源于普通个体现
实生存状态与具体实践的感性诉求和价值追问。

三、互联网群聚传播中主体关系的感性选择

如果说生产与再生产实践是社会关系形成的物质基础与社会根源，那
么，交往实践则是传播主体关系的生成机制与展开过程。生产实践与交往实
践是实践活动不可分割的两种样态。②互联网群聚传播作为感性化的媒介实
践，本质上是一种交往实践。多元传播主体的信息互动，是互联网群聚传播
中主体关系的展开形式和交往过程，形塑着不同于以往的社会关系。这种不
同直接来源于"脱域–嵌入"机制下的"身体缺场式"交往，并在信息互动中

① 〔法〕皮埃尔·布迪厄、〔美〕华康德：《实践与反思——反思社会学导引》，李猛、李康译，邓正来
校，中央编译出版社，1998，第164页。

② 周志山：《马克思社会关系理论及其当代意义》，齐鲁书社，2004，第131页。

形成了媒介化的场域，产生了遵循着互联网逻辑的时空关系构型。同时，网络媒介作为"重组时间和空间的模板"①，极大地改变了主体关系建构中的经验范式，创造了"传递性经验的组织结构"②，打破了"身体在场式"交往中的既有时空关系结构，并使其场域限制弱化甚至消失。而由个人主体感受、知觉、体验所引发的心灵共鸣，逐渐成为满足交往需求、联结主体关系的精神纽带，同时强化着由感性文化传统所激发的社会认同力量，让感性选择成为互联网群聚传播中主体关系建构的重要特征。

（一）网络化重组时空：主体关系感性选择的媒介场域

时间与空间是感性的存在形式和基本依据。借助于时空形式，感性得以对零散无序的"现象的质料"进行架构，并形成人脑可以理解的感性直观。③技术的变革与迭代推动着人类社会从传统向现代的转型，也制造着形式各异的重组时空和感性表象。而时空的分离与重组又进一步导致了"脱域机制"的产生，成为人类社会从传统到现代转型的强大动力，也为现代社会的构成及其结构的合理化提供了运行机制。

吉登斯曾指出："现代性的动力机制派生于时间和空间的分离和它们在形式上的重新组合，正是这种重新组合使得社会生活出现了精确的时间-空间的'分区制'，导致了社会体系（一种与包含在时-空分离中的要素密切联系的现象）的脱域；并且通过影响个体和团体行动的知识的不断输入，来对社会关系进行反思性定序与再定序。"④工业化进程带来的现代社会资源与人口的大规模频繁流动，意味着传统时空关系的解体，造成了自然时间与地方性空间的分离，这便是"脱域机制"发生的初始条件。脱域机制的产生使主体天然性、先赋性的"社会关系从彼此互动的地域性关联中，从通过对不确定时间

① 〔英〕安东尼·吉登斯：《现代性与自我认同：现代晚期的自我与社会》，赵旭东、方文译，生活·读书·新知三联书店，1998，第 28 页。
② 〔英〕安东尼·吉登斯：《现代性与自我认同：现代晚期的自我与社会》，赵旭东、方文译，生活·读书·新知三联书店，1998，第 28 页。
③ 李秋零：《康德著作全集（第 3 卷）：纯粹理性批判》（第 2 版），中国人民大学出版社，2004，第 45 页。
④ 〔英〕安东尼·吉登斯：《现代性的后果》，田禾译，黄平校，译林出版社，2000，第 16 页。

的无限穿越而被重构的关联中'脱离出来'"①，导致了吉登斯所谓的社会系统的脱域，也造成了滕尼斯意义上的"共同体"的失落。同时，这也从另一方面赋予了主体关系建构以极大的自主性和选择性。

网络技术的社会化普及与渗透，再一次引发了时间与空间——感性存在形式与依据的结构性重组，形成了有别于传统社会与工业现代化社会的时空关系构型，即信息现代化肇始下的媒介时空关系。互联网群聚传播作为一种感性化的交往实践，发生于这一重组时空所营造的网络媒介场域之中，使得网络化重组时空所提供的新时空形式成为行动主体架构杂乱无章"现象的质料"的感性依据。与工业现代性的重组时空形式不同，以"身体的缺场"为标志的信息现代性条件下的重组时空，不仅使主体脱离了自然物理时间与地方性空间的关联，而且将主体进一步抽离于现实社会的地域空间，并嵌入到时空无限延伸的互联网"文化与信息环境之中，这意味着熟悉性与地域性不再像从前那样始终联系在一起了"②，以报纸为代表的印刷媒介和以广播、电视为代表的电子媒介虽然也实现了把空间从地点中分离，在一定程度上形成了"脱域"的信息传播时空和媒介场域。但是，由于信息流动所连接的传播主体双方并不具备实时互动性，也不具备展开沟通与对话所需的平等性，因此，印刷媒介域与电子媒介域所构建的重组时空不能满足传播主体关系建构的先决条件，即便广播、电视所建构的电子媒介域是充满感性表象的。究其原因，尽管信息流动是"脱域化"的，交往中传播主体双方的身体是"缺场化"的，但是传播主体双方既有身份的存在和确定性并没有消解信息互动场域中原本的权力关系。所以，无论以报纸、杂志为代表的印刷媒介，还是以广播、电视为表征的电子媒介，它们通过重组时空所形成的信息互动场所并非可供传播主体关系选择和建构的感性化媒介场域。

互联网平等、开放、互动的属性特征为传播主体沟通与交往的展开提供了便利。在网络化重组时空中，熟悉性与地域性关联的脱离不仅意味着地方

①〔英〕安东尼·吉登斯:《现代性的后果》，田禾译，黄平校，译林出版社，2000，第18页。
②〔英〕安东尼·吉登斯:《现代性的后果》，田禾译，黄平校，译林出版社，2000，第18页。

性信息在空间流动中的"脱域"和传播主体交往过程中"身体的缺场",而且它更为重要的影响性产生于重组时空对地域、地点作用的削弱和对缺场身体现实身份与社会关系的消解。同时,非地域化作为网络重组时空的鲜明特征直接导致了再嵌入,这意味着"脱域机制把社会关系和信息交流从具体的时间-空间情境中提取出来,同时又为它们的重新进入提供了新的机会"①。互联网的普及与扩张通过重组时空转移或构造已经脱域的社会关系,正如吉登斯所指出,"在时空转型中,场域的限制大多会消失"②。互联网通过重组时空构建的媒介场域消解了传播主体原有场域的时空构型与身份规约,这一点赋予了传播主体关系选择与建构极大的可能性,也弱化了现实社会身份、资本、权力、制度关系带来的理性色彩。通过传播主体或文字、或图片、或短视频、或表情包的信息性表意方式,以及字数简短、语言直白、内容具体的话语方式营造着感性化的媒介场域。

（二）缺场化信息互动：主体关系感性选择的经验方式

互联网赋予了交往以极大的灵活性,隐匿了面对面交往所必需的身体,通过身体的"缺场化交往"建构了一个由不同种类的语言流动而构建的符号场域,同时也赋予了具有广泛共时性的主体行动以可能。

互联网的扩张建构了一个可以称为全球化的"共享时间",从这个意义上来说,互联网的缺场化交往实质上是一种基于"共享时间"的多元主体媒介实践。在基于共享时间意义上的网络空间里,多元传播主体的信息互动汇合成了一统。③这直接促成了互联网群聚传播空间中,由不同实地经验汇聚而成的共时性传递经验凸显。伊尼斯和麦克卢汉都曾强调过主导性的媒介类型与时空转型之间的关系。在他们看来,主导性媒介对时空关系的塑造并不遵从于媒介生产或携带的信息,而是依据媒介形式及其再生产性。媒介形式及与其直接相关的传播模式的改变为社会交往、经验传递创造了条件,也进一步

---

① 〔英〕安东尼·吉登斯:《现代性的后果》,田禾译,黄平校,译林出版社,2000,第124页。

② 〔英〕安东尼·吉登斯:《现代性与自我认同:现代晚期的自我与社会》,赵旭东、方文译,生活·读书·新知三联书店,1998,第28页。

③ 景天魁等:《时空社会学:拓展和创新》,北京师范大学出版社,2017,第243页。

推动着现代社会的发展。[①]

在传统意义上，经验通常来源于人们在社会生产和生活实践中形成的感性认识，并通过多次反复的实践过程积累、凝聚为个体的直接经验。同时，人际交往与地方性空间中的制度规约、文化传统、风俗习惯等，也会在个体社会化的过程中通过个体回忆与集体经验逐渐累积为个体的间接经验。与直接经验共同体现为获得的时间渐进性、累积性与经验信息的确定性。而比较互联网群聚传播环境下，传播模式与交往方式的变革使经验的获得脱离了在场与地域的互动关联，又被嵌入到无限延伸的时空情境之中。这就让网络环境下的经验特征呈现为瞬时性、一次性和经验信息的不确定性。网络传播环境下，普通个体成为缺场化经验信息互动的传播主体，经验传递和扩散无论在速度、广度、深度还是体量上都以指数级增长。同时，多元传播主体身体的缺场、身份的隐匿导致了信源的不确定性，这使得主体间的交往只能凭借对经验的感知和体验来完成，体现为"因事聚集""因趣结缘"的经验信息接触与选择过程，形成了多元传播主体互动与交往的方式，也奠定了主体关系建构的基础。

在前互联网时代，经验的传递与知识的共享由于主导性媒介的时空限制，往往局限于实地性的局部经验。而远距离地域空间中的经验传递过程通常表现为较长的延时性。这一点在电报发明之前的新闻报道中体现得尤为突出。在大众传播早期，印刷新闻形式由于信息传播渠道与时空差异的压力使"远方的新闻"以一种"地理束缚"的方式出现。[②]这使得地点的作用在新闻内容中占据一席之地。而电报的发明带来的信息传递渠道的时空拓展，使事件日益成为主宰报纸、广播、电视中新闻内容的决定因素，地点的作用逐渐弱化。同时，印刷与电子媒介作为重组时空的模板，产生了具有拼贴画效应

---

① 〔英〕安东尼·吉登斯：《现代性与自我认同：现代晚期的自我与社会》，赵旭东、方文译，生活·读书·新知三联书店，1998，第 26 页。

② 〔英〕安东尼·吉登斯：《现代性与自我认同：现代晚期的自我与社会》，赵旭东、方文译，生活·读书·新知三联书店，1998，第 28 页。

（collage effect）的时空场景与叙事结构①，并通过特有的媒介形式与传播模式建构着新闻内容的传递性经验事实。

尽管如此，与网络媒介相较，电子媒介形式及其所对应的大众传播模式提供的经验传递，在传播的频次、速度与数量等方面仍然受制于时空局限性。同时电子媒介场域的互动性、参与感弱，使得经验传递仍不能超越局部经验对个体经验形成与建构的主导作用与传播效果。而互联网的媒介形式、连接本质及其所引发的传播主体极端多元的群聚传播景观，使"传递经验"的地位大幅提升。大量基于实地性建构的局部经验在共时性的网络场域中一次性铺展开来，不断交织、传播与扩散。"传递经验"中所包含的内容是身体在场化交往中业已形成的，并在互联网群聚传播的语境下"以特有的方式把空间上的远与近连接起来……在熟悉与疏远之间产生一种复杂的关联"②。这种网络媒介逻辑的组织结构和叙事方式造成了远距离事件的日常化侵入，使传递经验往往依据传播主体的自身知觉而被组织起来③，带有主观性与感性化特征。

（三）感性传统在认同力量中的凸显：主体关系感性选择的文化基础

互联网群聚传播版图的扩张加速了信息、资本与文化的流动，造成了传播格局的剧烈变化，"由传统的自上而下的'领唱'转变成群聚的'合奏'，个体的声音得到了强调和包容，人们面临着多样化的文化选择"④。这种变化也在潜移默化中改变了传统意义上的个体认同方式，建构并形成了具有传统感性文化色彩的"连接共同体"。

在传统社会学中，认同通常意指个体的身份认同、角色设定、群聚归属以及社会归属。吉登斯站在认同的"自我建构"论立场认为，"认同并不是个体所拥有的特质，或一种特质的组合。它是个人依据其个人经历所形成的，

---

① 姜楠、闫玉荣：《场域转换与文化反哺：青年群体与变迁社会的信息互动》，《当代青年研究》2020年第2期，第39—45页。

② 〔英〕安东尼·吉登斯：《现代性的后果》，田禾译，黄平校，译林出版社，2000，第123页。

③ 〔英〕安东尼·吉登斯：《现代性与自我认同：现代晚期的自我与社会》，赵旭东、方文译，生活·读书·新知三联书店，1998，第29页。

④ 肖珺：《跨文化虚拟共同体：连接、信任与认同》，社会科学文献出版社，2016，第26页。

作为反思性理解的自我"①，具有超越时空的连续性。泰弗尔（Tajfel）站在认同的"社会建构"立场提出"社会认同"概念，并从心理学视角指出认同是"个体认识到自己所在群聚的成员所具备的资格，以及这种资格在价值上和情感上的重要性"②。在缺场化交往的网络场域中，个人主体脱离了原有基于血缘、地缘、业缘纽带建构的牢固的所属群体身份，从基于地域经验而建构的传统农业、工业社会秩序化、结构化的身份规约与束缚中"脱嵌"出来，并被赋予了身份重组的可能性。在这一过程中，主体的自我意识得到了唤醒与发挥，认同建构的主体性与能动性得到了强化，感性意识在认同建构过程中的重要性得到了凸显。"在日常生活和社会运动中，情感占据核心地位。喜怒哀乐，爱憎恨怨，诸如此类，构成生活中的情感力量。没有情感的生活，就是没有活力的生活。"③而作为一种网络集体行动的互联网群聚传播，则凭借互联网的技术优势将这种情感力量的集聚在不同场域、不同社会空间中发挥到了极致。

　　由"传递经验"而产生的感性力量之所以能够产生强大的群体聚集、社会凝聚效果，是因为我国社会生活中具有深厚的感性文化传统和广泛的感性文化基础。正如有学者所指出的，自殷商西周的巫史文化起源，到以孔孟思想为代表的春秋儒家文化延续，再到秦汉以降直至宋元明清的文化教化，均为以凸显象征、典型、仪式、图腾、符号等感性形象为特征的感性教化。④这种感性文化基础和文化传统逐渐形成了"惯习"范畴，它在潜移默化中支配着网络传播主体基于信息互动所形成的连接关系的选择行动。同时，在我国传统社会中，人与人之间的社会关系也具有鲜明的感性文化色彩。在对中国传统社会关系的考察中，胡适曾提出"一切行为都是人与人交互关系的行为，都是伦理行为"⑤的观点。梁漱溟在中西方伦理思想与道德观念比较中，

①〔英〕安东尼·吉登斯：《现代性与自我认同：现代晚期的自我与社会》，赵旭东、方文译，生活·读书·新知三联书店，1998，第58页。

② Tajfel H, *Differentiation between Social Groups. Studies in the Social Psychology of Intergroup Relations.* London: American Press，1978. pp.361-393.

③ 杨国斌：《连线力：中国网民在行动》，邓燕华译，广西师范大学出版社，2013，第254页。

④ 刘少杰：《网络社会的感性化趋势》，《天津社会科学》2016年第3期，第64—71页。

⑤ 胡适：《胡适学术文集·中国哲学史》，中华书局，1991，第83页。

针对中国社会关系的特征提出"伦理本位者，关系本位也"①。潘光旦则首先将儒家思想中的"伦"作为解释中国社会运行原理及社会事实方面的展示与特征②，费孝通对照西方社会"团体格局"的社会结构创造性地提出了"差序格局"的思想，认为"差序格局"中的社会行动，具有与"团体格局"依照法律法规的普遍原则所不同的伦理秩序和感性特征。在当前我国的网络社会语境中，有关传统文化中的道德伦理而引发的互联网群聚传播行动和网络舆情事件不占少数。例如，由"彭宇案"所引发的"老人摔倒扶不扶"的舆论探讨，由"陕西汉中张扣扣案"所引发的网络舆论狂潮和社会反思，由"老人被儿子活埋事件"所引发的社会强烈关注，由父母"虐童事件"所引爆的舆论声讨等都体现着基于道德伦理传统的感性认同在激发、打通、连接多元主体关系中仍然发挥着重要的作用。

四、感性选择在互联网群聚传播中的社会分化与社会整合

互联网扁平化、去中心化的技术范式与弹性结构，使场域中主体之间的互动与交往普遍遵循着平等、开放、流动的原则，消解了原本存在于地方性空间的刚性结构力量，给予了建构认同极大的自由空间。同时，信息技术的广泛普及与便捷应用，使普通个体成为了信息生产者，这无疑增大了网络场域中的信息体量，也加速着信息生产、传播与消亡的周期。网络场域中海量信息的存在与"传递经验"的凸显，大大缩短了周密逻辑思维与理性省思的时间，使网络场域中的认同建构大多停留在感官体验与知觉表象，因而呈现出浓重的感性色彩。同时，在网络场域中，建立在工业社会的整体性时间与"福特主义"式的信息生产方式，被网络社会的碎片化时间与信息生产的广泛参与所替代，使信息的快速流动性与信源不确定性成为了常态。时空关系的变动不居所呈现出的拼贴画式的效果，意味着人们无法抓住任何一点作为稳定的参照标准。基于感性认同而出现的心灵的偶然亲近与共鸣的临时发生，往往使人们的身份认同呈现出一种无根性和漂泊感。如同雪莉·特克所阐释

---

① 梁漱溟:《中国文化要义》，上海人民出版社，2003，第79页。
② 潘光旦:《儒家的社会思想》，北京大学出版社，2010，第254页。

的那样，"一切都打上了后现代的时代铭文，人们可以随心所欲地在互联网空间舞台上构筑自己浮动不定的身份能指"①。而当确证主体认同的所指意义也失去稳定性后，又往往会造成主体的意义迷失、精神漂泊与价值失序。在网络场域里，时空关系的虚化、片段式的体验、直接经验的缺失，都会在一定程度上导致历史虚无主义的滋生，也会给图谋不轨者以虚构历史、丑化历史、制造谎言、栽赃污蔑等可乘之机。

同时，互联网不再是单纯的信息传播途径，而是业已成为了"个体获取并协调社会、经济、文化、政治等资源的重要工具"，特别是"成为了资源配置的重要环节"②。与大众传播时代的媒介场域不同，群聚传播时代的网络媒介场域建立在信息产能过剩阶段，导致"注意力"成为了稀缺资源。"在单位时间的注意力总量有限的情况下，获得更多关注的人和群聚，不仅在资源获取方面拥有更多话语权，还可以将注意力作为直接换取物质、文化乃至社会资源的筹码。"③在网络媒介深度参与社会经济发展的条件下，它配合着市场机制完成资源配置，以期实现资本的扩张本质和增殖诉求。当主体的焦虑感与迷失感急需寻找到一种情绪宣泄、情感寄托、自我认同和社会认同时，网络主体的情感诉求便很容易被信息资本乘虚而入，成为赚取"眼球效应"，迎合精神消费需求，吸引"注意力"的手段，最终导致网络谣言、道德绑架、人肉搜索、焦虑贩卖、戏谑恶搞、无厘头狂欢等群聚行为在网络场域中轮番上演。信息资本操纵者标榜、制造着一种"及时行乐""活在当下"的消费主义理念，并力图使其合法化，造成了一种精神懈怠的享乐主义和极端自私的利己主义文化的出现。从本质上来说，这是一种信息现代性驱动下的价值失范的文化心理现象。被信息资本引导的价值失范者失去了"生存的连续感、

---

① Turkle S, *Life on the Screen: Identity in the Age of the Internet*. New York: Touchstone, 1995. p.184.

② 隋岩：《群体传播时代：信息生产方式的变革与影响》，《中国社会科学》2018 年第 11 期，第 114—134，204—205 页。

③ 隋岩、陈一愚：《论互联网群体传播时代媒介成为资源配置的重要环节》，《中国人民大学学报》2015 年第 6 期，第 128—133 页。

义务感、责任感"①，他们否定价值、嘲弄别人的价值，自己只能"生活在既无将来又无过去的一条窄线上"②。

然而，感性认同建构的"连接共同体"并非一味沉浸在传播主体负面情绪的宣泄中。我国社会传统中的感性文化在互联网群聚传播构建的关系场域中也经常彰显出巨大的社会凝聚力量。当互联网情感动员的力量被"善"的价值诉求摄取，微小的"善"也可以通过自组织机制汇聚成可持续的传播效能，或通过线上线下协同动员极大地发挥其社会联结与整合优势。据 2020 年 6 月中国国务院新闻办公室发布的《抗击新冠肺炎疫情的中国行动》白皮书显示，疫情发生以来，我国从各地和军队共调集 346 支国家医疗队、4.26 万名医务人员和 965 名公共卫生人员驰援湖北省和武汉市；10 天建成有 1000 张病床的火神山医院，12 天建成有 1600 张病床的雷神山医院，10 余天建成共有 1.4 万余张床位的 16 座方舱医院……③同时，在疫情中，普通个体强烈的民族国家认同感与家国天下情怀被激活，并通过互联网快速壮大的连接优势汇聚成抗击疫情的强大合力。例如，甘肃庆阳 90 后小伙儿"逆行"武汉，勇当志愿者，义务接送医护人员；山东日照环卫工老人急匆匆去派出所扔下纸包就走，里面留下 12 000 元现金并附纸条"急转武汉"；湖北菜农自驾电动三轮车 40 千米为援鄂医生送去 24 箱自家种植的新鲜蔬菜；武汉餐饮店夫妻 24 小时为一线医护人员送餐；疫情中的外卖小哥、快递小哥们仍然坚守岗位、逆流而上，穿梭于封锁的城市之中，为城市带来流动的生机与活力……可见，基于互联网连接经验激活的感性认同与大众传播时代的宣传动员相比较，在社会整合与社会凝聚中更能够唤起社会成员的自主性、自觉性与能动性，并在理性引导和价值共鸣中发挥强大的感染力与传播力，不仅实现了线上线下联合动员，打通阶层区隔、达成广泛共识，而且也强化社会成员的社会归属感和身份认同感，彰显着民族精神的底色。

---

① 何显明、吴兴智：《大转型：开放社会秩序的生成逻辑》，学林出版社，2012，第 6 页。
② 殷海光：《中国文化的展望》，中国和平出版社，1988，第 591 页。
③ 中华人民共和国国务院新闻办公室：《抗击新冠肺炎疫情的中国行动》白皮书，2020 年 6 月 7 日，http://www.scio.gov.cn/zfbps/32832/Document/1681801/1681801.htm。

第四节　群聚传播中的主体聚集与认同重构

互联网群聚传播时代，群体借助个体"微力量"的整合聚集成群体的力量，在流动的现代社会里产生了一种新的群体组织方式，即围绕群聚传播所构成的网络共同体。

与传统媒介时代被忽略的主体不同，互联网群聚传播促进了个体主体性意识的崛起，这种主体性意识正在逐步改变以往的社会权力结构，个体借助话语表达，经过个体"可见的积聚力量"及围观与凝视，使得依靠公共舆论维系的市民社会有着逐渐取代以往权力引导舆论的传统社会的舆论形成趋势；在引发话语权力变迁的同时也不可避免地带来了对传统社会的认同危机，并重构了新的对话认同模式。

一、不同媒介时代呈现的不同主体

古往今来，主体与主体性一直是一个常谈常新的话题，尽管不同的哲学家给予其不同的思考与定位，但从交往主体的角度来说，人们对自由交流的向往一直是其不变的主题。传统媒体制度化、组织化、职业化的传播行为忽略了作为个体的主体与主体性，而将其统一称为"大众"，甚至是"中弹即倒"的"受众"；互联网的发展，从技术的角度为人们的自由交流提供了便捷，也为个体主体性的崛起提供了多元化的内涵。

（一）传统媒介时代被忽略的主体

与工业社会相对应的传统媒介时代，个体的主体性和能动性往往被忽视。一方面，工业社会需要个体"异化"为物才能参与资本生产，劳动者在生产过程中被物化为劳动力而成为生产过程中的生产要素之一，这种现代化的生产制度本身对个体即是一种忽略；另一方面，主体的存在受制于政治、教育、宗教、家庭等意识形态的实践活动，而意识形态通过"询唤"机制把个体建构为主体，个体对意识形态的"询唤"也无从逃避。在此情形下，很多人悲观地感觉到，组成社会的个体白天从事无思想的"伺服机器"的活动，晚上则浸淫在媒介的娱乐之中，分享着制造出来的"共识"，放弃了思考、批判，成为"单向度的人"。

传统媒介时代，批评者也往往强调意识形态国家机器对主体的询唤和建构作用，如西方马克思主义哲学家路易·皮埃尔·阿尔都塞（Louis Pierre Althusser）在《意识形态与意识形态国家机器》中提到的主体对个体的建构作用，意识形态通过复制的镜像结构运用询唤机制把"个人"询唤为主体，并实现对主体的臣服与主体间的相互承认和主体最终的自我承认。如此，"主体落入了被询唤为主体、臣服于主体、普遍承认和绝对保证的四重组合体系，他们在这个体系里'起作用'，而且在绝大多数情况下都是'自己起作用'……绝大多数主体则是'全靠自己'，也就是靠意识形态来顺利地起作用"①。此外，安东尼奥·葛兰西（Gramsci Antonio）提到的国家对市民社会的"文化领导权"，爱德华·S.赫尔曼（Edward S. Herman）和诺姆·乔姆斯基（Noam Chomsky）提到的"共识的制造"或米歇尔·福柯提到的权力从惩罚走向规训等理论也都从各个角度阐释了主体形成时所受到的建构。传统媒介时代，个体没有或者很少获得媒介的赋权，难以参与媒介的生产过程，个体的声音弱于媒介的声音，个体的主体性在传统媒介时代受到了忽略。但是，互联网的广泛应用为个体主体性崛起提供了极大的便利条件。

（二）互联网时代崛起的主体

随着媒介技术的变迁，大众传播时代的很多理论，需要在新的媒介体系下进行再思考。例如，前文所述的阿尔都塞意识形态国家机器对"主体形成"的"询唤"作用，在互联网时代也遇到了挑战。互联网的发展使得作为意识形态国家机器典型代表的传统媒介发生了深刻变化，以互联网为平台的群聚传播的主体，凭借在公共话语平台上的质疑与"不沉默"，实现着"微话语"的聚集，发挥着与大众传播时代不同的主体力量。

同理，葛兰西在《狱中札记》中将现代国家的上层建筑分为政治社会和

---

① 〔法〕路易·阿尔都塞著，陈越译：《意识形态与意识形态国家机器》，转引自《哲学与政治（下）——阿尔都塞读本》，吉林人民出版社，2010，第311页。

市民社会两个主要方面，强调国家要实现统治不仅要加强政治权力，还要加强文化领导权。"葛兰西认为市民社会是意识形态的载体，所以谁掌握了文化领导权，谁就控制了市民社会，控制了意识形态。"①而市民社会的运行依靠的是公共舆论的维系，是"谈判""融合""让步"交替进行的过程。②互联网群聚传播时代，人人都可以进行社会化传播，各种观点也都一目了然地展现在互联网上，论辩无时无刻不在进行，论辩所带来的调节和群体极化并存。依靠权力引导舆论的效果和以往相比有所减弱，网民的言论在互联网上直观而快捷地展现出来，强大的网络舆论传播效果也影响着社会治理在"强政府、弱社会"与"强政府、强社会"的双向机制中磨合；网民借助群聚传播，通过技术赋权与整合性群聚力量的加持，个体的主体性意识崛起，并通过互联网影响舆论乃至影响公共议程的案例时有发生。

因此，互联网有效提供了信息传递与观点交锋的话语平台，而话语背后体现着权力，"既定的话语总是先于个人而存在，在这些话语中各种主体性已经得到表述，比如有关阶级、性别、国家、种族、年龄、家庭与个性的话语。我们'栖居'于许多这类话语性主体性中，由此确立和经验我们自己的个性"③。互联网群聚传播时代，个人不仅仅依靠"微话语""微力量"的聚集获得了话语权力，还通过创造自我的符号系统来抵制传统话语权力。比如在网络语言中，更加平等意味的"Ta"代替了"他"或"她"，调和了男权与女权之间的关系；QQ签名中的火星文标示了一个和传统话语不同的个性解放。与此同时，意识形态的"询唤"机制虽然仍然在发挥着作用，但因为互联网赋予了个体以空前的表达权和近用权，使得个体对"询唤"模式的解构也能够快速传播，以一种另类的方式来增强"询唤"机制的张力。

网络话语的崛起正是个体主体借助群体聚集力量而崛起的表现，早期网民口中的"给力"走向传统主流媒体的宣传话语中，正是话语层面自下而

① 张国良：《E社会传播：创新、合作与责任》，上海人民出版社，2010，第324页。
② 〔意〕安东尼奥·葛兰西：《狱中札记》，曹雷雨等译，中国社会科学出版社，2000，第38—39页。
③ 〔美〕约翰·菲斯克：《关键概念：传播与文化研究词典》，李彬译，新华出版社，2004，第84—85页。

上，从个体到国家的反向力量。近些年，"人艰不拆""细思极恐""十动然拒""喜大普奔""打工人体""凡尔赛体"（图1-1）等网络用语，以一种底层的叙事逻辑一定程度上影响着主流叙事，体现着社会话语权力的变迁。

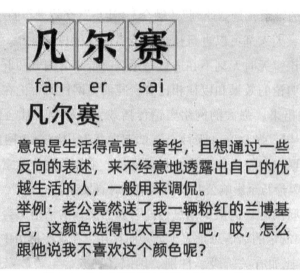

图1-1　凡尔赛网络语言解释（来源：网络）

二、主体崛起基础上的网络共同体及其表现形式

互联网越来越人性化的发展趋势在为人们的交流沟通提供公共空间的同时，也带来了新的群体方式——网络共同体。与传统意义上基于共同的血缘、地缘甚至业缘而形成的共同体而言，这种基于互联网群聚传播而形成的流动的、虚拟的共同体也必将对人类社会的交往行为产生深远影响。

（一）群聚传播中形成的网络共同体

集多种功能于一体的互联网将人们带入了一个众声喧哗的群聚传播时代。和传统大众媒体所带来的职业化、制度化、规范化的传播方式不同，这种缺乏把关人、原生态的互联网群聚传播其主体是因事而聚，是自发地聚合，传播的议题灵活而多变，即时而快捷。人们正是通过互联网这个公共话语平台，参与正在发生的社会事件——"群体传播正推动着媒介传播方式、互联网商业模式，乃至人类生存模式的新一轮的发展和变革"①。

同时，互联网群聚传播并非传统意义上的群体传播，它打通了个体信息更广泛的社会化传播渠道，赋权每一个个体以更广泛的社会化传播的信息生产者地位，并能够借助话语聚集的力量建构一种新的群体方式，即围绕互联网群聚传播而形成的网络共同体。这种共同体的形式不同于血缘共同体、地域共同体、业缘共同体甚至民族共同体，它是虚拟的，流动的，但却时刻能够借助互联网群聚传播的力量得以直观地展示。在这种共同体中，个体的价值开始得到关注，个体借助聚集性群体的力量建构自身主体性的主动性与能动性，甚而至于"人人都有麦克风"，实现了个体议程设置和影响公共议程的可能性，成为社会权力结构中又一种不可忽视的力量。

（二）群聚传播中网络共同体的表现形式

个体主体性崛起基础上的网络共同体，在互联网群聚传播中突出表现为，一方面极力维护共同体中个体的主体性权益，借助个体的主张和群聚传播实现"可见的积聚力量"；另一方面，这种"可见的积聚力量"又常常体现为面向权威的围观与凝视，从而既维护了个体自身权益，又发挥了网络共同体的存在价值。

个体的主张一直存在，斯图亚特·霍尔（Stuart Hall）和约翰·菲斯克（John Fiske）都曾经提到个体的主张。在霍尔看来，个体可以通过"编码"和"解码"创造属于自己的意义；而在菲斯克的视域中，个体也可以通过解构文化工业来创造属于自己的文化。但是，传统媒介形式下的个体主张并未获得互联网群聚传播中这种即时流动的"认同的群体"和互联网表达中这种"可见的积聚力量"，个体多是沉默的大多数，总体上以模糊的"受众"形象而存在，处于后台位置，加上互动交流的缺乏和囿于对社会孤立的恐惧，"沉默的螺旋效应"较之互联网传播更加明显。互联网中总是存在着一个"捅窗户纸效应"，一旦信息的种子撒播进去，不管契中了现实中的哪一根神经，借

---

① 隋岩、曹飞：《论群体传播时代的莅临》，《北京大学学报（哲学社会科学版）》2012年第5期，第139—147页。

助块茎式的传播模式，信息的熵都会在短时间内呈几何指数地增长；个体的主张在这里也很容易找到共鸣，这些"弱者的主张"借助互联网群聚传播的赋权力量最终变成了影响舆论的力量。很多网络事件都是经历了社交媒体爆料引发舆情、主流媒体介入报道真相、政府介入调查并处理直至舆论平息的过程。

雅克·拉康（Jacques Lacan）在《精神分析的四个基本概念》一书中，把"凝视"定义为"自我和他者之间的某种镜像关系，因此凝视并非长久而专注地看或被看，而是被他人的视野所影响"[①]。传统媒体时代，个体往往处于被看的地位，社会结构如米歇尔·福柯所言是"权力的眼睛"，个体受到他人的监视和他人视野的影响，个体接受权力和社会规约的规训。对此，有学者认为，在网络围观中同样存在着米歇尔·福柯所述的"权力的眼睛"，不仅让被围观者在凝视下最终只能自我规训，从而认为即便是"理性围观"也无法搭救出精神上监禁的被围观者；反而也让围观者纳入了"社会之境"，变成了"全民围观"，进一步规训于现有秩序。[②]但在互联网群聚传播作用下，个体借助"微话语"的聚集，常常能够颠覆以往"看"与"被看"的权力格局，不仅能够实现舆论转向，还可以围观权力，可以通过"凝视"这种权力机制从而对另一种权力施加反作用，使得过去"凝视"别人的人成为被"凝视"的对象，受到更多的规制和影响。由互联网群聚传播而引发的权力围观案例不胜枚举，网民借助群聚传播的话语权力，通过共同的"围观"与"凝视"发挥着对权力的监督作用，实现着"权力的眼睛"的力量，这种公民共享传播逐渐改变着传媒格局的生态。

三、网络共同体影响下的传统认同及其重构

互联网赋予了个体"人人都有麦克风"式的自由交流，促进了交流主体、话语主体的崛起，也对传统的、固化的社会认同产生了冲击，这种根源

[①] 廖炳惠：《关键词200：文学与批评研究的通用词汇编》，江苏教育出版社，2006，第114页。

[②] 李晓蔚：《"权力的眼睛"：全景敞视主义视域下的网络围观》，《国际新闻界》2015年第9期，第70—79页。

于流动的现代社会基础之上的认同危机，在个体主体性日益增强的形势下，也在逐渐形塑着新的认同方式。

（一）网络共同体影响下的传统认同危机

"认同是人们意义与经验的来源。"①认同也是维系一个群体稳定的非常重要的因素。农业社会的安土重迁造就了稳定固化的生存与生活环境，人们在日复一日的社会环境中从个体出生到长大成人，个体在有限的社会环境中逐步实现了社会化，实现了对自己生于斯长于斯的社会环境的认同，形成了诸如血缘共同体、地缘共同体、业缘共同体。同时，这种稳定固化的社会环境所形塑起来的认同具备了斐迪南·滕尼斯（Ferdinand Tönnies）所述的表现为意向、习惯、回忆等特征的"具有本质意志"的主体，与人的生命过程密不可分。②

现代社会的流动性打破了过去宁静、稳定、固化的社会环境，伴随着技术的变迁、城市的发展，流动性越来越成为现代社会的常态，而对于认同来说，流动的现代社会带来的最直接的影响便是人们周遭环境的日新月异，人们在流动变迁的环境中，原有的认同逐渐解构，而新的认同尚未形成，甚而至于不断变化的社会环境一方面增加了形塑新的认同的困难性，另一方面也使得曾经稳定、固化、单一、与人的生命过程相连接的终其一生的认同也因为不断变迁的环境而变得短暂、易变、多样化。认同危机与认同焦虑成了现代人共同的心理症候，而互联网以其自由、开放、低成本的特性自然成为了现代人在其中寻找认同的场域，人们按照他们从属于哪一个群体来重构主体，寻找属于自己的群体。

（二）互联网群聚传播中的认同重构

曼纽尔·卡斯特主张把"建构认同的形式分为三种类型，合法性认同、抗拒性认同与规划性认同……合法性认同产生公民社会，抗拒性认同导致共

---

① 〔西〕曼纽尔·卡斯特：《认同的力量》，曹荣湘译，社会科学文献出版社，2006，第5页。
② 〔德〕斐迪南·滕尼斯：《共同体和社会》，林荣远译，商务印书馆，1999，第257页。

同体的形成，而规划性认同产生了主体"①。这里的主体如阿兰·图海纳
（Alain Touraine）所说："主体是个人想成为行动者的愿望。主体化
（subjectivation）是个性的愿望。而这样一个过程只有在工具性世界和认同世
界之间存在足够的分界面的情况下才能展开。"②

　　主体由被忽略到主体意识觉醒再到被建构，经历了一个相当长的过程，
对合法性的抵抗由武力的抵抗转为舆论的抵抗，而舆论一旦获得互联网群聚
传播中这种可以积聚的可见力量，主体性的崛起所带来的影响就更加显
著——"一旦主体被建构起来，就不再以公民社会为基础，而是共同体抗拒
的进一步延伸"③。在互联网群聚传播时代，我们能够看到各种共同体的存
在，他们或解构或戏谑着传统意识形态的影响，比如，当春晚逐渐发挥意识
形态的"询唤"功能时，微博上也有另外一个群体一边看春晚，一边"吐
槽"各种关于春晚的段子；当《舌尖上的中国》自豪地阐释美食文化时，微
博、微信上也有《舌尖上的另一个中国》关注食品安全问题……

　　如前所述，互联网群聚传播促进了个体主体性意识的崛起，形成了形形
色色的网络共同体，借用卡斯特的观点，互联网群聚传播中的个体正是在互
联网实践中超越了合法性认同与抗拒性认同，走向了规划性认同，个体通过
对自身意义的规划建构主体，通过主体性的崛起实现了个人的解放；同时，
这种规划性认同又会进一步促进新的主体意识的产生，从而又形成新的网络
共同体，而在互联网群聚传播的作用下，这种认同模式也给社会带来新的机
遇与挑战。一方面，主体的崛起肯定了人之为人的价值，带来了价值观的丰
富，"一个声音，一个世界"的模式被打破，随之而来的是"众声喧哗，多个
世界"。在这个世界，即网络社会中，人的价值重新得到肯定，这给建设人性
化的社会带来了福音。但另一方面，新的认同模式下主体的崛起也消解了传
统的宏大认同模式，认同原有的凝聚性与相对固化开始变得流动、多元又

---

　　① 〔西〕曼纽尔·卡斯特：《认同的力量》，曹荣湘译，社会科学文献出版社，2006，第8页。

　　② 转引自〔法〕阿兰·图海纳：《我们能否共同生存？ 既彼此平等又互有差异》，狄玉明、李平沤译，
商务印书馆，2003，第77—78页。

　　③ 〔西〕曼纽尔·卡斯特：《认同的力量》，曹荣湘译，社会科学文献出版社，2006，第10页。

多变。

四、互联网群聚传播中的认同重构路径

互联网群聚传播中，极端多元的主体因事聚集，以自组织、去结构、非中心化的方式开展传播活动，这既是互联网的生命力所在，又是互联网给社会管理与社会秩序带来巨大困扰的根源。因此，要建立一个基于网络社会的"美丽新世界"，形塑新的认同，依然需要我们不断地付出努力，这种努力既包括理清互联网建立不同共同体间的对话机制，也包括对构成社会的个体所进行的"教育"，以及警惕无所不在的商业收编。

（一）公共性：认同整合的基础

媒介形塑并承载着认同，正如麦克卢汉所言："作为信息和知识的载体，媒介绝对不是消极、静态、被动的躯壳。它对所承载的内容具有强烈的反作用，它是积极的、能动的……"相对于旧式宗教、家庭或团体的直接控制而言，大众传播具有在广泛大众中凝聚零散个体的能力。[①]同样，随着互联网日益渗入人们的日常生活，虚拟世界与现实世界的不断融合，网络上的风起云涌同样也深刻地影响着认同的整合、建构乃至重构。

就公共性而言，互联网虽然从技术上能够实现更多形式上的公共化，比如提供各种讨论的空间，但有学者认为，这只是更多地实现了公共化（public），而公共化不代表具有公共性（publicity）；汉娜·阿伦特（Hannah Arendt）认为，"公共"一词，"首先意味着，在公共领域中展现的任何东西都可以为人所见、所闻，具有可能最广泛的公共性"[②]。

对于建立在互联网基础之上的群聚传播而言，公共性的内涵不仅包括公共事务，需要展开理性、公开的讨论、对话与协商；同时，互联网群聚传播相对于传统组织化的大众传播而言，其本身是一种缺乏把关人的个体化、原生态传播，其因事而聚的事既有公共事务，又有虽然是私人领域但是却能从

---

① 〔英〕丹尼斯·麦奎尔：《大众传播理论》，崔保国译，清华大学出版社，2010，第72页。
② 〔美〕汉娜·阿伦特：《人的条件》，竺乾威等译，上海人民出版社，1999，第38页。

公序良俗的伦理道德或公平正义的法律法规的角度进行探讨的话题；讨论的方式既有理性的、公开的商讨，也有娱乐化、情感化乃至情绪化的发泄。人们在互联网群聚传播中的各种讨论、娱乐、八卦，甚至于"打酱油"，都体现出参与者的参与态度，都体现了对这一事件的观点与看法，因此，互联网群聚传播的公共性需要我们用新的视角重新界定。唯有此，才能更好地探究人们如何在参与群聚传播的过程中实现认同的群体整合。

（二）商讨共识：以对话代替对抗

互联网的群聚传播带来了社会调和的可能，也带来了群体极化的隐忧，不同观点经过互联网群聚传播的争执变得更加极端。此时，倡导对话、建立健康的对话机制成为协调不同认同的有效路径。

对话指的是一种真正的发自内心的交流，是交流的理想状态，只是着实不易，各种"交流的无奈"充斥着现代社会。对话不仅能进行社会的调和，也能在冲破现代性对交往设置的障碍之后重拾每个人的价值。

"人们一直主张，把对话交流用作治疗（现代性）痼疾的药方。"[1]尽管在20 世纪，一些批判现代性的思想家认为对话是不可能实现的，但在现阶段，互联网的发展为不同利益归属的群体创造了最大限度的对话可能。个人主体性的崛起与认同范式的转移必将带来深刻的社会变革，协商与对话将逐渐成为解决社会问题的常态。

（三）共同善与德性：培养真正的公民意识

亚里士多德认为，所谓公民，是"有权参加议事、审判职能的人"[2]。而所谓公民身份，是在特定的共同体内旨在实现共同善（common good）的一种新形式的政治行动，在该特定的共同体内，政治行动者主张他们具有成员身份（membership）的地位。这些政治行动表达的是公民的一种公共角色，这种公共角色是通过他们从事一系列具有德性特征的行动得到彰显的，在这

---

① 〔美〕约翰·彼得斯：《交流的无奈：传播思想史》，何道宽译，华夏出版社，2003，第 216 页。
② 〔古希腊〕亚里士多德：《政治学》，吴寿彭译，商务印书馆，1995，第 113 页。

里，德性是评价公民角色以及这些角色进行的活动是否称职的标准。①

互联网具有技术偏向的公共性，为群聚传播提供了多样化的公共交流平台，是网络共同体得以形成的公共空间。因此，要维护好这个公共空间的运行，需要首先培育好共同善与德性，尊重公共利益和公共权利。同时，个体化社会，规划性的认同模式，使个人有了影响公共议程的可能性与力量，在媒介素养教育方面也应该超越"保护主义"范式走向大众教育，培养一种普遍的公民意识，让每一个公民能够会用新媒体、善用新媒体，理性有效行使自己的表达权，构建一种良性健康的不同利益群体间的对话模式，避免群聚行为的盲目性与极端化。

综上所述，互联网的近用性、开放性、连通性和交互性为群聚传播提供了技术上的便利，为数以亿计的人们营造了一个众声喧哗的群聚传播时代，各种共同体从想象走向可见可闻、可触可感；传统社会中支配性的社会权力受到前所未有的消解，意识形态国家机器的"询唤"机制遭遇了主体的多样化主张，个体的主体性受到关注。这种被传统媒介所忽略的主体在互联网时代借助群聚传播的力量实现了个体主体性的崛起，而这种主体性的崛起在对权力的围观与凝视中彰显着"可见的积聚力量"，促进了群体认同从以往的合法性认同、抗拒性认同走向了规划性认同。而要实现这种规划性的认同，需要我们既要从功能主义角度去研究，又要超越功能主义去批判，理清属于群聚传播的公共性，维护好认同整合的基础；坚守商讨共识，以对话代替对抗；用共同善与德性培养真正的网络公民。

---

① 参见〔加〕梅丽莎·威廉姆斯：《命运相连的共同体内作为能动因素的公民身份》，转引自〔加〕斯蒂文·伯恩斯坦、威廉·科尔曼：《不确定的合法性：全球化时代的共同体、权力和权威》，丁开杰等译，社会科学文献出版社，2011，第32—33页。

第二章
群聚传播中的网络行为与心理

第一节　互联网群聚传播的行为模式

互联网技术增强了人的互动能力，丰富了社会交往方式和表达方式，使得网络互动成为现实互动之外的另一种重要的互动方式。当大量的个体在互联网上进行以信息传播为主要内容的交互行为时，群聚传播行为就有可能发生。

群聚传播的力量正在随着社会的发展而逐渐显现，我们已经能够观察到，当群聚传播发挥正向功能时能够促进社会信息快速广泛地传播，但是如果群聚传播功能使用不当，也会对正常的社会秩序造成极大的破坏。因此，弄清互联网群聚传播行为的内在机制和行为模式，具有十分重要的学术意义。

一、群聚传播行为的分析框架

事件或话题是群聚传播行为的必要条件，因为无论是发生在物理空间的群聚传播活动，还是发生在网络空间中的互联网群聚传播，群体间的互动必然都围绕着某个共同的事件或话题，也只有当群体的注意力都集中在某个具体事件或话题时，才有可能产生一种宏观层面上的群体意识。

引发群聚传播的事件或话题有很多种类，比如民生事件、自然灾害事件、法治事件、官员腐败事件、文化事件和国际性事件等，群体在每种不同类型的事件中既表现出某些相同的行为模式，也表现出各自特有的行为模

式。因此，事件类型并不能很好地作为分析群聚传播行为模式的框架。通过
对大量群聚传播案例的分析，我们发现，在群聚传播的不同阶段群体具有不
同的行为模式，因此我们可以用群聚传播的发展阶段为框架来进行分析和
总结。

我们参考学者乐国安对网络群体事件的研究成果①，将互联网群聚传播的
发展分为三个阶段（表 2-1）：共同关注、共同信念、共同行动。共同关注是
群聚传播的第一阶段，表示群体对事件或话题产生共同兴趣，尚未形成明确
的态度和意见，该阶段主要表现为网络热门话题、热门事件；共同信念是群
聚传播的第二阶段，在该阶段网民群体对特定事件或话题形成了一定的共识
和意见，并且用言语表达出来，但是尚未形成有组织的行动，因此这一阶段
主要表现为网络舆论、网络暴力、网络审判等现象；共同行动就是网络舆论
发展为有组织的网络行动，比如人肉搜索、爆吧、刷帖等网络集会。

表 2-1　群聚传播的不同阶段

群聚传播的不同阶段	特征	现象事例
共同关注	对事件或话题产生共同兴趣，尚未形成明确的态度和意见	微博热门话题、网络热门事件等
共同信念	对特定事件或话题已经形成了一定的共识和意见，并且用言语表达了出来，但是尚未形成有组织的行动	网络暴力、网络舆论、网络审判等
共同行动	由网络舆论发展为有组织的网络行动	人肉搜索、爆吧、刷帖等

群聚传播的不同阶段，实际上代表着群体行为的不同程度。首先，网络
空间内每天有海量的信息，但是只有少量的信息会成为很多人关注的焦点，
继而成为群聚传播的对象，因此，共同关注只能表明群聚传播行为具有产生
的可能性，能否产生群聚传播还得看下一步的发展。群聚传播形成的标志是
一种统一的或者几种对立的群体意识的形成，网民能够意识到自身属于某种
意见或态度群体，因此，共同信念代表着群聚传播行为的正式形成。当群体

---

① 乐国安、薛婷：《网络集群行为的理论解释模型探索》，《南开学报（哲学社会科学版）》2011 年第 5
期，第 116—123 页。

意识愈发明确和固化，发展出一种外向的主张性，用以扩张和维护群体共识，群体意识就会导致群体行动，因此共同行动是群聚传播行为进一步发展的结果，甚至可以说是群聚传播行为的最终形式。

在此需要注意的是，我们将群聚传播的发展分为三个阶段，但是并不是所有的群聚传播都会完整地经过这三个阶段，有大量的群聚传播事件只经过第一阶段，然后就随着事件的热度降低而消退。到达每一阶段的群聚传播事件的数量是递减的，这也从侧面证明了该分类具有的动态发展性。

二、互联网群聚传播的不同行为模式

群聚传播的不同阶段意味着不同程度的群体行为的介入，因此我们可以总结出每个阶段群聚传播行为所表现出的不同模式，如表 2-2 所示。

表 2-2　不同阶段的群聚传播行为模式

阶段	模式
共同关注	群体围观、信息拼凑、信息回流
共同信念	群体发散、群体感染、群体分化
共同行动	群体暴力、群体狂欢

三、群体围观与协同过滤

在前面我们论述到，新媒体赋予了人们更强的互动能力，这种增强的互动体现在更强的信息传播能力和更广的信息接收能力上。普通人也能够参与到信息的传播过程中来，这意味着媒介场域中拥有更多的信息生产者，于是便有每天层出不穷的事件或话题在互联网上产生或消失。

但是人们并没有被海量的信息"吞没"，而是通过身处的人际网络所形成的协同过滤效应，实现对信息的筛选和过滤，这与大众媒介时代的"把关人"机制有很大不同。传统上由媒体精英过滤传播信息的方式不复存在，大众成为互联网"算法"经济的核心。[①]经过人际网络协同过滤后的信息具有该

---

① 李培林、陈光金、张翼：《社会蓝皮书：2017 年中国社会形势分析与预测》，社会科学文献出版社，2017，第 238 页。

网络的特性，即人们获取的信息受限于其所处的群体的结构。

社交媒体上的人际网络具有小世界特性，这使得重要的信息能够很快地传遍整个网络，继而引起网络群体的围观。但是什么样的信息能够引起全网大部分网民的注意，从而形成群体性的传播活动呢？

我们从人民网舆情检测室每年发布的《中国互联网舆情分析报告》整理出自 2011 年到 2016 年，六年间国内互联网上发生的 15 件热门舆情事件①，发现 90% 的事件本身就具有公共属性，比如国内国际政治、公共食品安全、公共管理等，这些事件因为其自身所具有的公共属性所以能够被绝大多数的网民关注和讨论；另外 12 件事件，尽管它们的涉事主体为普通民众，但是事件最终也上升为全网关注的热门事件（表 2-3）。

表 2-3　2011—2016 年互联网热门个人舆情事件②

年份	事件名称	事件蕴含的公共话题
2016 年	雷洋事件	公民人身安全、暴力执法
	魏则西事件	企业作恶
	杨改兰案与《盛世中的蝼蚁》	贫困差距、社会分层
	北京如家和颐酒店女子遇袭事件	女性保护、公共安全
2015 年	南京宝马撞人案	社会分层、政府公信力
2013 年	陕西神木房姐事件	公权力滥用、政府公信力
	海南万宁校长开房事件	女性保护
	甘肃初中生发帖被刑拘	言论自由、未成年人保护
2012 年	陕西孕妇引产事件	计划生育
	最美女教师张丽莉	校园安全、道德人性
2011 年	佛山小悦悦事件	道德人性
	药家鑫事件	交通肇事、道德人性

① 2015 年 15 件，其余各年都是 20 件。
② 个人舆情事件是指事件涉事主体为普通公民，既非公众人物，也非政府官员，事件影响范围有限，本来不具有全国性或全网性影响力。

通过分析我们发现，这 12 件群聚传播事件虽然涉及的主体均为普通个人，事件本身的影响也有限，但是每件事背后都至少涉及一个公共话题，使其具备成为群聚传播话题的可能性，最终在一些其他因素的共同作用下成为全网范围内的群聚传播事件。

可见，公共事件天然会受到媒体、名人和普通用户的关注，在事件发生时就能吸引大量的传播主体进行事件的传播；对于很多个体事件，如果该事件能够获得一些"大 V"的关注和传播，积累一定的原始关注度，并发现其中蕴含的公共话题，也能够形成一定规模的群聚传播，比如和颐酒店女生遇袭事件最开始就是被几个"大 V"发现并转发，后来逐渐发酵，被全网关注。

人际网络中的互动在社会网络上形成的协同过滤效应，使得蕴含有公共性的话题在网络上快速传播，并且激活网络上的大部分传播节点，并最终形成群体性的围观。

（一）信息拼凑与信息回流

社会化媒体为人们提供了大量的碎片化信息，通过人际网络的协同过滤机制，人们可以获得自己感兴趣的那部分，这解决了信息的筛选和过滤，却没有解决信息的验证问题。

社会化媒体兴起之后，技术乐观派称这是一个"人人皆记"的时代，确实很多信息都是由普通人通过社会化媒体第一时间发布出来，因此，很多时候普通网民成为事件的第一爆料者。在大众媒介时代，媒体机构既担负着信息筛选和传播的功能，也担负着信息征信的功能；但是在新媒体时代，个人享受着信息发布的快感，却未必愿意承担信息核实的繁琐工程。

信息拼凑是一种常见的网络虚假信息生成方式，由于网络资料获取非常方便，因此经常有一些网民将不相关的网络信息进行拼凑、组合，形成一些看似合理和符合逻辑的信息进行传播，这类信息尤其以图片和影像资料为主。尤其是涉事的主体未能及时公布情况、及时予以回应，造成群聚传播场域中真实信息缺失，于是在好奇心的驱动下，有的人可能会去拼凑信息，编造各种阴谋论。比如将某个民事纠纷的视频误传为官民对峙的现场画面，将境外某个事件的视频说成是国内正在发生的事件，将某个相似的照片说成是事件当事人的照片等。

当信息拼凑产生了虚假信息之后，信息回流现象很容易让假信息变成真的。信息回流是一种特殊的网络现象，它是指未被证实的信息在群体中被来回传播，导致信息在个体间被循环验证，最终群体中的个体都相信信息是真实的。信息回流造成了很多媒体乌龙事件（图2-1）。

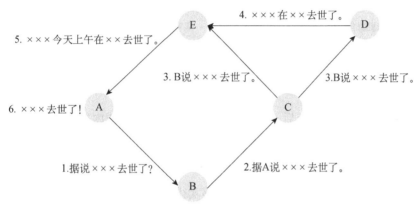

图2-1　信息拼凑和信息回流示例图

造成信息循环验证的原因，在于人们在社会化媒体上的信任是基于人际关系构建的，因为这样可以为我们省去很多时间成本。当我们信任的人传播了不实信息时，我们也会倾向于相信这条不实信息，于是不实信息就会在人际网络中蔓延开来。如果参与传播不实信息的人对信息进行再次加工的话，最后，回流的信息可能跟最开始不一样，通常是更加丰富、更加细节。于是，这些虚假信息相互印证、相互说服，"谎言重复一千遍就会成为真理"，除非有质疑发出，否则这条信息最终会被信以为真。

（二）群体发散

"一千个读者就有一千个哈姆雷特"，缺少了大众媒介中心式的解读，缺乏组织和控制的群体对事件的信息完全可以按照自己的想法进行组合和解读。

比如 2013 年 10 月 20 日，央视新闻播出了一则长达近 20 分钟的调查新闻"星巴克咖啡中国市场高价"，对同样的星巴克咖啡在中国售出的价格高于伦敦、芝加哥、孟买的情况进行了调查，其中用到了街头访问、专家访谈、数据分析等调查方式，从操作流程上来看，是非常专业性的新闻报道。[①] "央视新闻"官方微博 20 号上午将这则新闻发布到新浪微博上，如图 2-2 所示。

 央视新闻 V 👑
2013-10-20 10:17 来自 微博 weibo.com
#星巴克咖啡价格调查#【354毫升中杯拿铁的价格】北京星巴克，一杯354毫升拿铁咖啡售价:27元人民币；英国伦敦，一杯354毫升拿铁咖啡售价:24.25元人民币；美国芝加哥，一杯354毫升拿铁咖啡售价:19.98元人民币；印度孟买，一杯354毫升拿铁咖啡售价:14.6元人民币。你怎么看？ 🔗 网页链接

图 2-2 "央视新闻"发布关于星巴克在华高价的微博

笔者抓取了微博发出后 6 个多小时内的 3000 条微博内容进行了分析。通过分析发现，原本是一条关于外企在华高价的新闻，受众从至少 7 个维度进行了解读，笔者挑选了一些代表性的评论，具体如下。

● 市场经济：在市场经济，如果能够卖得出去，就是合理的。

● 监管失职：要规范市场价格。物价局要有所作为。

● 人傻钱多：不贵的话怎么让我们同胞能去喝了以后还能照个相显摆他曾喝过星巴克。

● 税金租金：因为你租金贵、税收高啊，亲！！！

● 外企暴利：总是欺骗国人 [怒]。

● 服务品质：那问问口感味道、服务、环境有几个咖啡店能与之相比，先提高自家水平再去评头论足也不迟。

● 央视失职：不说说人家租金好贵，房东房价好贵，税收好高，罪魁祸首是哪个？不好好关心基本的水，电，过路，气，教育，空气，食品，一天就逮到外企不放。

① 文蕾：《从"央视曝星巴克反被批"事件看信源与舆论流变之关系》，《新闻研究导刊》2015 年第 15 期，第 233—234 页。

社会化媒体赋予了个体发声的能力，也就意味着个体能够站在自己的立场表达自己的观点。于是，在事件发生后，我们能够在网上看到众多不同的解读和声音，这是群体发散思维的共同结果，为后面的群体分化和群体极化提供了基础。

（三）群体感染

在互联网群聚传播时代，人际网络已经成为最主要的信息分发渠道，所以信息和情绪的传递是以网络的形式进行的。媒介情景论认为媒介塑造了人们对周围环境的感知，而在社会化媒体时代，每个人接触的媒介都是不同的，都是由其所处的人际网络决定的，所以我们所感知的信息并不是全局信息，而是局部信息，这个局部的大小取决于我们的人际网络的大小。镶嵌于人际网络里的传播会更有利于意见的扩散和情绪的传染，因为这里天然蕴含着信任和认同。

当个人情绪在社会网络里进行传播时，在暗示、感染等机制的作用下，很有可能放大为整个社会的集体情绪。[①]比如 2013 年 4 月 20 日，四川省雅安市芦山县发生了 7.0 级地震，中国红十字总会发出微博：

> 雅安地震发生后，总会立即与四川省红十字会取得联系了解灾情。
> 四川省、雅安市红十字会已派出工作组赶赴雅安，省红十字会救援队已集结完毕，做好出发准备。总会工作组正在赶往机场赴灾区考察灾情。[②]

中国红十字总会在地震灾害的背景下，使用"考察"一词，瞬间激起网友愤怒的情绪，在该条微博下面，很快有超过十万人转发，并且网友的转发内容极其一致（图 2-3）。

---

① 隋岩、李燕：《论群体传播时代个人情绪的社会化传播》，《现代传播》2012 年第 12 期，第 10—15 页。

② 参见《中国红十字会总会称正赶赴雅安灾区"考察"遭讥讽》，凤凰网博客《网络》（http://blog.ifeng.co）。

图2-3　愤怒情绪的传染

（四）群体极化

在群聚传播发生的早期，先会经历群体发散产生多种意见和观点，随着意见和观点都摆出来，会有一种或者几种观点逐渐占据主流，于是后期参与传播的个体会倾向于已经形成的某种优势观点，从而在宏观上表现为：意见愈来愈趋向集中，多样性逐渐减少。

仍然以"央视新闻"报道星巴克在华高价牟利的新闻为案例，我们对微博发出后6个小时内的评论进行了内容分析，并统计了每小时内各种观点所占的比例。通过图2-4可以发现，随着时间的推移，认为外企在国内获取暴利的声音越来越小，批判中国人崇洋媚外、炫富心理的意见也越来越少；与此同时，认为这次报道是央视转移话题、没事找事的声音越来越多，并且在评论里越来越多的人由这件事联想到国内的很多矛盾，像物价、房价、油价等，说明群体的意见已经开始往申讨方向发展，这或许是报道这条新闻的记者始料未及的。

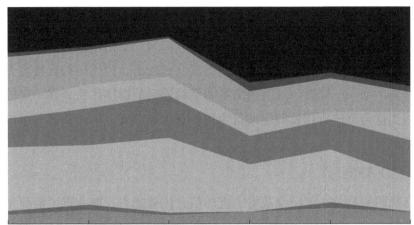

■市场经济 ■监管失职 ■人傻钱多 ■国内矛盾 ■税金租金 ■外企暴利 ■服务品质 ■央视失职

图2-4　"央视新闻"微博评论里各种意见随时间的变化趋势

（五）群体暴力

前面叙述的几种行为模式能够形成主要得益于个体基于人际网络形成的社会网络，因此信息和情绪可以在群体中快速传播，群体中相邻的节点可以获得相似的信息，群体的压力使得个人意见偏向一致。处于网络中的个体，既影响着网络结构，反过来也受制于网络。这也是现实社会得以井然有序的原因，因为身处社会群体中的人们会受到道德和社会规范的约束；但是，当个体匿名的情况发生后，个体将不再受制于群体网络的束缚，这时失范的行为就常常会发生。

这个道理同样可以应用到互联网群聚传播上，匿名实际上代表着个体从现有的社会网络中脱离，此时个体处于自由状态，不受人际网络和社会规范的限制，于是就有可能发生网络暴力。

促发大规模群体暴力事件，除了匿名的因素外，还往往涉及社会道德。某些违背社会道德的事情发生以后，比如佛山小悦悦事件、药家鑫事件，还有在博客论坛时代具有代表性的"铜须门"事件，这些事件因为违背了社会道德，引起全社会的愤慨，于是网民便把传播的工具当做审判的刑具，对事件当事人或涉事方进行猛烈的言语攻击，甚至还会发起人肉搜索，将网络暴力引向现实暴力。

除此之外，网络群体之间也容易因为分歧而产生网络暴力行为，最常见的就是不同明星的粉丝群体相互之间的谩骂和攻击，产生一种有特定名称的网络暴力活动——爆吧。这类网络暴力活动背后的群体往往具有一定的组织性，因为这类群体有比较固定的行为场所和沟通方式，因此很容易组织起网络群体行动。

（六）群体狂欢

互联网的普及，使民众获得一定的信息传播能力，即获得了消解主流精英文化的工具。而这种消解最主要的方式就是消解式的解码。

此处的解码概念源自传播学伯明翰学派的斯图尔特霍尔提出电视话语流通的三阶段理论，即电视话语制码阶段、电视话语的成品阶段、观众的解码阶段。霍尔的理论为大众传播研究提供了另一种研究思路——关注传播过程中意义的建立和讯息的分享，重视受众在收视中的积极作用。霍尔认为意义不是由传播者单方面地传递给受众的，而是由传播者与受众通过编码与解码的机制建构起来的。

消解式的解码，即网络群体故意以违背媒体预期的方式对媒体制码后的信息进行解读，它反映了大众文化对庙堂文化的主张，是大众文化与精英文化的博弈。最典型的例子就是近几年一年一度的"吐槽春晚"。吐槽是一种解码，春晚作为一场全国性的媒介仪式，在制码阶段，融入了很多文化符号；但是每年春晚，大量的网民通过对这档全国性的电视节目进行消解式的解读，并借由社交媒体分享自己的解读方式，借以形成群体性的狂欢。

还有某些网民群体与主流媒体唱反调的例子，比如2014年2月9日东莞警方对全市所有桑拿、沐足以及娱乐场所开展一场声势浩大的扫黄清理行动，中央电视台对此事进行了报道，但出乎意料的是，有网友在网络上却唱起了"东莞挺住、东莞不哭"等舆论反调。这场舆论闹剧并不是说有网民支持卖淫嫖娼，而是在与主流媒体唱反调的心理下产生的群体主张。于是，将这场本没有道德争议的事件演变为一场群体狂欢。

四、群聚传播中群体行为模式的主要特征

互联网群聚传播是以互联网为技术载体，以社会网络关系为结构，发生在虚拟网络空间中的群聚传播行为。因此，互联网群聚传播相比于发生在现实生活中的群聚传播活动，有其自身的特殊性。通过分析和总结，我们认为互联网群聚传播具有跨时空、组织程度低、符号化、多元化四个特征。

跨时空是以互联网为技术基础的新媒体所具有的特性，而互联网群聚传播是发生在网络空间里的传播活动，所以它也就自然具有了跨时空的特征。跨时空给群聚传播活动带来的影响是传播活动不受地域和时间的限制，能够更及时，在更广阔的空间范围内进行传播。很多发生在某个地域的事件在网络上形成群聚传播之后，参与传播的主体并不限于当地的网民，而是全国范围内的网民都能参与其中。

组织程度低是互联网群聚传播的第二个特征。在前面我们论述过互联网群聚传播活动的不同阶段，其实不同阶段代表着互联网群聚传播的不同程度。我们目前看到的大部分互联网群聚传播活动停留在共同关注和共同意识阶段，很少有事件能够发展到群体行动的程度。这也就意味着大部分的互联网群聚传播活动其实缺乏目标和规范，因此组织程度很低。另外，中国的互联网群聚传播活动组织程度低，也因为中国不是一个社会运动高度组织化和制度化的国家。中国网络群体活动存在多话语、弱组织和少行动的特点，还未和政府形成常规性、制度化的对话机制，也很少发展成为国际关注和全球协动的事件。①

互联网群聚传播本质是信息和符号的互动传播，因此互联网群聚传播事件往往也容易被打上标签，变成符号化的象征，比如"表哥""房姐""蓝瘦香菇""欺实马""赵家人""吃瓜群众"等。这些标签和符号是对事件的高度概括和浓缩，其中蕴含的谐谑、悲愤和调侃，是网民情绪的反映。同时，这种基于集体智慧产生的符号，也便于理解和记忆，因此能带来更好的传播

---

① 隋岩、苗伟山：《中国网络群体事件的主要特征和研究框架》，《现代传播》2014 年第 11 期，第 26—34 页。

效果。

互联网群聚传播的主体多样性，使得互联网上的价值观更加多元化，这是群聚传播的第四个特征。多元化的观点在网络空间中交锋，有助于打破封闭的社会群体，实现社会阶层间的对话，在一定程度上缓解社会的极化和固化。同时，多元化也能激发传播主体的能动性，实现大众闲置资源的重新配置，集体协同合作产生的集体智慧会降低全社会成本，提高全社会效率。

第二节　群聚传播中的非理性互动

群聚传播时代的莅临虽然赋予了普通人以更多的表达空间、更大的表达自由和更多元的意见环境，但是这并不意味着群聚传播必然会促进网络讨论走向开放、理性与自治。诚然，在一些事件中，群聚传播确实为意见的交流与思想的碰撞提供了一个开放的场域，起到了凝聚社会力量、促进社会团结的作用（如"鸿星尔克野性消费"事件）；但是在面对一些意见高度分歧、价值观高度相异的问题（如地域歧视、极端女权等话题）时，群聚传播又仿佛塑造了一个意见的垃圾场，其间充斥着偏见、误解，甚至是攻讦与谩骂，这种非理性互动亦构成了群聚传播的重要组成部分。在种种互联网非理性交往中，网络暴力无疑是最具代表性的一种。

一、作为一种"微观政治"的网络暴力

网络暴力充分体现了群聚传播中网民"因事聚集"的特点：作为网络暴力事件中施暴者的普通网民们一般并非来自特定的组织团体，往往是随着事件发生自发聚集，热度过后便会自行散去。我们很难从参与其中的网民中找到一个稳定的组织结构。由于这种责任主体的不确定性，当下关于网络暴力的研究往往倾向于从以下两个方面入手：一是指向微观的个体，强调个体易受群体心理和群体情绪影响，进而做出非理性的暴力行为，并试图通过强调道德素养教育、培养其理性分析能力来达到抑制暴力行为产生的目的；二是指向宏观的社会，强调社会失衡导致了群体心理失衡，进而催生了网络非理

性表达和网络暴力，主张网络暴力的解决应该与社会变迁的进程相关联。不难发现，这两个视角都把关注的目光投向了网络暴力的施暴者身上，强调其行为动机的形成及其合理性问题，而作为网络暴力另一端的被施暴者（受害者）的维度却被有意无意地忽略了。这种下意识的忽略建立在这样一种价值假设之上，即网络暴力行为本身是非正义的、施暴者的行为是错误的，而被施暴者则需要得到更多的同情和保护。然而这种基于伦理评判的视角却无法解答下面这些问题：既然网络暴力是错误的，为何施暴者依然坚持做出这种行为？究其本质，网络暴力是一种不正常的主体关系，那么这种不正常的主体关系是如何建立的？其合法性依据何在？这样的追问便涉及了个体间权力关系的形成和运作的"微观政治"问题，而这种基于"微观政治"的视角，对网络暴力事件中的权力关系问题的探究则是长期以来在网络暴力相关研究中缺失的一环。

互联网"微观政治"的出现与"众声喧哗"的传播格局密切相关：网络群聚传播带来了公民话语权力的增强，民众开始有意识地通过互联网参与各类社会公共事务。在尤尔根·哈贝马斯（Jürgen Habermas）看来，这种公民间以个人身份展开的互动是具有政治价值的，它有助于公民理解并参与到社会共同体的政治行动之中。①公民的微观互动实质上在改变甚至创造着社会的微观权力结构、微观文化图景、微观运行机制，这一点放在互联网空间中亦然。从这个意义上讲，网络群聚传播的参与者正是在各类网络行为实践中通过符号的传播、话语的表达创造了一种全新的网络"微观政治"，这种"微观政治"以网民的话语实践为轴，深度浸润到了网络生活的方方面面，只要有网民活动的地方，这种围绕话语实践建立的"微观政治"就会发挥其影响力。

正如米歇尔·福柯所言，权力的施行"是一种通过某种行动修正另外某种行动的方式……只有当权力进入到一种实践行动中时，它才能够存在"②，

---

① 〔德〕哈贝马斯：《在事实与规范之间：关于法律和民主法治国的商谈理论》（修订译本），童世骏译，生活·读书·新知三联书店，2011，第455—457页。

② Foucault M, "The Subject and Power", *Critical Inquiry*, Vol.8, No.4, 1982. pp.777-795.

因此，权力关系的问题究其本质是一个有关实践的"微观政治"问题，这种实践不仅表现在人"做了某件事"的主动呈现之上，同时还内含于人"没做某件事"的自我规约之中。也就是说，主体之间的权力关系会对不同主体的行为方式产生影响，它既可以融入一种"主张活动"之内，也可以内含于一种"治理体系"之中。

因此，在网络暴力事件中，"权力结构"便存在着两个关键性的要素：一是隐藏于网民的网络实践行为之后，作为潜在的"治理体系"而存在的"道德规范"，它通常构成网络暴力活动的价值评判基础；二是呈现在人们面前的，作为一种"斗争活动"的网络暴力实践以及该实践所产生的后果，它通常表现为网络暴力中施暴者的言语攻击、人肉搜索和被施暴者的失语、关闭评论、注销账号等行为实践。因此，对于网络暴力中权力关系的关注便应当集中于这"一隐一显"两个层面之上，即作为"政治规范"的伦理道德和作为"政治行动"的网络暴力实践。

二、作为"政治规范"的伦理道德

既然网络暴力所关涉的是一个人与人之间的"权力关系"的问题，那么我们不妨先将目光投向这种权力关系在互联网空间中的建立过程之上，它所关涉的是网络暴力活动得以顺利展开的道义基础，这种道义基础深植于每一个网络暴力的施暴者的心中，并驱使着他们展开行动。而一旦这种道义基础失效，网络暴力事件中行动者的所有行为便失去了其合法性保障，网络暴力行动也会因失去了合法性基础而自行消失。而这个在互联网空间中具有强大感召力的道义基础就是道德规范。

（一）道德话语的建构力量

网络暴力的被施暴者收到的大多是一些具有明显的道德评判意识，同时又带有明确的感情倾向的词句。这些词句不仅具有相对一致的价值取向，而且因其大量使用陈述性的表达方式，使得自身感情色彩的传达变得更加明确有力。网民的这些语句"建构了一个社会事件，其中包括某种'社会关系'、某些人的'社会身份'以及某种'知识信仰体系'"①。道德话语也作为一种建构性的力量进入到了事件之中。

以米歇尔·福柯的观点观之，话语作为一种建构性的力量，能够"决定我们如何认识社会、文化和我们自身，决定了我们想看什么和能看到什么"②。也就是说，话语本身具有一种生产性的力量，隐藏着一种权力结构，而权力也依靠话语来让自己得以显现；与其说人是通过语言来认识客观事物，不如说事物是在一种知识–权力的结构中被建构起来给人看的。权力不仅可以决定什么样的话语可以被传播，还可以通过不断的传播反过来确立自身的合法性地位，进而形成对其他话语的压制。因此，当网络暴力事件发生时，道德话语往往在此刻站出来，通过将作为一种知识结构的传统道德与作为一种权力关系的话语进行勾连，将其塑造为一种"公义""良知""舆论"，进而把网络暴力中的被施暴者推向"广大人民"或者"公理正义"的对立面，使其成为一种"非人"的存在，进而获得对其进行批判的权力。下面将目光重新聚焦回道德话语之上来，来探究它是如何成为网络暴力事件的核心话语体系的。

在网络交往行为中，身体往往是相对次要的一个维度，它并不直接参与到网络交往活动之中。而这种身体的缺场导致了指涉关系重建的困难，单纯的隔空骂战也不会带来如现实生活中那样的打架斗殴等群体性事件，法律也因此变得难以发挥作用。更何况网络暴力所涉及的事件绝大多数并不直接触碰到法律的底线，而是关涉着伦理、习俗乃至不同价值观之间的冲突，因此在这个时候，作为一种意识形态出现的道德话语就成为了网民手里最为适合的批判工具，因为道德批判既不需要个人掌握专业的法律知识和行政权力，也不需要个体面临被他人打击报复的客观风险，同时还因自身言论契合了潜在的社会价值评判而更加容易获得来自外界的认可，从而巩固自身作为一名"好公民"的自我认同。那么道德话语缘何具有这么大的力量，能够瞬间集结

---

① 李岩、李东晓：《道德话语的生产性力量及中国式"人肉搜索"的勃兴》，《浙江大学学报（人文社会科学版）》2009 年第 6 期，第 176 页。

② 周宪：《福柯话语理论批判》，《文艺理论研究》2013 年第 1 期，第 121—129 页。

数以万计的网友，展开一场对素昧平生的个体进行的言语攻击呢？我们还是得回到道德本身上面来。

（二）当代人的道德共识：社会性道德

盛行于互联网络的道德并不仅仅是儒家传统中所谓的"圣人之道"或是亚里士多德对于"善"和"德性"的追求，而是融入了现代，乃至后现代思想之后的一种对人总体性的评价体系。因此，这里的道德与其说是一种对于"善"的本质规定，不如说是一种长久以来在社会、文化和经济制度共同作用下的普遍行为规范，这种行为规范是一种约定俗成的文化契约，有着社会整合的作用。也正是因为这个原因，李泽厚先生才对当下的道德系统做出了扩充，将今天的道德分成了"宗教性道德"和"社会性道德"两个方面。其中前者指代的是传统儒家思想中"修齐治平"的内省性实践，"是自己选择的终极关怀和安身立命，它是个体追求的最高价值"①。而后者则是融入了包括功利主义、自由主义等西方近代人本主义思想之后的一种总体性要求，是个体生活于当今世界必须去遵守的一些规范。"前者似绝对，却未必每一个人都能履行，它有关个人修养水平；后者似相对，却要求该群体的每个成员的坚决履行，而无关个体状况。"②也就是说，宗教性道德代表人类理想，社会性道德表征文化契约。宗教性道德具有一种像义务论伦理学所要求的那种绝对性，人们景仰这些准则，却几乎无人能够做到。因此，违背这样的道德要求虽然会让网民感到不满，但并不会引发网络暴力。比如某明星在微博中谎称自己戴着耳机做核磁共振检查，这虽然违背了"诚实"这个宗教性道德的要求，但是并没有引发对其的大规模声讨，大家只是略作嘲讽，事件的热度一过，网民也就逐渐淡忘了。因为大家明白，这种道德要求是所有人都仰望的目标，但要在复杂的现实生活中完全做到这一点，几乎没有可能。但是社会性道德不同，作为一种文化契约，它规定了人们能够接受的行为底线，这样的底线是由社会和文化共同规定的，反映了一个时期里特定人群的价值取

---

① 李泽厚：《人类学历史本体论》，天津社会科学院出版社，2008，第15页。
② 李泽厚：《人类学历史本体论》，天津社会科学院出版社，2008，第15页。

向，是人们价值标准的最大公约数，对这一底线的突破将极大地震撼到受该文化影响的人群。这也是为什么在许多网络暴力事件中会出现"毁三观"这样的字眼，因为"三观"中的价值观所反映的就是人的价值取向，它代表了社会大众内心所能容忍的底线。所以，对社会性道德的违背才是引发大规模的网络暴力行为的导火索。

但是我们同时也会注意到这样一个问题，虽然社会性道德标识了社会所能容忍的底线，但是它并不具有法律一般的强制色彩，然而在网络暴力事件中，网民的意见表达早已突破了一般性的道德评价范畴，具有强烈的审判和惩戒倾向。在网络暴力行为中，每个施暴者都觉得自己是梁山好汉，是罗宾汉，要通过自己的文字在一个"无道"的网络世界中主持正义。那么网络世界为什么会被视作一个"无道"的世界？道德又在这样的世界中扮演着什么样的角色？这便涉及了"道德准则的律令化"的问题。

（三）网络空间中道德准则的律令化

"无道"这个词在中国的文化中是指一种社会纷乱、政治昏暗的社会境况。而网络世界之所以会被网民视作一个"无道"的世界，其主要原因在于网络世界中秩序的缺失，而这种秩序缺失则具体体现在无处不在的网络谣言、毫无顾忌的情绪化表达、为博出位而无所不用其极的营销手段等现象之上。身体的退场造成的身份脱嵌让每一个网络节点失去了原有的责任意识，现世法律的缺场又使被惩戒的恐惧烟消云散。更重要的是，游走于不同网络平台之间的网民通过不同的自我展演分化成了多种多样的自我，这些身份彼此独立，互不干涉。一个人尽可既在知乎展示其博学、在抖音展示其才艺，同时又在 bilibili 展示其兴趣、在朋友圈展示其心情。不同互联网公司之间的数据分隔让个体身份的整合变得极其困难，人的数字化主体也因此呈现出一种高度割裂的状况。这种割裂进一步加剧了整个互联网空间的不稳定性，因为我们根本无法确定出现在自己面前的这个账号是其本人的哪一面，同时也不确定他的这一面是怀着怎样的目的与自己展开交往的。在这样的环境中，没有任何关系是牢靠的、稳固的，它随时处于变化之中，人们很难在这样一个极其不稳定的网络关系中获得足够的安全感，生怕自己会成为他人实现目标的工具，网络空间中人的生存状态因此呈现出了类似洛克（John Locke）所说的那种混乱的"自然状态"的情况，人们亟须树立一套神圣不可违背的价值标准，用以约束所有人，以便保障自己"数字化主体"的自身安全。正是在这样的背景之下，作为一种人们日常生活的价值底线，社会性道德被当作一个不可违抗的绝对标准供奉了起来，成为了人们想象中绝对神圣的存在，成为了虚拟世界中人们自发拥立的"社会契约"，网民试图通过让所有人都遵守它来保障自身"数字主体"的安全，并自发地以之为律，用以监督和惩戒那些对网民的"数字主体"造成破坏的人。

这种源自社会性道德的正义感和使命感，让施暴者开始以道德的卫道士自居，维护他们眼中的正义。康德将道德视作一种"实践理性"，认为它应当是用以指导和约束个人行为的"绝对律令"，对它起作用的对象是实践主体，起作用的方式是自我感化、自我约束。一旦道德的标准成为了衡量他人行为的唯一准则，那么它便拥有了一种律令的色彩，如果有人拿道德准则作为限定和约束他人行为的唯一准绳，那么它就演变成为一种类似法律制度的绝对存在，而这正是我们在网络暴力现象中看到的景象。当道德准则成为了人们心中的一种不容置疑的客观原则之时，它同时也成为了施暴者行动的合法性基础，网络暴力中的权力关系也围绕之形成与展开。

三、作为"政治行动"的网络暴力实践

（一）个体的"数字性死亡"与"赤裸生命"概念的浮现

海德格尔将生活于世的人称为"此在"（dasein），"此在"以一种"在世"的展开状态显示自身。尼古拉斯·尼葛洛庞帝（Nicholas Negroponte）曾预言互联网时代的人将以一种"数字化生存"的状态存在于世，在其中，人们的生产、生活、行动、思维等方式都将以数字化的形式得以重新显现。孙玮将移动网络时代的新型主体称为"赛博人"，意指相互连接的互联网重塑了人与世界的接合逻辑，将物质、身体、意识、信息等多方面进行了杂糅。这种对"人的存在方式"的理解的演变表明，在互联网已经成为了我们存在

于世的背景和语境的当下，海德格尔所说的"此在"的展开状态已经无可避免地与互联网所营造的这个"数字世界"产生了紧密的关联；而随着人的"在世""存在"状态与互联网的联系愈发紧密，人在现实生活中所拥有的各项权利也或多或少地出现了向互联网平移的现象，那么作为对人之"权利"进行终极剥夺的"死亡"概念，亦有必要对其进行一个适当的重新考察和拓展，以便使之更加契合互联网时代人的存在状态。

意大利学者吉奥乔·阿甘本（Giorgio Agamben）在对集中营进行研究的过程中发现了广泛存在于人类历史之中的"赤裸生命"（homo sacer）：他发现了作为一种人类特权空间的延续性结构，在神学时代它是"神圣"，到了现代它则是"主权"，它们既是被法律排除在外的存在，又是法律之神圣性的保障。在这个意义上，每一个普通人的生命其实并不掌握在自己的手中，而是一个"可以随时转化为供主权者在例外状态中'独享之物'"①，主权者可以随时通过对"例外状态"的宣称而使之成为"赤裸生命"，可以随意将之杀死而不用承担任何后果。在阿甘本这里，"至高权力掌控生命，生命直面至高权力；权力成为生命权力，政治成为生命政治"②。可以看到，阿甘本"赤裸生命"的概念内在地为我们区分了人的两种死亡，一种是我们在常规意义上理解的"生物性死亡"，它以人的生命体征的消失为唯一标准；另一种则是标志着人丧失了所有加诸其身的权利的"社会性死亡"，这个丧失了所有社会权利的人便成为了一个"赤裸生命"，他成为了一种居于社会之外的"存在"，他不被重视、不被保护、随时可以被杀死。对于常人来说，人的"社会性死亡"与"生物性死亡"是同步的，人身上的社会权利伴随着他的死亡而一并消失；而对于"赤裸生命"来说，他因身上所有的社会权利被剥夺而提前被宣告了"社会性死亡"，其后他唯一可以做的事就是等待"生物性死亡"的降临，他的生命已经不再由自己所拥有、所把控。

这种对于死亡形式的区分有助于我们理解人在数字世界的生存与死亡，

① 吴冠军：《生命政治：在福柯与阿甘本之间》，《马克思主义与现实》2015 年第 1 期，第 93—99 页。
② 莫伟民：《阿甘本的"生命政治"及其与福柯思想的歧异》，《复旦学报（社会科学版）》2017 年第 4 期，第 24—34 页。

如果说数字化的生存是移动互联时代人的一种基本存在方式的话，人在数字空间中所具身的各种数字权利便构成了人在数字社会中的存在本身，人的数字化存在是由这些数字权利所标定的：没有了在网络空间发言的权利、没有了在互联网中自由活动的权利，人便无法显现为一个数字化的个体，他在互联网上只是一个空白，或者说干脆就是"无"，其"数字化存在"这件事自然无法成立。这种被剥夺了在互联网上的数字生存权利、失去了在互联网上显现自身存在能力的个体，我们便可称之为一种基于互联网社会的"社会性死亡"，或者说是一种"数字性死亡"。如此一来，一种权力关系便浮现了出来：它存在于数字空间之中，且直接关涉个体的数字生存权利；它有权对一个数字化存在者进行裁决与权利剥夺，使之丧失在互联网空间中进行活动、显现自身的意愿乃至能力，它涉及一个数字化的存在者是如何被卷入一种权力关系之中，并极大地影响到它保持现有的存在状态这件事。具体而言，它涉及的其实是这样几个问题：在脱离了现实世界的互联网空间之内，存在者的"数字生命权"的保全与剥夺何以可能？这种对他人的"数字生命权"进行裁定的权力基础何在？这一权力的运行机制又是怎样的？

我们知道，网络暴力施行的主要意图是精神攻击，方式是言语攻击、隐私披露等；而网络暴力所导致的结果往往是被施暴者的噤若寒蝉，或干脆关闭自己的账号，从此不再出现。在这个过程中，施暴者通过某种权力的施行，将被施暴者的数字生存权利进行了剥夺，进而"杀死"了这个数字存在者。从这个意义上讲，网络暴力的发展过程与阿甘本所说的"赤裸生命"的诞生过程表现出了高度的相似性：一个人的"数字生存权"被剥夺后的状态恰似阿甘本口中失去了所有权利，随时可能面临死亡的"赤裸生命"：在互联网的世界中，这个个体虽然没有被技术性地排除出去（比如封号），但是他所说的任何话都已不被信任，所做的任何事也都不被接受，没有人愿意与之展开正常的社会交往，换句话说，其"社会存在"已经被彻底地否定了，这个账号已经失去了在互联网世界展开一切实践活动的权利，处于一种"数字性死亡"的状态之中。

（二）网络暴力实践催生出"数字赤裸生命"

如果说网络暴力的发生过程就是一整套微观权力结构运转的过程，是将个体塑造为"数字赤裸生命"，进而使其走向"数字性死亡"的过程的话，那么我们有必要对这套权力结构的主体、客体和斗争的方式与结果进行梳理，以便清晰地看到个体是如何在网络暴力中被卷入这套权力逻辑之中，以至最终陨灭。

首先，权力主体在网络暴力事件中，通过自我赋权成为了临时的"至高权力"。

在阿甘本看来，"至高权力"是"赤裸生命"诞生过程中的权力主体，他拥有"决断生命从哪一点开始不再具有政治相关性的权力"[1]，而其做出决断的方式便是对"例外状态"的宣称。卡尔·施米特（Carl Schmitt）认为"例外状态"是一种在特殊事件发生后产生的一种特殊社会状态，其最大特征是对日常法律的悬置，从而导致我们无法用平日里处理和裁定事务的方式来应对之。阿甘本则对施米特的思路进行了拓展，他认为一旦例外状态降临，法律被悬置，权力将很快取代民主政治，此时定义谁是赤裸生命的权力将回到至高权力的手中，而所有曾受法律保护的公民都有可能因最高权力的意志而被贬斥为赤裸生命。

当然，阿甘本思想中的"至高权力"是先在的，与现存政治系统有着高度的同一性，他先于"例外状态"而存在，且一直位于权力结构的顶端，也正是因此，他才有宣称进入"例外状态"的权力。然而在互联网的世界中，数字技术平等地赋予了每一个节点以相同的权力，阿甘本哲学中那个先在的"至高权力"在这里并不存在，没有什么人拥有比别的数字节点更高的权力。那么在这种情况下，所谓的"例外状态"又是由谁来宣称的？答案是密尔（John Stuart Mill）的那句经典的论断：多数人的暴政。

在约翰·罗尔斯（John Bordley Rawls）看来，多数同意的原则即使不能保证最终的结果一定是正确的，也依旧是在实现正义的途径中最为合理的选

---

[1] 〔意〕吉奥乔·阿甘本：《神圣人：至高权力与赤裸生命》，吴冠军译，中央编译出版社，2016，第192页。

择，因为它代表着一种在多数民意下形成的舆论权威。但需要强调的是，这种多数决的方式虽然贵为民主政治的基础，但它有一个前提条件，那就是针对事件本身的充足辩论，以便让决定者在对事实进行充分了解和思考之后，做出理性的选择。但是在网络空间中，这种充分了解和理性抉择却都被有意无意地搁置了起来，相反，在"信息茧房"的作用下，充分辩论过后带来的往往是凯斯·桑斯坦（Cass R. Sunstein）所说的群体极化现象：当"人们朝着偏向的方向继续移动，最后形成极端的观点"①，情绪性的意见表达和发泄也就成为了网络表达中的主要方式，这样一来，谁说的话更有道理便变得不那么重要了，重要的是谁的声音更大，大到能盖过对方反驳的声音。正是这种"盖过了对方声音"的感觉，给了这个优势团体以一种权力获得的错觉。这种错觉让这个群体自认为拥有了一种居高临下对力量弱小的个体/群体进行审判的权力，而这个通过"自我赋权"而获得的权力，就成为了一个网络事件中的"临时性至高权力"。而在此时，这种权力的获得感也会让该群体产生一种居高临下的优越感和行使正义的使命感，网络暴力事件中常常见到的"替天行道"等话语正是这种优越感和使命感的体现。也就是说，网络暴力事件中的"至高权力"的所有者并非一个确定的个体，而是一个因人数较多、声量较大而获得相对优势的群体。

　　接着让我们回到"例外状态"的产生问题。要分析"例外状态"，首先就需要了解什么是"常态"。对于互联网世界而言，不受管制的自由属于一种常态，个体自由游走于网络空间乃是非常正常的现象。在这种状态下，网民之间的关系连接并不紧密，互相之间的交集也仅限于部分个体之间的简单交流。但是一旦发生了某件事情刺激到了人们的神经，那么他们就会短暂性地团结起来形成一个聚众群体，共同向挑战他们的人或群体发出质疑。这个时候，相对于松散连接的互联网常态来说，就形成了一种"例外状态"，它由那些"感觉受到某种道德层面上的冒犯"的群体所裁定，并单方面宣布进入。在这种状态下，双方的关系呈现出高度紧张的态势，并往往由数量更多的那

---

① 〔美〕凯斯·桑斯坦：《网络共和国：网络社会中的民主问题》，黄维明译，上海人民出版社，2003，第41页。

一方利用"道德话语"作为武器来与他们所谓的"敌人"展开搏斗。也就是说，在互联网的语境中，阿甘本所说的"至高权力"与"例外状态"都呈现出一种强烈的流动性：至高权力不再是以一个特定的人为载体，而是指向了每一个身份不确定的群体；同时例外状态的裁定也同临时的至高权力一起，变得飘移不定。在这个意义上，互联网空间中的"至高权力"和"例外状态"的结构关系并不像阿甘本哲学中所展现的那样稳定，在阿甘本那里，"至高权力"与"例外状态"之间的关系是单向的，前者对于后者有着绝对的主导地位，没有"至高权力"的裁定，便无从进入一种"例外状态"之中。而在互联网的语境中，"至高权力"与"例外状态"呈现出一种更加辩证的关系：道德事件的出现催生出一批作为"临时至高权力"的主体，而"临时至高权力"又通过道德话语的实践，自行裁定进入"例外状态"之内，与此同时，由"例外状态"的裁定而引发的大规模群体行动又扩大了事件的影响范围，并迅速吸引更多具有相似态度的个体加入进来，通过人数的进一步扩张强化了该群体关于自我权力地位的想象，从而巩固了"临时至高权力"的地位（因为这种权力本就是一种自我赋权的产物）。这便是微观权力结构中的主体，它并非由一个先验的主体转化而来，而是自始至终处于流变之中；它不对应于某个特定的主体，而是呈现出一种极端多元的特点；它不是一种中心—边缘式的等级结构，而是完全平面化的，所有涉事个体共同构成主体的扁平结构。也正是这种结构的特殊性才导致了"至高权力"与"例外状态"这种相互纠缠、互不可分的状态。

其次，权力的客体被剥夺了在网络空间的一切权利，退化为一个"数字赤裸生命"。

前文谈到，在网络暴力的发生过程中产生了类似阿甘本所说的"赤裸生命"（bare/naked life），这种诞生于网络交往过程之中的"赤裸生命"，我们可以暂称之为"数字赤裸生命"。那么首先让我们回到阿甘本，来明晰一下赤裸生命的原始概念。

在阿甘本这里，赤裸生命的概念和神圣人这个概念紧密相连，而"神圣人"这个概念又需要追溯到古罗马时期的罗马法中。阿甘本指出，神圣人这一概念内在地包含了两种含义，一个是"被诅咒的人"，另一个是"神圣之人"。庞匹厄斯·费斯图斯（Festus Pompeius）对"神圣人"的描述是："神圣人是由于犯罪而被人们审判的人。祭祀这个人是不被允许的，但杀死他的人不会因杀人遭到谴责。"①在这个意义上，神圣人所受到的"祝你神圣"更类似于一种诅咒，他因此被排除到了神法之外，不能被祭祀；同时又被现世的法律排除在外，从而失去了身上所有的公民权利。在这里，"负罪不是指对于法律的越界，即不是指对合法与非法的确定，而是指法律的纯粹力量，指法律对于某事物的关涉"②。个体并不是因违法而被定义为罪犯，而是因为他不再在法律所关涉的范围之内而被抛弃，他既不受法律的保护，也不受法律的制裁。任何一个有权杀死他的人都是他的"主权者"，他是一个随时可能被施以暴力的不受任何保护的存在。因此，神圣人受到了一种双重排斥：他首先因触犯法律而失去了法律的庇护，被现世的人法所排斥；同时又因为其罪人的身份而失去了自身的纯洁性，从而被神法所排斥，失去了被祭祀的权利。失去了神法和人法保护的生命就变成了一个"赤裸生命"，他变成了一个像路边的野猫野狗一样的存在，既没有了作为人的政治权利，也没有了作为神的子民的恩泽与祝福，成为了一个可以被随时杀死的存在。

蓝江曾追问过"homo sacer"这一概念应当"如何适用于现代政治话语"③这一问题，在这里我们同样需要追问，"赤裸生命"这一涉及人"生命权利"的概念如何能够适用于身体退场后的网络虚拟交往现状？对于"赤裸生命"这一概念而言，其核心要素究竟是什么？

让我们继续回到阿甘本这里。在《神圣人》一书中，阿甘本将视线投向了古希腊，他认为在古希腊有两个词表示"生活"：一个是 zoe，另一个是 bios。zoe 指向人在自然状态下的生命，bios 指向人的政治生活，是"人摆脱

---

① 〔意〕吉奥乔·阿甘本：《神圣人：至高权力与赤裸生命》，吴冠军译，中央编译出版社，2016，第102页。

② 〔意〕吉奥乔·阿甘本：《神圣人：至高权力与赤裸生命》，吴冠军译，中央编译出版社，2016，第40页。

③ 蓝江：《从赤裸生命到荣耀政治——浅论阿甘本 homo sacer 思想的发展谱系》，《黑龙江社会科学》2014年第4期，第1—10页。

生存和欲望等必然性的束缚，在政治领域求得的自然生活"①。而在这样的政治生活中所获得的政治权利才是人之为人的根本所在。而"homo sacer"所缺失的正是这种"bios"式的政治生活，他不具有任何一种被罗马法所承认的身份（如公民、平民、异邦人），他的生命权利亦没有来自法律给予的保障。那么这样一来，赤裸生命的概念也就得到了明晰：赤裸生命确实指向了一个生命权利被剥夺，身体可以随时被处置的状态，但是生命被剥夺这个结果并不是最关键的，最关键的是个体的公民权利被剥夺的过程。神法和人法的双重排除其实就是为权力运作提供合法性基础的过程，其意图是让人失去身上所有的政治属性，从而使之不再受到任何保护。因此，"赤裸生命"这一概念的核心要素其实并不是人"被他人杀死"这一自然意义上的结果，而是"失去了所有政治权利的保护"，因而可以被"他人随意杀死，且杀人者不会被定罪"这一政治意义上的生存状况，"赤裸生命"究其本质其实是一个被剥夺了所有政治权利之后，不受任何律法保护，随时可以被他人杀死的状态。

如此一来，我们便可以对"数字赤裸生命"这一概念作如下的界定，它是指互联网上的某个个体身处这样一个状态之中：它被剥夺了作为一个现代社会独立公民、独立网民的所应当具有的一切权利，他在互联网上的名誉权、隐私权等统统可以被侵害，而且侵害他这些权利的人不会因此受到指责，这种针对他人人格尊严展开的侵犯行为被默许和认可，被侵害者的数字生存权利不再得到承认和保护，而侵害者也不会因对其展开的暴力侵害行为而受到谴责或制裁。正如前文所论述的那样，网络暴力的施暴者通过道德话语的建构活动生产出了一种权力结构，在这样的权力结构下，施暴者对被施暴者进行攻击、谩骂、侮辱的行为被赋予了合法性，个体在数字空间的生存权利因此受到了损害，被施暴者在这个过程中便作为阿甘本所说的"赤裸生命"显现了出来，成为了一个"数字赤裸生命"。

最后，"数字赤裸生命"在"双重排除"的作用下走向了不可避免的"数

---

① 姚云帆：《生命与政治的悖论：阿甘本"赤裸生命"概念的三个源头》，《安徽大学学报（哲学社会科学版）》2017年第2期，第42—48页。

字性死亡"。

在阿甘本的论述中，"双重排除"是导致"赤裸生命"生成的重要环节。伴随着"临时至高权力"和"数字赤裸生命"的出现，一种全新的"双重排除"方式也随之显现。如果说古罗马时代的"双重排除"是通过为人定罪，将他变成一个既被人法排除又被神法所排斥的"神圣人"而让他变成"赤裸生命"的话，现代政治系统中的"双重排除"则在于主权者对"例外状态"的宣称。正如阿甘本所说："例外状态带来了'整个现存法秩序的悬置'，所以它似乎'将自身扣除于任何法的考量'，并因此确实在它事实存在的实体中，也就是说，在它的核心，它无法采取法的形式。"①在至高权力宣称"例外状态降临"之时，过去正常的政治秩序便被悬置了起来，普通人也因此被转化成可以被主权者任意处置的"祭品"，在这里，普通人的生命因被至高权力所征用而演变成为一个"赤裸生命"。汪民安将这种情形描述为："在一个民族国家内，存在着两种性质的身体/生命：一种是有公民权利的生命，一种是没有公民权利的生命；一种是本真的生命，一种是没有政治价值的生命；一种是要保护的生命，一种是不值得保护的生命。"②至高权力通过将被排斥对象建构为一个"他者"，既将他排除出了本来受到普遍保护的法律空间之外，又将他排除出了"合法公民群体"之外，使其成为一个"不配活的生命"，从而将其捕获并任意征用，这便是现代政治语境中"双重排除"的真相。

而在互联网语境下，"双重排除"有了一些不一样的表现："临时的至高权力"通过对道德话语的调用获得了审判"道德他者"的权力，之后再通过行使这种道德审判权将被审判者斥为"非道德"，继而实现了将一个网络个体双重排除的过程。这里的双重排除主要表现在：首先，网络暴力的施暴者通过对某个特定事件进行强调，将涉事的被施暴者排除在"普通网民"这一群体之外，网民之间原本具有的平等关系因此被打破。其次，施暴者通过道德

---

① 转引自蓝江：《从赤裸生命到荣耀政治——浅论阿甘本 homo sacer 思想的发展谱系》，《黑龙江社会科学》2014 年第 4 期，第 1—10 页。

② 汪民安：《身体、空间与后现代性》，江苏人民出版社，2006，第 26—27 页。

话语的审判，将被施暴者建构为一个"非道德"的个体，从而将其排除在作为互联网秩序核心的道德体系之外，被施暴者因此无法受到"道德规范"的保护。在遭到这种基于道德层面的"双重排除"的同时，互联网赋予主体的各项权利，如自由表达权、名誉权、隐私权等也被一并剥夺了，人肉搜索、侮辱咒骂等严重侵害他人权利的行为在拥有"临时至高权力"的聚众群体内部获得了默许。

在这种独特的"双重排除"机制下，网络暴力的被施暴者被顺利地贬斥为一个"数字赤裸生命"，他在网络空间的所有活动都被视为是不道德的"厚脸皮"行为，他在网络中受到的所有侮辱和谩骂也都会被认为是顺理成章的事。他不再拥有为自己辩驳的权利，所有的反抗都会被无情地斥责为狡辩；哪怕他一言不发，也会被当作是对其非道德行为的默认，并带来更加猛烈的言语攻击。在这样的攻击之下，很多被施暴者都选择了沉默，选择了告别这个给他带来羞辱和不快的 ID 账号。当一个曾经活跃的网络 ID 就此沉寂，最后登录时间永远停止在某一个时刻的时候，就意味着这个"数字赤裸生命"已经被杀死了，而所有曾经造成这一后果的人，却无须为此承担任何责任，因为对施暴者来说，他们只是无比正当地对一个"不道德"的人进行了审判，将之赶走也只是维护了正义，是一件再正确不过的事情。网络暴力事件中的"数字性死亡"现象正是在这样一套权力关系的运作过程中出现在了我们的面前。

当然，网络暴力并非互联网群聚传播中非理性互动的唯一形式，各种小规模的网络群体冲突、聚众群体中个体间的"互怼"其实都是非理性互动的表现形式，但是网络暴力现象无疑是最受人们关注，也最能体现群聚传播本质的一种非理性互动模式。用生命政治的视角对网络暴力现象进行解读有助于帮助我们打破"聚众群体"等于"乌合之众"的固有偏见，理解群聚传播是如何通过具体的互动实践创建了一种"无秩序的秩序"，并使其在微观层面上发挥政治作用的。而这也将为后人实现对群聚传播中非理性活动的治理打开新的思路。

第三节 群体心理的网络呈现与作用机制

为了生存与发展，人类共同参加劳动，形成生产群体。生产群体的存在与互动，又不断生成着新的群体。因为生活在群体中，人们获得了安全感、认同感、归属感，也因为生活在群体中，人们拥有了亲情与友谊，得到了关系与支持。可以说，"群体是个体的价值、态度及生活方式的主要来源。个体在群体中互动，维持了群体的活力，发展了群体的规范，巩固了群体的结构"①。从生成过程来看，群体是个体的集合。但是，从凝聚方式来看，群体心理却并非个体心理的简单、机械相加。群体心理是一个动态、有机的构成，也是社会心理学研究中的重要层次。

一、群体心理的形式及其特征

社会心理学认为，群体心理包含三种形式，即社会群体的群体心理、集群心理与民族心理。"社会群体的群体心理，是指社会中某一群体或组织的心理；集群心理是将临时聚集的人群作为一个群体，考察该类人群的心态过程；民族心理则是指在一定人类共同体的同质文化下的群体相似心理活动倾向。"②

社会群体的群体心理通过人们在群体中的相互作用、相互影响而产生，表现为"参加群体的成员的'我们'的情感上，也就是用'我们'的共同心理构成区别于其他群体的心理构成"③，社会群体心理的存在对个体的社会化、个体自我的形成与塑造至关重要。群体规范、群体需求、价值情感等都对个体行为产生制约作用，其中群体归属感与群体认同感是个体对群体价值情感依赖的典型体现，也是群体对个体产生作用的鲜明标志与结果。群体归属感与群体认同感的形成，体现为群体内部成员认知的一致、情感的共鸣、

① 乐安国：《社会心理学》，广东高等教育出版社，2006，第 379 页。
② 沙莲香：《社会心理学》，中国人民大学出版社，2006，第 242 页。
③ 沙莲香：《社会心理学》，中国人民大学出版社，2006，第 243 页。

行为的协同。

　　集群心理是临时聚集群体的心态过程，与社会群体的群体心理、民族心理相较，集群心理的形成与延续时间极为短暂。集群心理因人们的激烈互动而快速、自发地产生，在这种心理作用下会形成一种"无指导、无明确目的、不受正常社会规范约束的众多人的狂热行为"①，即集群行为。集群行为具有自发性、狂热性、非常规性、短暂性等特征。集群行为的自发性特征，意味着它并非一种组织者与领导者有计划、有意图开展的行为，而是当一群人感受到刺激之后自然哄起的产物。集群行为的狂热性特征，意味着集群中的个体通常处于情绪异常激动状态，行为完全受情绪而非理性支配。因此，集群行为的主体经常处于无目的、无方向、无意义甚至不计后果的情绪宣泄与狂热呼喊之中。集群行为的非常规性特征，是集群狂热行为的直接结果。由于集群行为经常是群情激动而缺乏理智的，因此，集群行为的发展态势通常是无法预料的。不断累积的集群狂热情绪会直接导致超乎常规的行为发生，肆意践踏社会规范、破坏社会准则，甚至扰乱社会秩序。集群行为的短暂性特征，根源于集群行为形成的非理性、冲动性。它往往以情绪发泄、心理紧张感缓解而告终。然而，"一旦集群行为持续下去、被人利用，成为有组织、有预谋、有目的的活动，集群行为就转变成为群众运动，不再具备集群行为的属性特征"②。

　　民族心理作为群体心理的又一形式，是一种融化在民族本性中的精神力量。冯特认为，民族心理所激发出的精神力量"不存在于个体心理过程之中，不能用个体心理加以说明，而是存在于一个民族的语言、风俗、艺术、神话等文化现象的共有倾向之中"③。荣格的集体无意识理论是对民族心理的典型理论概括。该理论认为，集体无意识是一个贮藏所，贮藏着原始意象（primordial images）的潜在意象，而这些意象通过对祖先潜在的无意识的继

---

① 沙莲香：《社会心理学》，中国人民大学出版社，2006，第255页。
② 沙莲香：《社会心理学》，中国人民大学出版社，2006，第255页。
③ 张世富：《冯特的〈民族心理学〉：体系、理念及本土意义》，《西北师大学报（社会科学版）》2004年第1期，第108—113页。

承得来①，是从特定民族的文化传统、风俗习惯和历史遗产中产生并传承的心理状态，同一个民族的文化精神密不可分，在群体生活的深层发挥着重要作用。现实经验与典型情境的不断重复与彰显，使得作为模式的"原型"深深嵌入并烙印在群体的心理结构之中，形成具有共同体特质的民族心理与文化。

二、群体心理在网络媒介呈现中的不同特质

网络群体心理是现实群体心理媒介化的产物。网络社会的媒介化特征伴随着互联网的高速发展而表现得越发突出。媒介化，意味着全部日常生活、社会实践和社会关系的媒介展露。它一方面强调"媒介对人们日常生活实践的渗透，另一方面涵括着媒介与社会、文化系统的相互作用和影响"②。舒尔茨认为，"媒介化是一个延伸、替代、融合和接纳的过程"③。如今互联网的高速发展已经使得"不同领域和不同层次上的社会进程无法与媒介和技术相互分离"④，传统社会心理学意义上的群体心理正在经历着网络社会逻辑与组织框架的再建构。可以说，网络群体心理是现实群体心理媒介化的产物。网络群体心理的媒介呈现在契合社会心理学意义上群体心理特征的同时，也呈现出由网络时空交往而形塑的突出特质。

（一）网络社群心理的媒介呈现：价值体系的标新立异

与现实社会群体的形成机制不同，以网络空间交往为依托的网络群体不再以"血缘""地缘""业缘"作为群体的划分依据，不再受到传统群体规约的限制。在打破了时空间隔的网络平台上，人们因为兴趣爱好的相似而相互接近，基于兴趣的组织化而建立。在网络时空交往中，"趣缘"成为了重要的

---

① 〔瑞士〕荣格：《心理学与文学》，冯川、苏克译，生活·读书·新知三联书店，1987，第53页。
② 周翔、李镓：《网络社会中的"媒介化"问题：理论、实践与展望》，《国际新闻界》2017年第4期，第137—154页。
③ 侯东阳、高佳：《媒介化理论及研究路径、适用性》，《新闻与传播研究》2018年第5期，第27—45+126页。
④ 周翔、李镓：《网络社会中的"媒介化"问题：理论、实践与展望》，《国际新闻界》2017年第4期，第137—154页。

群体联系方式，兴趣的组织化成为网络群体的形成机制。社会心理学将社会群体的群体心理定义为"社会中某一群体或组织的心理"，而网络社群正是以网络空间交往为依托，以兴趣的组织化为形成机制，在网络交往互动中建立与发展的网络社会中某一群体或组织的典型代表。"网络社群是以'主观感受的共同'而形成的共同体，不仅为其成员提供了共享信息，也提供了群体归属感与群体认同感。"①这种"主观感受的共同"不仅凝聚成为一种"我们"的情感，而且自然生成了有别于其他社群的群体意识。正如戴维·莫利所言，差异构成了认同，认同涉及排他与包含。②在基于认同的交往互动中，凝聚群体的内在机制——群体意识与群体规范逐步形成。而外化形态的建构与确立，则成为彰显网络社群身份、标榜网络社群特质的途径、策略与手段。

网络社群的象征体系是社群身份标榜的外化形态，表征社群身份的价值体系是网络社群存在的核心与根源，而价值体系的标新立异则是网络社群心理的媒介呈现的重要特征。现实社会的压力与网络社会的崛起是网络社群追求表征身份的价值体系标新立异的客观原因。一方面，生产力的发展、技术的变革与新经济自由所赋予的现代社会价值体系中自我期望的抬高，导致了个体产生自我认同的身份焦虑；另一方面，网络传播环境中"众声喧哗"与信息超载造成的淹没感与窒息感也极易导致个体焦虑情绪的产生。

网络社会的崛起使自我认同的身份焦虑普遍存在，"存在感"成为网络社群最大的刚性需求。存在感在心理机制上通过群体归属感与身份认同感得以满足，在表征机制上则通过象征体系的创建而获得实现。大众传播时代，符号消费一度盛行并成为社会群体自我标榜、刷新存在感的重要途径。凡勃伦认为："对于有闲阶级而言，消费是证明金钱财力与社会地位的重要手段。"③符号消费方式的背后是"财富"与"地位"价值体系的构建，通过消费商品

---

① 张华：《网络社群的崛起：基于国家、社会、技术互动视角的研究》，复旦大学出版社，2018，第71页。

② 〔英〕戴维·莫利、凯文·罗宾斯：《认同的空间——全球媒介、电子世界景观与文化边界》，司艳译，南京大学出版社，2001，第61页。

③ 〔美〕凡勃伦：《有闲阶级论：关于制度的经济研究》，蔡受百译，商务印书馆，1964，第23—35页。

的符号标签这一物化形态，进而表明自身所属的阶层群体，展露自我存在，实现群体归属感与身份认同感上的满足。消费社会为符号消费提供了可能性的社会土壤，大众传播则为符号消费提供了流动性的传播契机。

以智能技术与移动互联技术为基础的社会化媒体的崛起，"使得传统媒体时代自上而下的大众传播被个人化双向沟通所代替，信息不再由大众传媒'推给'消费者，而是人们把所需要的信息'拉出来'，并参与到信息的生产和传播过程中"[①]。社会化媒体的兴起推进公共领域加速向社群转变，人类社会的传播形态经历着"再部落化"。

"新的社会组织形式的出现改变了人们的结群方式，社会原有的刚性的、自上而下的、结构化的组织形式开始动摇。"[②]基于"主观感受的共同"而凝聚成群的人们，在去中心化、多维互动的传播模式与同频共振、协同过滤的互动机制的双重作用下，形成一种属于"我们"而排他的"圈子文化"。因此，以建构表征"财富""地位"的价值体系为途径，进而彰显自我存在感的符号消费方式在互联网群聚传播时代逐渐走向终结。建构表征"差异化"标签的话语方式、价值观念与象征体系日滋月益。"有态度""有个性""做自己"……成为网络社群标榜"我们"象征体系的价值形态，也成为社群传播中自我认同、群体认同与身份认同的符号标签。而表征"态度"、彰显"个体"、追求"差异"则成为网络社群心理的价值投射。

（二）网络集群心理的媒介呈现：日常游牧中的集体围观

与网络社群心理强调群体归属感与身份认同感不同，网络集群心理是网络环境下临时聚集群体的心态过程，集群心理因激烈互动而自发产生、快速形成，持续时间极为短暂。网络集群行为是网络集群心理的媒介呈现形式，是网络游牧式主体感受到刺激后自然哄起的产物和结果。"日常游牧中的集体围观"是网络集群心理媒介呈现的过程性特征。

---

① 〔美〕尼古拉·尼葛洛庞帝：《数字化生存》，胡泳、范海燕译，海南出版社，1997，第4页。
② 张华：《网络社群的崛起：基于国家、社会、技术互动视角的研究》，复旦大学出版社，2018，第3页。

美国未来学家阿尔文·托夫勒（Alvin Toffler）早在 20 世纪 80 年代就曾指出，新的"游牧民族"的出现，将会以挣脱社会身份束缚，满足个人自由为终极目的。互联网技术的发展在营造新的社会场景的同时，也让"网络游牧"成为人们日常化、网络化生存的新方式。雪莉·特克尔认为，在网络社会中，"人们通过移动设备把自己牢牢地拴在网络上，从而获得自我的新状态。第一种状态是'逃离现实世界'：也许他们正在你身边，但他们的精神已经游离到了另一个世界；第二种状态是'双重体验'：人们能够体验到'虚拟与现实的双重人生'；第三种状态是'多任务处理'：人们由于可以同时处理多种事情而赢得了更多时间"①。智能技术与移动互联技术建造的网络时空，不仅让移动设备的几乎不间断浏览成为一种生活方式，成功地让"精神个体"逃离现实世界的束缚；同时，个体身份在虚拟与现实中的随时切换与双重体验，也使得"网络游牧民"成为极具后现代意味的网络主体形象的代名词。

网络社群的身份特质是相对固定化的，群体成员更加追求因相对固定而带来的群体归属感与安全感。而"网络游牧"的后现代性，则意味着主体身份的流动性与主体行为的短暂性与感性化。这也恰恰契合了产生网络"围观"与"集群"行为的主体身份特质与心理特点，为网络集群行为的发生提供了可能性。在技术变革加深民主化程度、加快民主化步伐的今天，"网络围观"已然成为民众舆论监督、意见表达、参政议政的一种方式。从"网络围观"到"网络集群"，是群体主体从旁观者心理到当事人心理的转向，是群体心理的媒介呈现从量变到质变的转向。也就是说，网络集群心理开始于网络围观心理。这是因为网络围观一方面包含着网络传播中大量个体的自发聚集，表现为群体成员的共鸣和自组织；另一方面还涵括着传播者与信息的自我聚合，表现为偶然的、突发的、非组织的大量网络游牧民对某一事件、人物或主题的集中关注。②

---

① 〔美〕雪莉·特克尔：《群体性孤独：为什么我们对科技期待更多，对彼此却不能更亲密？》，周逵、刘菁荆译，浙江人民出版社，2017，第 3 页。

② 隋岩、曹飞：《从混沌理论认识互联网群体传播特性》，《学术界》2013 年第 2 期，第 86—94+277—280 页。

作为网络集群心理媒介呈现的特征，"日常游牧中的集体围观"描述了处于游牧状态的网民，由于对利益相关信息的浏览而感受到刺激，进而产生心理变化的过程。克特·兰和格莱蒂斯·兰认为，集群行为的产生"首先要有一群人聚集在一起，以达到无法辨认其地位和角色，又能直接互动的目的。而且这些人必须要受到心理刺激，并产生感染，使感情达到所有参与者所共有的顶点，个人感到自己成了身份不明的人，从而产生消除社会约束力的效果。接着高涨的情绪爆发出来，并转变为行动"①。在网络环境下，匿名性与流动性的传播特征都为个体身份的隐藏提供了可能性。同时，互联网"连接一切"的效能又为直接、快速、频繁的互动提供了条件，使得网络围观作为一种突发的集合行为，在持续的密切互动中不断感染他人，使他人产生心理刺激，以达到参与者所共有的顶点。在"身份匿名""法不责众"的心理下，个体的自我约束力逐渐消失，参与网络围观的个体被裹挟进群情激愤之中，随之不断释放情绪并产生行动。这样，原本的日常网络游牧民，因偶然参与网络围观并与围观的群体成员之间形成互动，在频繁、激烈的互动中参与者的情绪逐渐被点燃，最终形成异常激动的狂热状态，导致网络围观行为转变为网络集群行为。在这一过程中，参与主体的心理状态也从围观中的"旁观者心理"转变为集群中的"当事者心理"或"利益相关者心理"，发生了质的转变。这种肇始于个体观展、浏览式的日常网络游牧行为，因偶然参与网络围观而与其他网络游牧民形成"连接"，并迅速凝聚、爆发产生的网络集群行为是当前网络群体性事件形成的主要机制，这一过程反映了网络群体性事件参与者的心理变化，尤以情绪变化为主。

（三）网络民族心理的媒介呈现：媒介仪式中的景观营建

如果说网络围观是互联网群聚传播中的临时性集合行为，表征着临时聚集群体的心理特点，关注着焦点事件或焦点人物，传达着信息与意见；那么互联网群聚传播中的景观营建则是网络媒介仪式的表征，更关注情绪的感染与意义的弥散而非信息的传播。这种网络媒介仪式通常在表征民族心理、传

---

① 刘京林：《大众传播心理学》，中国传媒大学出版社，2005，第 257 页。

达民族情绪、彰显民族精神之时自发形成，构建成互联网群聚传播中颇具影响力与感染力的媒介景观。

以网络爱国行动为媒介呈现的中华民族心理是当下最鲜活、最真实、最生动的时代叙事。网络社会的迅速崛起不断变革着人类社会的时空观念，参与着人类社会的再建构，也让互联网不仅仅作为一种传播爱国精神的工具性存在，更成为了新时期爱国情绪表达的价值性存在。以爱国为内核的网络民族心理，是融化在中华民族本性中的精神力量的网络化表征，也是网络群体心理的又一形式，存在于中华民族共有的价值体系之中。爱国的情感与心理往往从人们的生活经验出发，并在感性实践过程中逐渐形成。这种朴素的爱国情感正是荣格所谓的"集体无意识"的范畴。作为集体无意识的重要内容，爱国情感与爱国心理是从民族的文化传统、风俗习惯和历史遗产中产生并传承而来，同中华民族的文化精神密不可分，并在群体生活的深层发挥着重要作用。

爱国情感、爱国心理与爱国行动在网络场域中通常以一种仪式化的形式呈现，甚至成为了一种网络文化行为。詹姆斯·凯瑞曾立足大众传播的文化层面，提出"传播的仪式观"，认为传播通常表现为一种媒介仪式而非信息传输。在这里，仪式与传播是一种本体关系。[1]传播不是为了信息传递，不是为了消费目的，而是为了唤起与感召，为了价值与意义。丹尼尔·戴扬与伊莱休·卡茨用"媒介事件"来概括大众传播时代以电视直播来营建的历史事件，认为媒介事件是媒介仪式的发生主体。在大众传播时代，媒介仪式通过电视直播中视听符号的传播进行景观营建，通过对观众的邀请，完成象征性的文化实践过程，构建集体记忆的媒介景观。

如今，互联网成为了媒介事件的主要策源地。网络媒介事件的议程设置也从传统大众传播时代的"官方主导议程设置"，转向互联网群聚传播时代的"民众主导议程设置"。网络爱国行动作为一种自发性的、集体无意识的网络

---

[1]〔英〕尼克·库尔德里：《媒介仪式：一种批判的视角》，崔玺译，中国人民大学出版社，2016，第3页。

民族心理的投射、表征与媒介呈现，在互联网群聚传播环境下也彰显着民众主导议程的凝聚力与参与感。与大众传播时代媒介仪式中的景观营建相比，互联网群聚传播时代的媒介仪式更突出参与感。这种参与不再是隔屏凝视、隔空祈福般的"旁观式参与"，而是在点赞、转发、评论中形成与民族同胞的实时互动，是一种"主体式的参与"，共同营建着属于民众书写的集体记忆。

三、群体心理在互联网群聚传播中的作用机制

互联网的快速扩张突破了时空界限，极大地拓展了人们的交往空间，使人们在网络空间中的心理与行为都发生着革命性的变化。这种以"身体不在场"为标志的交往形式，让网络空间中的群体传播行为呈现出网络化逻辑和不断跨越传统社会边界的特征。"不同于过去的'同心圆'关系，如今我们生活在'多心圆'关系中。关系忽而建立又忽而消失，常常因特定目的短暂存在。"①网络环境下，"多心圆"的关系赋予了个体身份的多元化与流动性，也使得网络群体心理呈现出多重性、交叠性与复杂性。

有国内学者认为，"个体融入社会的机制可以有四条通路，即态度、情感、个性、国民性。个性的融入和汇聚，最终会形成超越个体的共享的心理现实，成为现实社会的有机组成部分。而个体的融入，从深层看，还是一个个体价值观与社会价值观（文化价值观）融合互动的过程，它引导和定向个体的社会态度、情感、个性和国民性，向着社会共识、社会整体的情绪基调、社会的一体感和归属感、文化性格的一体感的方向发展，并相互强化和调整"②。网络群体心理是个体在社会参与与社会关联、社会融入与民族认同的过程中，在个体与个体、个体与群体、个体与社会的交往互动与相互建构中逐渐形成的。社会参与与社会关联是网络社群心理与网络集群心理的作用机制，而社会融入与民族认同是网络民族心理的作用机制。

---

① 〔日〕佐佐木俊尚：《策展时代：点赞、签到，信息整合的未来》，沈泱、沈美华译，中信出版社，2015，第175—176页。

② 杨宜音、王俊秀：《当代中国社会心态研究》，社会科学文献出版社，2013，第46—47页。

（一）网络社群心理与网络集群心理的作用机制：社会参与与社会关联

社会参与与社会关联是网络社群心理与网络集群心理的共同作用机制。社会参与是公民权利的重要内容，是现代社会治理的重要举措，"囊括了政治参与、经济参与、文化参与及社会事务参与等诸多方面"①，包含意识参与与行为参与两种形式。美国学者巴伦在《对报纸的参与权利》中首次明确提出"社会参与"概念，认为受众不仅有权从大众传播媒介中获取信息，而且有权作为大众传播媒介的使用者传播信息。②社会关联是社会理论的核心问题，是指"社会中的个体与社会联系起来的形式，是使个体脱离孤立状态，进入社会，与社会中的其他人产生联系，进而形成公共生活，形成完整的人格，形成人与人之间的紧密联结"③。道德、宗教与政治是传统社会关联的主要形式。费孝通的"差序格局"概念，是对中国传统社会中社会关联机制的精准揭示。他说，"我们的格局不是一捆一捆扎清楚的柴，而是好像把一块石头丢在水面上所产生的一圈圈推出去的波纹。每个人都是他的社会影响所推出去的圈子的中心。被圈子的波纹所推及的就发生联系"④。然而，网络社会的崛起不仅变革了公民社会参与的方式，让社会参与更加深入；同时社会关联路径的变化与公民社会身份的流动性也正在改变中国传统社会"差序格局"式的关联模式，网络社会参与与社会关联机制正在崛起。网络社会参与与社会关联产生了"缘"与"类"的群体凝聚。"缘"是指脱离了亲缘、血缘、地缘等社会群体凝聚方式而依托互联网凝聚的"网缘""趣缘"的群体关联与参与方式；"类"是指有别于社会组织、工作单位等社会成员聚集与分类方式而在网络交往互动中产生的网络"群体认同"与"自我归类"。通过"缘"与"类"的网络社会关联与社会参与机制，流动中的网络游牧民获得了或相对固

① 李春梅、师晓娟：《青年社会参与政策的现状及效果评价研究》，《中国青年研究》2018 年第 7 期，第 101—106+55 页。

② 蒋建国：《新媒体事件：话语权重构与公共治理的转型》，《国际新闻界》2009 年第 2 期，第 91—94 页。

③ 刘拥华：《论社会关联的形式：社会、宗教、政治——兼论中国社会的社会关联》，《江苏行政学院学报》2016 年第 5 期，第 61—69 页。

④ 费孝通：《乡土社会，生育制度》，北京大学出版社，1998，第 26 页。

定的、或暂时性的身份归属，分别形成网络社群心理与网络集群心理两种心理状态。网络普及与技术赋权使个体最大化地享有了社会参与权，网络"连接一切"的本质，也使得传统"差序格局"下的层层波及式的被动关联转变为认同式的、自我归类式的主动关联。

作为网络社群心理与网络集群心理的作用机制，网络社会关联与社会参与在凝聚网络群体、形成群体互动的过程中会随之产生情绪感染、去个体化或去个人化、群体认同、关系化与镶嵌化的群体心理效应。社会心理学研究表明，"情绪可以在个体间传递、蔓延，由此在组织或群体内产生成员共同分享的情绪集合，即群体情绪。情绪感染（emotional contagion）便是个体或群体通过有意无意的情绪状态和态度行为影响其他个体或群体的情绪和行为的过程"①。认同感则是"一种社会心理的稳定感，具有群体性（社群性）"②。心理学家米勒指出，"认同（identification）的本质不但是'心理'的，它也包含'群体'的概念，是一项'自我的延伸，是将自我视为一个群体的一部分'。这是认同的核心"③。群体认同的过程不仅是个体与类别建立联系的心理过程，也是个体与群体建立关系的互动过程，是一种自我归类的互动过程。情绪感染与群体认同是网络集群心理与网络社群心理共同的心理效应。去个体化（deindividuation）是指"个体在群体压力或群体意识影响下导致自我导向功能的削弱或责任感的丧失，产生一些个体在单独活动时不会出现的失控行为"④。与之相对，去个人化（depersonality）则是指"当个体融入一个社会群体，感受到个体与其他社会成员同心同德，就会形成一个'大我'或'群体之心'，个体之间的差异性就会消失。这是群体认同，特别是自我类别化的一种心理产物"⑤。去个体化是网络集群心理的典型特征，经常表现为网络群体的破坏性行为。在网络情境与群体环境保障的双重匿名条件下，个体会感受到来自外界的束缚、压力与控制力减小，个体的自我约束力与责任

---

① 杨宜音、王俊秀：《当代中国社会心态研究》，社会科学文献出版社，2013，第48页。
② 沙莲香：《社会心理学》（第四版），中国人民大学出版社，2015，第135页。
③ 沙莲香：《社会心理学》（第四版），中国人民大学出版社，2015，第136页。
④ 杨宜音、王俊秀：《当代中国社会心态研究》，社会科学文献出版社，2013，第49页。
⑤ 杨宜音、王俊秀：《当代中国社会心态研究》，社会科学文献出版社，2013，第49页。

感便减弱甚至消失。也就是说，去个体化实质上是"身份隐匿导致的个体责任的模糊化"①。这也是网络群体性事件爆发的重要因素。与"去个体化"相较，"去个人化"则更多地体现为一种集体的道德感与责任感，是为了更好地实现群体目标而保持"精神共同体"上的一致性，是网络社群心理的典型特征。

（二）网络民族心理的作用机制：社会融入与民族认同

社会融入与民族认同是网络民族心理的作用机制。社会融入与民族认同是能够在"多心圆"关系频繁流动与普遍存在条件下维系"同心圆"关系的重要纽带。社会融入概念的出现"起源于迪尔凯姆的社会团结理论以及帕森斯和洛克伍德、哈贝马斯、吉登斯的社会整合理论"②。社会融入是指，"把个体结合在一起的社会纽带，是一种建立在共同情感、道德、信仰或价值观基础上的个体与个体、个体与群体、群体与群体之间的，以结合或吸引为特征的联系状态"③。涂尔干把社会融入视为社会稳定的重要变量，在此基础上提出了"机械团结"与"有机团结"概念，并认为"有机团结"是影响民族国家稳定的结构性因素。"社会融入"与"社会排斥"相对立，吉登斯认为，"融入意味着公民资格，意味着社会的所有成员不仅在形式上，而且在其生活的现实中所拥有的民事权利、政治权利以及相应的义务；还意味着机会以及社会成员在公共空间中的参与"④。从根本上讲，社会融入不仅仅强调个人的平等，而且意指着一种和谐、团结、稳定、统一的社会秩序。因此，社会融入是民族心理形成的基础与前提。民族认同（national identity）是通过决策与自我身份认同这样一种主动性过程而获得，"是一种民族政治、经济、文化与社会结构内化于民族个体的情感与内心的结果，是一种在民族的社会化过程

---

① 杨宜音、王俊秀：《当代中国社会心态研究》，社会科学文献出版社，2013，第50页。
② 陈成文、孙嘉悦：《社会融入：一个概念的社会学意义》，《湖南师范大学社会科学学报》2012年第6期，第66—71页。
③ 贾春增：《外国社会学史》，中国人民大学出版社，2005，第102页。
④ 转引自徐丽敏：《"社会融入"概念辨析》，《学术界》2014年第7期，第84—91页。

中所形成的社会人格的具体表现"①。历史上，我国多民族国家的民族国家认同建构，从根本上立足于"国家建立"与"民族解放"的同一性。而今天，民族国家的稳定则"依靠回应公民的权益诉求、提供公民身份保障来换取公民对国家的认同"②，在这一过程中逐渐树立民族国家形象、清晰民族国家边界，进而实现对民族国家认同的巩固与强化。

网络社会的崛起与网络技术的发展，使社会融入与民族认同的途径更加多样化、网络化。通常，涉及国家利益的重大新闻事件与有关国家记忆、历史记忆的重大历史事件，是激发网络民族心理、催生网络群体行动仪式化表达，进而在网络交往互动中增强国家认同感、归属感的重要内容。例如，在"孟晚舟事件"中，具有爱国之心、民族之情的中国网民与海外华人，通过不同的网络渠道，自发自觉地凝聚起来，以话语的力量严厉痛斥、谴责并控诉了一系列僭越法律、损害中国形象的恶劣行为。通过涉及国家利益事件的叙事框架，网络民族心理与爱国情绪被不断激发，从而使社会的集体属性、国家属性被确认、强化甚至维系。在网络交往互动中，媒介的行为框架与行为呈现的价值联系在了一起③，形成了具有仪式感的网络景观。

"南京大屠杀死难者国家公祭日"，是国家为了纪念曾经发生过的重大民族灾难而设立的国家祭日④，属于有关国家创伤性历史记忆的重要内容。社会学家哈布瓦赫强调记忆的社会文化属性，认为历史记忆"是通过书写记录和其他类型的记录（比如照片）才能触及社会行动者，但是却能通过纪念活动、法定节日诸如此类的东西而存续下来"⑤。记忆是认同的基础，历史记忆是群体认同、国家认同的前提。这是因为人们可以通过历史记忆来追根溯源，

① 张英魁：《论当代中国少数民族民族认同与国家认同——各自逻辑、内在张力与群际团结的实现策略》，《西南民族大学学报（人文社会科学版）》2016 年第 11 期，第 43—49 页。
② 肖滨：《公民认同国家的逻辑进路与现实图景——兼答对"匹配论"的若干质疑》，《中山大学学报（社会科学版）》2011 年第 4 期，第 160—168 页。
③〔英〕尼克·库尔德里：《媒介仪式：一种批判的视角》，崔玺译，中国人民大学出版社，2016，第 5 页。
④ 百度百科，https://baike.baidu.com/item/南京大屠杀死难者国家公祭日？from=kg_qa.
⑤〔法〕莫里斯·哈布瓦赫：《论集体记忆》，毕然、郭金华译，上海人民出版社，2002，第 42 页。

"与自己素未谋面的祖先产生民族文化心理上的关联"①，让当今时代叙事与历史叙事在人们的头脑中产生时间上的、逻辑上的因果关系与共生关系，形成历史叙事与国家发展的相承与共演，进而强化民族一体感与文化性格的一体感。属于民族国家的历史记忆，"既有辉煌记忆，也有创伤记忆。创伤记忆是对引起创伤体验情绪的事件的记忆"②。"南京大屠杀事件"属于创伤记忆范畴，"南京大屠杀死难者国家公祭日"的设立，意在激发民族成员知耻后勇的决心，并向国际社会昭告中国坚决维护世界和平，历史不容篡改。在国家公祭日当天，各大主流媒体官方微博、微信纷纷直播悼念活动，通过相关历史图片、影像资料讲述中华民族共同的、惨痛的历史经历，激发民族共同的荣辱感、凝聚力与向心力。这一属于国家创伤性历史记忆的悼念活动，唤起了海内外中国网民强烈的民族心理。网民自发自觉并近乎一致地发出"勿忘国耻、牢记历史、珍爱和平、吾辈自强"的庄严昭告，是作为集体无意识重要内容的"原型"知觉模式受到激发的结果，形成了集体无意识作用下的仪式参与，凝聚成一道壮丽的网络景观，彰显着中国人民的民族情怀。

四、群体心理在互联网群聚传播中的传播效果

群体心理是互联网群聚传播的内在动力。群体行为的产生与发展规律，与群体成员之间的关系及群体氛围密不可分。群体行为是群体心理在网络传播环境下被激发、被催化的产物与结果。网络传播环境与群体交往环境不仅改变着群体的交往方式，也变革着群体的思维方式，影响着群体的行为模式，产生不同于大众传播时代的群体心理特点与传播效果。

第一，网络社群心理呈现出"重"政治参与感与"轻"社会责任感的特点，产生了政治内容泛娱乐化的传播效果。由于我国正处于高速发展的社会转型期，对周遭环境的认知成为普通网民的主要需求。这种需求使得中国网

---

① 吴玉军、顾豪迈：《国家认同建构中的历史记忆问题》，《中国特色社会主义研究》2018 年第 3 期，第 69—76 页。

② 吴玉军、顾豪迈：《国家认同建构中的历史记忆问题》，《中国特色社会主义研究》2018 年第 3 期，第 69—76 页。

民的政治参与意识不断高涨，这种愿望也切实付诸网络行动，表现为对社会公共事务与国家政治生活的积极参与和自由表达。大众传播时代，"大众传播媒介通过新闻报道、舆论宣传、知识教育、生活娱乐等方式，为广大社会成员理解和接受社会所倡导的价值观念、奋斗目标、社会规范和行为方式等，提供了相对广泛的社会环境条件"①。大众传播"中心辐射式"的传播模式通过"告知"建立标准与规则，树立权威性与公信力，受众的政治参与感较弱。移动互联技术的普及为网络用户营造了丰富而便捷的社交途径，也为社交网络中的网民提供了唾手可得的社会事务信息，满足着网民对社会环境认知的需求，从客观上增强了网民的政治参与意识，增强了网民的政治参与感。从网民网络政治参与的状况来看，政治参与的差异性较大，部分网络政治参与呈现积极的一面，同时消极政治参与也占据了相当的比重，表现为社会责任意识淡漠，导致消解政治严肃性与泛娱乐化的传播效果。网民借助社会化媒体不仅能够便捷且有效参与政治互动，同时也能够通过社会比较确认自我身份与群体身份，获得自我认同与社会认同。

社会转型期，"社会结构快速变化，阶层结构特征明显，层级间差距拉大。人们为了对自身进行定位，会比较多地进行社会比较，以便完成身份归属和对个人情感、态度的规范，与所属群体形成共有的行为反应和态度"②。然而，社会结构与阶层结构的快速变化，层级差距的不断扩大，使得社交网络中的社会比较更易产生不公平感，而不平等归因与社会比较机制的协同作用又增强了社会不公平感的产生。已有研究成果表明：社会不平等因素由责任因素、环境因素与关系因素三个维度构成。"不平等归因影响社会公平感，人们越是将社会不平等归因于关系要素，社会公平感评价越低，越是将社会不平等归因于责任要素，社会公平感评价越高；社会比较对社会公平感影响显著，越是对自己社会经济地位评价高的人，社会公平感评价越高。"③此

① 孙时进：《社会心理学导论》，复旦大学出版社，2011，第73页。
② 杨宜音、王俊秀：《当代中国社会心态研究》，社会科学文献出版社，2013，第54页。
③ 方学梅：《不平等归因、社会比较对社会公平感的影响》，《华东理工大学学报（社会科学版）》2017年第2期，第72—78+90页。

外，归因是人们主观推论的心理过程，人们在探究因果关系的过程中会普遍受到个体自身价值观念及所属网络社群价值观念的影响，导致归因偏误的存在。同时，当现实情况未能满足网络社群的心理预期之时，无论归因偏误是否存在，网络社群的社会不公平感都会产生，怨恨情绪逐渐滋生并蔓延，成为转型期中国社会消极的社会心态，最终导致网络社群的社会责任感淡漠、社会责任意识缺位。政治内容的泛娱乐化便是网络社群"重"政治参与感、"轻"社会责任感的典型传播效果表征。一方面，以网络语言、网络流行语为表现形式与传播载体的政治性内容，或调侃、或自嘲地表达了网络社群的情绪心理，反映了网络社群对社会公平正义的追求与渴望，以凝聚的群体舆论力量客观上推动着国家政策的改进与社会的进步；另一方面，要警惕以恶搞、戏谑、讽刺等为传播手段的消解严肃政治、泛娱乐化政治、轻薄政治等社会懈怠及责任缺失行为。在保障与坚守政治原则与底线的情况下，实现新时期国家方针政策信息与社会公共事务信息传播效果的最大化。

第二，网络集群心理呈现出思维方式刻板化、价值判断简单化的特点，极易产生从众效应与群体极化效果。集群心理因人们的激烈互动而快速、自发地产生，是群体感受到刺激后自然哄起的产物。互联网信息的传播模式，助长了集群心理发生的概率。与大众传播不同，依托于移动互联技术的网络传播，使得人与人之间的交往不再拘泥于物理时空。从网络信息的传播特点来看，网络信息传播模式的技术增益使得海量信息呈裂变式传播，同时也伴随着大量的信息熵。当个人能力难以在海量信息中辨别真伪的情况下，个人往往选择服膺于网络交往环境下自身的"社交圈"以及感受到的群体情绪，极易造成差之毫厘却失之千里的归因判断。同时，为了实现精准传播、精准投放，一些新晋移动互联社交平台，通过用户个性化定制、基于数据挖掘与算法推荐技术有针对性地向用户投递信息。虽然，这种智能化的定制推荐技术在一定程度上满足了用户的偏好，但是也在客观上造成了用户身份标签化、信息接收被动化，以及信息内容的单一性、碎片化、片面性，产生网络信息传播中的"回音室"效应。桑坦斯认为，互联网虽然为个体及群体创造了多元选择的网络环境，但是网络用户往往会封闭在自己或他人设计的回音室里，仅接收符合自己价值观的信息而忽略相反的信息，从而导致"偏激的错误、过度的自信和没道理的极端主义"①。

从网络群体的互动特点来看，网络交往极大程度上缩短了人与人之间的互动时间、提高了互动频次。浸入群体中的个体在网络虚拟性、匿名性、不确定性等既定条件下，更易被网络群体传播中"集体无意识"所裹胁，导致思想认知上达成高度的一致性，产生从众心理与群体极化效应。这种"有意识人格的消失、无意识人格的得势，思想和感情因暗示和相互传染作用而转向一个共同的方向，暗示的观念转化为行动的倾向"②，便会产生思维方式的刻板化与价值判断的简单化。这是网络群体性事件发生的重要心理机制，也是勒庞所谓的"群体精神统一的心理学规律（law of the mental unity of crowds）"③从当前网络传播的社会环境来看，社会转型期带来的阶层结构特征的变革，阶层间差距的扩大以及由此产生的网络群体性事件折射的社会问题，在网络媒介镜像中展露无遗。一系列社会问题引发的相对剥夺感以及滋生积怨引爆的网络群体情绪宣泄，从群体心理产生的主观肇始分析，它来源于现代社会个体追求平等的价值取向与相互比较的心理机制。不断的比较带来不断的怨恨，"比较主体最终成为怨恨者，并就此获得了固定的怨恨场域，将目光放大到怨恨对象所属的整个阶层"④，使得被怨恨阶层深陷塔西佗陷阱，导致了网民将"官民关系""贫富关系""医患关系"等落入简单化的、标签化的二元对立思维框架之中，不假思索地武断评判、极力声讨。

"后真相（post-truth）"是当下网络集群心理产生的传播效果的生动揭示。它源自政治学范畴，用以指个人情感与信念对民意的影响力，超过了客观事实影响力的畸形舆论生态。2016 年 11 月，牛津字典将"后真相"作为其

---

① 〔美〕凯斯·桑斯坦：《网络共和国：网络社会中的民主问题》，黄维明译，上海人民出版社，2003，第 47 页。
② 〔法〕古斯塔夫·勒庞：《乌合之众——大众心理研究》，冯克利译，中央编译出版社，2005，第 18 页。
③ 〔法〕古斯塔夫·勒庞，《乌合之众——大众心理研究》，冯克利译，中央编译出版社，2005，第 11—12 页。
④ 〔德〕马克思·舍勒：《资本主义的未来》，罗悌伦、李伯杰等译，北京师范大学出版社，2017，第 136 页。

年度词汇，同时特朗普岁末当选美国总统成为"后真相政治"的典型案例。"后真相"揭示了情感、情绪因素较之客观事实更能影响舆论的现状。这与近年来社交媒体的迅猛发展有直接关系。新兴媒体尤其是社交媒体的发展重塑着传播格局，打破了传统媒体长期以来的绝对性优势地位。然而社交媒体信息传播的碎片化、零散化让病毒式传播的信息真假难辨、鱼龙混杂，加之社交媒体的"部落化"属性与"过滤器"机制使得信息"回音室""茧房"效应凸显。网民每天看到的是具有相同立场与价值观的信息，而相反相左观点却消弭于无形，框架里的"镜像世界"被误读为是"全景世界"，网络集群心理被误以为可以代表民意，实则是情感化想象与非理性归因导致的偏见的放大与情绪的极化。

第三，网络民族心理呈现出强烈的爱国情感与激进的民族情绪并存的现状，激进、狭隘的网络民族心理在互联网群聚效应下极易引起极端行为的发生。民族心理作为群体心理的又一形式，是一种融化在民族本性之中的精神力量，存在于一个民族的文化传统、风俗习惯和历史遗产之中，同一个民族的文化精神密不可分，在群体生活的深层发挥着至关重要的作用。在荣格看来，"原型"作为一种知觉模式，是集体无意识的内容，具有群体认知上的结构作用及模式作用。①现实经验与典型情境的不断重复与彰显，使得作为模式的"原型"深深嵌入并烙印在群体的心理结构之中，形成具有共同体特质的民族心理与文化。网络社会的崛起与网络技术的发展，为民族心理的互动、延伸与凝聚提供了便捷的渠道和广阔的平台，使得网络民族心理成为了新技术条件下网络群体心理的重要内容。网络民族心理不仅继承了现实民族心理中朴素的集体无意识内容，而且通过网络交往中社会融入的深化、民族国家情绪的调动、民族国家归属感与认同感的原型强化而得以不断巩固与发展。互联网群聚传播环境下的民族心理是新时期网络民族主义的表征，与网络政治、文化深度勾连，具有相比传统民族心理的特殊性与差异性。同时，网络

---

① 〔美〕C.S.霍尔、V.J.诺德贝：《荣格心理学入门》，冯川译，陈维政校，生活·读书·新知三联书店，1987，第39—47页。

民族情绪作为网络民族心理最直接的体现与折射，具有积极与消极之分。积极的网络民族情绪表现为热烈的爱国情感与理性的爱国情绪；消极的网络民族情绪则表现为激进的民族情绪甚至极端狭隘的民族情绪。

近年来，网络民族心理的诱发因素通常以维护国家利益与领土完整为内容，参与主体以80后、90后青年群体为主，以网络表情包、网络流行语、网络游戏等亚文化元素为表现形式。2010年6月9日，"魔兽世界"贴吧中的玩家发起"反韩流爆吧"行动，对韩国明星团体及粉丝进行声讨。他们以"脑残不死，圣战不止"为口号在网络上借机泄愤，随后这种非理性的民族心理走向极端，引发了大规模的线上、线下集体行动。这种充斥着盲目排外的思想与激进暴力的行动，并非爱国主义的范畴，而是情绪化、非理性爱国热情的非常态发展，夹杂着冲动性、盲目性、不稳定性，导致了偏激且狭隘的网络民族主义情绪。与"6·9圣战"相较，2016年1月的"帝吧出征"事件则表现出了这一时期网络民族心理的理性转向。当天百度第一大贴吧"李毅吧"（又称帝吧）借用意指"祖国大好河山"的象征性图像符号、表情包，社会主义核心价值观与"八荣八耻"等文字符号，加之参与者一致的"台湾属于我国"的头像，通过"文明，不爆粗，不人身攻击，有理有据有节，不要落人口实"①的"爆吧"活动，对分裂祖国的"台独"言论给予强有力的回击。可见，理性的网络民族心理与爱国情感是从国家、社会和民族稳定发展的大局出发，在全面了解和理性分析问题之后，以冷静的思维、合法的途径、妥善的方法做出相应的决策与方案，达到合乎常态的客观效果。当前，网络民族心理中的涉日情绪仍存在偏激与非理性等问题，这与中日关系历史中创伤性民族记忆"原型"在中国人民心中的烙印不可分割。然而，祖先民族记忆的书写与叙事并非让后人机械、被动地照单全收，而是为了激发起后人深刻的反思、能动的批判、创新的继承、理性的爱国。正如托克维尔指出："本能的爱国心，来自直觉的、无私的和难以界说的情感。同宗教一样不做任何推

---

① 网易号：《帝吧出征往事：10万人围观，红色圣光攻陷脸书，绿营媒体寸草不生》，http://dy.163.com/v2/article/detail/DF7K928K0519D3BI.html。

理，只凭信仰和感情行事。它轻率、激情，却不能持久。理智的爱国心，来自真正的理解，在法律帮助下成长，随权利运用而发展。虽然不够豪爽、热情，但是非常坚定、持久。"①在互联网群聚传播环境下，要警惕民族主义倒退成分的滋生，倡导理性网络民族心理的发展，树立和谐健康的民族认同价值体系。

总之，互联网之于人类社会，早已不仅仅是一种媒介技术和一种交流工具，更成为了一种全新的个体存在方式与群体组织方式，重新结构着网络时空中的社会生态。将社会心理学对群体心理的划分依据借用到网络群体心理研究之中，便建立了网络群体心理研究的理论框架依据。同时，结合互联网群聚传播环境下的鲜活实例，对网络社群心理、网络集群心理及网络民族心理的媒介呈现、作用机制与传播效果三个维度进行深入剖析与规律总结，便有了实践内容依据。这样进而发现：网络群体心理的媒介呈现具有价值体系的标新立异、日常游牧中的集体围观、媒介仪式中的景观营建的特点；社会参与、社会关联是网络社群心理与网络集群心理的作用机制，而社会融入与民族认同是网络民族心理的作用机制；在传播效果层面网络群体心理表现出"重"政治参与与"轻"社会责任、思维方式刻板化与价值判断简单化、热烈的爱国情感与激进的民族情绪并存等特点。可以说，网络群体心理是现实群体心理媒介化的产物，同时正在并仍然持续经历着网络社会逻辑与组织框架的再建构。

第四节　群聚传播中的互动模式与心理

互联网技术的发展极大地释放了每个普通个体的信息传播潜力，同时，个体的社交需求也随着这股潜力的释放而得到了强化。据《第50次互联网络发展状况统计报告》的数据显示，截至2022年6月，我国网民的规模已经达到了10.51亿；而以微信、QQ为代表的即时通信类软件的用户规模高达10.27

---

① 〔法〕托克维尔：《论美国的民主》（上卷），董果良译，商务印书馆，1988，第268—270页。

亿，以 97.7% 的使用率高居各类互联网应用之首；此外，微博、抖音、bilibili、小红书等社交平台也拥有着超高的用户活跃度，日渐成为中文互联网重要的流量入口①。可见，在线社交已经取代信息获取成为了当代网民的首要需求。互联网企业纷纷涉足在线社交领域，以求在如此巨大的市场上能够分得一杯羹。他们或是努力深耕现有模式，优化用户体验（如微信、微博）；或是创造新的社交模式，以满足用户多样化、差异化、个性化的社交需求（如知乎、抖音等）。在用户需求和资本引导的双重驱动下，网民的在线社交行为变得日渐普遍和频繁，网络群聚传播现象也在广度和深度上得到了极大的拓展。那么，如此纷繁多样的在线社交产品带来了怎样纷繁多样的互动模式？在这种互动模式下用户的互动心理又呈现出怎样的新特点？这便是本节试图探究的两个主要问题。

一、社交媒体的主要互动模式

在荷兰学者梵·迪克（Van Dijk）看来，凡是能够"促进分享的互联网应用"②都可被归为社交媒体。如此说来，所有包含社交功能的网站和应用程序我们都应将之纳入社交媒体之列。微博、微信、QQ、贴吧这些具有社交特征的应用程序自不必说；诸如网易云音乐、bilibili 等通过评论、弹幕等方式进行互动的媒体也可以被定位为社交媒体；甚至当下流行的短视频和直播，也因其打通了传者与受者之间的联系，建立了完善的传受互动机制，因而可以被划入新型社交媒体之列。社交行为其实是人与人之间关系（relationship）的建立和维系的过程，因此，用户对不同类型社交媒体的使用其实正反映了不同的社交期待：人们既希望能够利用社交媒体实现对强关系的维持和加强，又希望能够在弱关系群体中获取更加丰富的信息、拓展人际交往的范围。在这种不同的社交期待之下，平台的运营策略和用户的社交行为都会出现相应的变化，其社交模式也因此呈现出迥然相异的特点。

---

① 中国互联网络信息中心：《第 50 次中国互联网络发展状况统计报告》，2022 年 8 月 31 日，http://www.cnnic.net.cn/NMediaFile/2022/0926/MAIN1664183425619U2MS433V3V.pdf.

② 〔荷〕简·梵·迪克：《网络社会：新媒体的社会层面》，蔡静译，清华大学出版社，2014，第 213 页。

（一）强关系类社交媒体的互动模式

强关系类社交媒体主要解决的是用户在熟人群体之间的交流问题，其参与互动的成员大多在现实生活中也存在广泛交集。此类应用的典型代表有微信、QQ、钉钉等，它们最重要的特点是用户的虚拟身份与真实身份高度重合，因而在这些社交平台上所建立的社交关系往往是个体现实社会关系的延续。故此，在强关系类的社交媒体中，相较于讨论的事件本身，用户与互动对象之间的关系对个体社交行为的影响更为显著；用户的言行必须始终与他在这个关系网络中所处的位置相匹配，而用户在展开互动时也会自觉地依照双方之间的社会关系来调控自身的社交行为。《2016 年中国社交应用用户行为研究报告》显示，70.3%的用户使用微信的主要目的是"和朋友互动，增进和朋友之间的感情"。[①]在这种用户需求的驱动下，强关系类社交媒体的互动模式也与其他类型社交应用产生了显著区别。下面以微信朋友圈为例来具体分析。

微信朋友圈的互动方式与微博有类似之处，都是以个体展示的信息为中心而展开的互动；但是由于微信"强关系社交媒体"的定位，其社交模式又与微博产生了诸多差异。概而言之，朋友圈的互动模式主要可以分为以下三种：①点对点的互动模式；②中心发散的互动模式；③网状互动模式。下面具体予以说明。

在微信朋友圈中，点对点的互动模式主要发生在两个相熟的微信好友之间，他们或是因为没有共同的好友而只能展开被动的点对点互动，或是因为无视了其他好友的介入而展开了主动的点对点互动。总之，二者之间通过积极主动的信息交流而实现了一个极其简单的互动闭环：如图 2-5 所示，在 A 发布的朋友圈之下，B 通过给 A 留言的方式激活了互动行为，A 随之通过回复的形式与 B 展开了单独的、唯一的互动，点对点互动模式就此形成。

① 中国互联网络信息中心：《2016 年中国社交应用用户行为研究报告》，2017 年 12 月 27 日，http://www.cnnic.net.cn/hlwfzyj/hlwxzbg/sqbg/201712/P020180103485975797840.pdf。

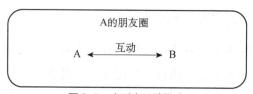

图2-5 点对点互动模式

中心发散的互动模式可以看作是点对点互动模式的扩展，一般表现为以某一个特定个体为核心而展开的互动模式。图 2-6 所展示的正是这种中心发散互动模式的典型形式：在 A 发布的朋友圈信息之后，B、C、D 通过在其朋友圈留言的方式，相继与信息发布者 A 展开了点对点互动；但是由于 B、C、D 之间或相互不是好友，或无意展开互动，因此三人之间并未产生进一步的交流。如此一来，A 就成为了此次互动中的核心，所有的互动都以 A 为中心展开，这就是中心发散式的互动模式。

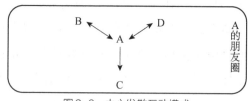

图2-6 中心发散互动模式

网状互动模式是强关系类社交媒体的主要互动模式，它广泛地存在于以微信群和朋友圈为代表的强关系社交形式之中。它不像中心发散模式那样存在一个稳定的互动中心，而是一种去中心化、无固定传播主体的动态互动模式。在这样的互动模式中，每一个参与其中的个体都有成为互动中心的可能，而将彼此连接起来的既可以是某个特定的话题，也可以是漫无边际的闲聊。图 2-7 展示的就是微信朋友圈中典型的网状互动模式：在 A 发布的朋友圈之下，A、B、C、D 四人首先以 A 的朋友圈内容为主题展开了互动[①]，且两两之间均有直接交流；这种每一个主体都充分参与到交流互动之中的模式模糊了传播的中心，让信息可以在所有个体之间进行充分的交换，从而组织成

---

① 在实际的朋友圈社交中，参与互动的人数可以为四人及以上，此处仅以最基础的四人互动为例来进行说明。

一张紧密的信息传播网，网状互动模式也因此得以成型。然而，由于这种高频次的互动行为激活了主体的交流欲望，因此其讨论主题也可能随时发生变化，变得不再以 A 的朋友圈内容为中心，而是转换为交流过程中大家临时关注的一些内容，这便是互动主题的"游离"现象，这种互动主题的不稳定性也是网状互动模式的一大特点。在这样的网状互动模式中，由于参与人数多、互动频率高，由此形成的互动群体也就表现得更加活跃，信息的生产效率也因此变得更高。

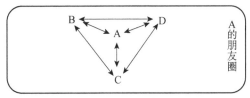

图2-7　网状互动模式

微信作为一种典型的强关系类社交媒体，其互动模式非常具有代表性。与微信同属腾讯系的 QQ 有着和它类似的互动模式；面向工作场景的钉钉也只是在此基础上优化了诸如文件传输、打卡签到等工作领域的使用体验；曾经风靡全国的人人网、开心网，同样是以特定用户的个人主页为核心，留言评论为主要手段的互动模式。在这种强关系主导的互动模式下，身份确定的传播主体构成了互动的核心。

（二）弱关系类社交媒体的互动模式

不同于强关系类社交媒体以传播主体为核心的互动模式，弱关系类社交媒体的互动核心往往是特定的信息：用户出于对特定信息的共同兴趣而聚集成群，并就此展开讨论。这种特定信息可以是某个突发事件，比如疫情暴发、国安法颁布等热点新闻；也可能是人们对某个特定的领域或某个特定人物的持续关注，比如各类文体明星的超话、贴吧等。这种"因事聚集"和"因兴趣聚集"的分野便构成了当下弱关系类社交媒体的两种主要形态：一是广场模式，在该模式下，各类信息能以均等的机会出现在社交媒体之中，用户可以对其进行自行筛选，决定是否参与互动。这类社交媒体往往强调信息的综合性，不会对某一特定领域的信息有明显偏好，微博、知乎、贴吧便是其中代表。二是垂直社区模式，这类模式的社交媒体不求信息的全面覆盖，但求精准服务，其用户群体往往是由对某一特定领域有着浓厚兴趣，或是特殊需求的人们随机聚合而成，比如专注于足球的懂球帝、专注于生活分享的小红书、专注于二次元文化的 bilibili 等。在这样的背景下，不同的弱关系社交媒体在互动模式上也呈现出了诸多差异。

首先来看广场式的社交媒体。此类社交媒体的一个主要特征就是其内容兼容并蓄，并不专注于某一特定领域，用户理论上可以在这类社交媒体中找到任何自己感兴趣的内容，并围绕之展开与他人的互动。当然，由于各家公司存在的竞争关系，各个社交媒介产品在具体的人机交互、内容分发等方面会存在一定的差异性。比如微博会让用户对某个账号进行关注，继而再结合"微博广场""微博热搜"的方式给用户推送信息；而知乎则会先让用户选择自己感兴趣的方向和感兴趣的具体问题，再根据用户的选择进行内容的推送；百度贴吧给予了用户充分的自由，任由其自由选择、创建贴吧，尔后再在这个贴吧内与他人自由展开互动，同时百度会将全贴吧讨论热度较高帖子置于首页，供所有用户点击和讨论。当然，各自鲜明的特点让这些社交媒体在市场竞争中拥有了差异化的竞争优势，也获得了稳定的用户群体。然而作为广场式的社交媒体，其为大多数人提供服务的宗旨却是不变的，这就决定了此类社交媒体内容上的开放性与用户群体上的广泛性，每一个普通网民都可以在这里自由地发言和讨论。

此处以微博为例，微博是广场式社交媒体的典型代表。一方面，微博有着庞大的用户体量；另一方面，微博还有着强大的社会影响力，有些重大事件在微博曝光后迅速引发舆论浪潮，并得到解决，微博的影响力得到了淋漓尽致的展现。因此这里选取微博作为广场式社交媒体的代表来进行分析。

微博设置了三种主要社交形式：一是私信，它是人与人最直接的交流形式，与微信的点对点互动模式相同，故此处不再赘言；二是话题小组，这与下文提到的兴趣小组模式有类似之处，故此处暂且略过，待后文详细分析；

最重要的便是第三种，即评论和转发模式。之所以说评论和转发模式是最重要的，是因为它既是广大用户使用微博时最常用的功能，同时也是"广场式"互动模式的核心所在。汪传雷等在研究 Twitter 的互动模式时，将此种互动模式总结为"去中心的直线传播模式"①。但是他们在发现信息节点的技术性平等的同时，却忽视了一个关键性的问题：虽然像 Twitter 和微博这样的社交媒体是人人皆可发声的平台，但是技术层面上的平等并不等于实际声量的平等，布尔迪厄所强调的"社会资本""文化资本"的差异不仅依旧存在，而且被顺理成章地带入了社交媒体中。这就意味着一条微博的传播潜力在很大程度上取决于它的发布者所具有的社会声望，同样一条微博，一个普通用户发送和一个明星"大 V"发送所造成的舆论声浪会截然不同，这也是微博在推广阶段主打"明星战略"的根本原因。

　　信息源向明星"大 V"和媒介机构聚集的特点给微博带来一种独特的互动模式，我们可以称为"以话题为中心的网状互动模式"。其具体流程如图 2-8 所示，这种互动模式的核心是某个话题，该话题的发起人可以不是明星"大 V"，但是要想引起大规模的讨论和互动，却必须要经过明星"大 V"的转发，才能获得广泛的关注。此时微博第一个独特的功能就出现了，那就是 at（@）功能。每个微博用户作为一个独立的个体，其注意力资源是有限的，在一个约 5 亿用户的人人可以发声的平台上，想要关注到每条信息，并挑出有价值的话题进行关注是一件不可能的事。那么，一个普通的微博用户如何让明星"大 V"知道并主动关注某件事呢？微博提供了两条途径，其一就是上文提到的私信，其二就是@功能。@功能为明星"大 V"和普通用户之间架起了一座桥，用户可以通过这种方式提醒自己希望通知的特定用户，告诉他/她："我这里有一件有价值的事想和你分享。"而收到消息的明星"大 V"如果认定它确实有传播的价值，便会将其转发，这样一来，普通人发布的信息就拥有了成为互动中心的可能性。微博"大 V""博物杂志"和"江宁公安在线"

---

① 汪传雷、陈娇、叶凤云：《国外社交媒体及其信息沟通模式研究》，《现代情报》2016 年第 5 期，第 3—8 页。

的许多内容正是来源于被微博网友@之后，与其展开交流而产生的。一旦某个话题被某位明星"大V"关注并转发，那么其引发大范围关注和互动的条件便已初步形成，此时，不论是在该"大V"的评论区内，还是在微博的话题圈内，都会形成大范围的无互动中心的网状互动模式。大量在实际生活中并无交集的个体在同一个话题的召唤下聚集在一起，针对它进行陈述、讨论、评价甚至谩骂。由于微博发布的内容对所有人可见，所以这种模式能够最大程度上展现互动的全貌，从而保证不同意见之间得到充分交流和碰撞。同时，也正是由于其向所有人开放的特点，网民间的互动也不会像朋友圈一样止步于"大V"的微博评论区或是话题圈子内，而是可以经由参与者的转发得到进一步的扩散，让传播链条不断延续下去。

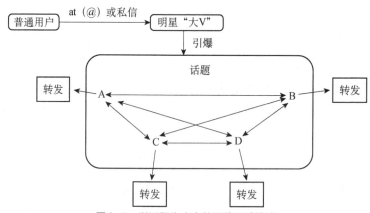

图2-8　以话题为中心的网状互动模式

接下来看垂直社区模式，鉴于微博这样体量巨大的社交媒体在对特定领域的互动上显得不够精致和专业，因而资本开始将目光投向了小而美、专注于服务特定人群的垂直社区类社交媒体。相比较于广场式社交媒体，垂直类社交媒体的用户有着更为鲜明的群体特征，其群体意识也要远胜于广场式社交媒体用户，每一个用户都对自己加入的社群具有高度的认同感。此类社交媒体针对自身的目标用户优化了许多细节，如更符合受众需求的人机交互界面、更加优质的专业生产内容（professional generated content，PGC）、更加规范的社区管理等，使其能够更好地服务于目标受众，增强他们的使用黏性和互动意愿。

在互动模式方面，垂直类社区往往更加倚重专业媒体团队的力量，因为强大的原创内容才是这类专精于特定领域的社交媒体的核心竞争力：于体育社区而言竞争力是更加快速的赛事报道和更加详尽的相关新闻；于美妆社区而言竞争力则是更加专业的产品分析和更加简单易懂的化妆教学……这些优质 PGC 内容保障了用户的留存率，并顺利激发了用户参与讨论的欲望。可以看到，与微博的互动模式相比，垂直社区主动承担了"话题"的制造任务，用专业化内容制作团队（或职业网红）来取代普通用户对话题的发掘任务，从而引导用户向更加明确的方向展开更加频繁的互动。由于此类互动常常发生在 PGC 内容的评论区，因此它并没有类似微博的转发机制来促进信息的扩散，用户会在一条新闻或话题下的评论区展开频繁的多中心网状互动，将用户的注意力集中于某一条（或几条）优质评论之上。与此同时，垂直社区也会开放许多独立的子板块，以满足用户对更加具体的内容进行独立互动。例如，懂球帝就在综合报道各种足球相关新闻、各种战术分析的同时，开设了各主要球队的子版块，并命名为"圈子"，它以类似贴吧的形式存在，供各队球迷在其中进行针对性的讨论。而圈子中多为用户生产内容（user generated content，UGC），每一条帖子内部与上文提到的评论区一样，以网状多中心互动模式为主，同时亦支持用@的方式召唤他人加入讨论（图 2-9）。

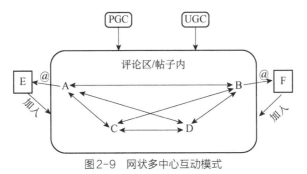

图2-9　网状多中心互动模式

除此之外，垂直社区中的互动模式其实还有另外一种形态，那便是网络视频或者直播中的弹幕。因为用户本就是出于对某影视节目或者网络主播的喜爱而共同聚集于某视频文本之下，因此弹幕可以被视为兴趣社区的变种。我们可以把视频文本等效替换为上文中的 PGC 内容、视频直播等效替换为 UGC 内容、弹幕替换为评论区和讨论帖。但是不同于评论区和讨论帖中内容与用户存在的一一对应关系，弹幕在视频中飘过的时候不会提供任何有关发送者的信息，这样一来，发送者与信息之间的连接出现了断裂，若想要形成互动，只能期待回复者的信息恰巧被发送者看到，并激发起他进一步回复的欲望，否则互动根本不会发生，这也就造成了弹幕形式互动性较弱的特点。对普通影视作品中的弹幕来说，这种弱互动现象尤为明显。我们常常看到的弹幕如"×月×日打卡签到""前方高能"等内容与其说是为了展开互动，毋宁说只是一种单向的信息输出，它可以是发送者的一种情感宣泄，也可以是瞬时的思想火花，甚至只是彰显自身存在的一种方式。影视作品不同于微博微信这种文字类媒介，它尤其强调时间的流动性，而且文本固定不可更改，所以在发送弹幕的过程中，发送者通常并不是为了与他人展开互动，而是为了自我表达。网络直播则恰恰相反，在网络直播中，用户发送弹幕就是为了与他人进行交流互动。由于技术的限制，普通观众与网络主播唯一的交互方式便是弹幕，因此在网络直播中，观众发送弹幕的目的是吸引主播和其他观众的注意，从而促进互动行为的产生。回到对互动模式的探讨中来。由于影视作品可以反复播放，并且不像网络直播那样需要在特定时间段收看，因此弹幕的内容的发送和接收之间存在着巨大的时间鸿沟，A 发送的弹幕可能在几天后才被 B 看到并回复，但是 A 再回来重看这条视频的可能性已经非常之低，再加上要在重新观看视频时关注到 B 发送的回复弹幕，并对其进行回复，这种可能微乎其微。因此，影视作品类的弹幕互动是一种微弱的、由后发送者单方面回应先发送者（包括视频作者）的互动，它不论是与影视作者，还是与其他的弹幕发送者之间均是一种联系微弱的单向互动模式。而网络直播稍有不同，由于其具有强共时性，因此不论是前文提到的受众与主播的互动，还是受众之间的互动都相对频繁许多，其中尤以受众与主播的互动为甚，这也正是视频类文本中的弹幕互动模式的主要特点（图 2-10）。

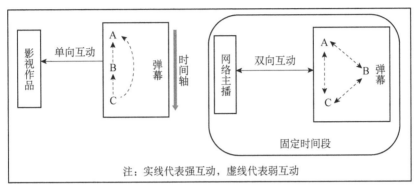

图2-10 弹幕互动模式

二、社交媒体塑造了新的互动情境

符号互动论者认为，人与人之间的互动必然依托于某种特定的情境，而情境对于个体心理和行为的影响又颇为显著："只有在个体行为活动的意义上，特定的客观环境才被赋予情境的意义；也只有在人与客观环境或情境互动的意义上，对情境的研究才具有真正的意义。"①那么，既然网络群聚传播创造了诸多崭新的互动模式，那么这些新的互动模式催生出了怎样的新型互动情境？下面将对这个问题展开具体分析。

阿尔文·托夫勒曾经指出："对于情境，现在还没有简洁的定义……而且，情境和情境之间的界限虽然可能不清楚，但是每一个情境本身又有某种'完整性'，某种'同一性'。"②符号互动论学者威廉·托马斯（W.I.Thomas）认为，互动情境应当包括"物品、场合、一批角色、社会组织系统的场所、概念和信息的来龙去脉"等五个组成部分③。也就是说，情境这个概念所关涉

---

① 谷传华、张文新：《情境的心理学内涵探微》，《山东师范大学学报（人文社会科学版）》2003 年第 5 期，第 99—102 页。

② 转引自芮必峰：《人类理解与人际传播——从"情境定义"看托马斯的传播思想》，《新闻与传播研究》1997 年第 2 期，第 73—76 页。

③ 转引自芮必峰：《人类理解与人际传播——从"情境定义"看托马斯的传播思想》，《新闻与传播研究》1997 年第 2 期，第 73—76 页。

的是个体发生互动时的一切外部因素，情境既包含物质性的客观实在，又包含信息、信念、共识等非物质性要素。进入电子媒介时代之后，约书亚·梅罗维茨（Joshua Meyrowitz）进一步发展了对"情境"一词的定义，他认为，随着信息传播技术的发展，（依托电子媒介的）信息流通对人们互动行为起到了决定性的影响，地点、场所等因素开始变得次要。因此，社交媒体所创造的虚拟空间也可以被界定为一个完整的互动情境。①既然信息的流通才是情境的根本属性，那便意味着情境处于一种持续的流动状态之中，因为该情境中的个体时时刻刻都在进行着信息的交流，而情境本身也会随着信息的流动而发生改变。然而这并不意味着情境会成为一个难以被界定的存在，正如列宁批评克拉底鲁的"人一次都不能踏入同一条河流"②是"相对主义的诡辩论"一样，我们对在线社交中的互动情境也应进行辩证看待：随着信息的不停流动，互动情境固然时刻发生着变化，但是大多数时候，情境其实处在一个相对稳定的状态之下，正是情境的这种相对稳定性，保证了托马斯关于"情境定义"的阐释得以成立。

如果说情境是以信息充分流动之后达成的共识的形式而存在的话，那么当一个新的个体试图进入某个特定情境时，所需要做的第一件事就是对群体中"心照不宣的共识"进行识别和判断，这个识别和判断的过程便是个体对此情境中的信息进行理解并定义的过程，这便是"情境定义"。既然"情境定义"是主体为自身所处环境进行主动阐释的过程，那么被主体内化了的情境也就会或多或少带有个体主观想象的色彩，但是这并不会影响情境的稳定性，因为人们在互动中总是会刻意去寻找一些权宜之计，以避免争端的发生，欧文·戈夫曼（Erving Goffman）把人的这种倾向称作"运作一致"（working consensus），在它的作用下，一种"唯一全面的情境定义"③就此达成，紧接着个体便开始根据这样的情境定义来规划自身的行动。当然，在托

---

① 〔美〕约书亚·梅罗维茨：《消失的地域：电子媒介对社会行为的影响》，肖志军译，清华大学出版社，2002，第111—112页。

② 艾思奇：《辩证唯物主义 历史唯物主义》，人民出版社，1961，第26页。

③ 〔美〕欧文·戈夫曼：《日常生活中的自我呈现》，黄爱华、冯钢译，浙江人民出版社，1989，第9页。

马斯和戈夫曼这里，外部环境是影响个体进行情境定义的因素之一。然而正如梅罗维茨所指出的：在电子媒介时代，哪怕不是物理意义上的"在场"，情境依然可以通过信息的交换而形成，并同样具有感染力。因此可以说，情境的塑造是可以与外部环境脱离的，因此对于社交媒体中的互动语境的考察便具备了合法性。那么问题便出现了：不同的社交平台所产生的社交情境有何不同？它又是如何生成的呢？

在戈夫曼这里，区别不同情境的主要依据是物理空间的区隔，个体在不同物理空间需要根据自己的判断做出符合他人期望的行为。而在互联网世界中，物理空间转换成了不同的社交平台，人们需要在进入某个社交媒体时及时调整自己的行为，以符合其他用户的普遍期待。举例来说，一个人可以在微博、在贴吧尽情地为自己的偶像呐喊、声援，但是如果他在知乎依然沿用这种表达方式的话，那么他收获的将是嫌弃、不屑和讽刺，这便是社交平台之间的情境区隔。这种区隔形成的方式主要有两种：一是在社交平台的创始人和运营者主导下建立，二是由平台用户在互动过程中逐渐塑造而成。

首先来看创始人对社交媒体互动情境的定位。在一个新的社交平台推出之时，其创始人会对其进行市场定位，以期能够在各式各样的同类产品中形成差异化的竞争优势。在这一过程中，创始人自身的喜好、产品的理念、经营的方式等都会对平台最终的样态造成影响，进而影响到该社交媒体的互动情境。比如微信的创始人张小龙就希望把微信打造成一款纯粹的"工具"，它就像一把锤子一样，用户可以在任意需要的时候拿起它来使用，用完即走，等到下次需要它的时候依然可以随意取用。在这种理念的影响下，微信塑造了一种极致"实用主义"的社交理念，致力于将人在现实生活中的社交方式全盘复制到微信平台之上，在这一点上，微信正如麦克卢汉所说的那样，成为了"人的延伸"。微信社交模式的这种"类生活化"特点也使其成为了延续现实生活中强关系社交的最佳选择，因此我们看到，在微信朋友圈所呈现的各类社交模式中，个体对于该社交情境的定义会无限趋近于现实生活，因此，微信的社交情境也显得更加生活化，人们也乐于将现实生活中的社会关系，甚至是社交表演全面平移到微信平台。不同于微信，记者出身的曹国伟将微博定位成"随时随地发现新鲜事"的信息传播平台，试图以"事件"为传播核心，形成一个大型"数字广场"，以吸引网民自发地聚集和讨论；同时，在这里现实生活中的身份和社会关系变得不再重要，每个参与讨论的网民都被赋予了自由表达的权利，因而其互动模式相较微信更为开放复杂，互动情境也显得更为自由随性。知乎 CEO 周源力主将知乎打造为一个"高质量、能认真讨论严肃问题的社区"①，并在运营早期邀请了大批优质答主入驻（包括行业精英、高级知识分子等），这才有了这个平台理性、认真的互动情境。因此可以说，社交媒体创始人的思路在很大程度上决定了该平台的互动情境；而用户在进入这一社交媒体的时候又通过"情境定义"的方式内化了平台所设定的互动情境，进而依照情境的要求来调适自我，展开行动。

接下来看用户在社交实践中对平台情境的塑造作用。创始人对平台的情境定位固然重要，但真正发挥决定性作用的却是参与其中的用户，他们的交往实践活动才是社交平台互动情境的直接塑造因素。这种塑造有可能加强平台预设的互动情境，也有可能推翻原有情境，塑造一个崭新的互动情境。就加强预设互动情境而言，微博是典型代表。微博以"事件"为核心广泛聚拢网民参与讨论的理念从一开始就决定了互动参与者身份的随机性、成分的复杂性和言论的不可控性。广场式社交最大的特点就在于人声鼎沸、众声喧哗，在微博平台，现实身份的隐匿和社会地位的抹平进一步打消了人们心理上的种种顾忌，短平快的文字社交方式又激发了人们自我表达（而不是理性分析）的主观意愿，因此微博就在传播技术的平等性与传播主体的多元性的基础上构建起一种人声嘈杂、言语激烈、互动频繁的互动情境，这与曹国伟"以内容为核心，吸引用户进行互动"②的初始预设并无太多背离。不同于微博的人声鼎沸，以知乎等为代表的小众化社交平台原本试图主打差异化的互动情境，以此来吸引特定人群的长期入驻。然而，伴随着平台的名声日显，

① 参看陈楚汉：《知乎 CEO 周源：文火熬汤》，《名人传记（财富人物）》2017 年第 1 期，第 58—61 页。

② 参看人民网：《曹国伟详解微博"想不到"：社交媒体生态刚刚开启》，http://finance.people.com.cn/n1/ 2016/1117/c70846-28875859.html。

大量普通网民也开始向这些"小而美"的平台聚集，而当大量用户涌入某一社交平台的时候，由于用户结构的复杂性和互动过程的不可控性，随时可能出现小范围内的互动情境变异现象，比如在以理性回答问题的知乎，一旦出现一条具有煽动性的、情绪化的提问，那么紧随其后的回答，以及该答案下方的评论中就可能出现带有激烈情绪化特征的语言，理性客观的互动便会演变成激烈的言语冲突，这时我们便可以说在这条问题之下，互动情境发生了变异。互动情境的变异往往意味着一种对平台既有价值观的挑战，平台的"格调"将有可能因此而改变。但是资本扩大用户规模、增加收益的期望与维持平台"小众格调"之间本就是一组天然的矛盾，一个社交媒体在规模扩张的同时往往会由于大量新用户的涌入而造成管理困难，从而让互动情境变异的现象发生扩散，如此一来，整个社交平台的互动情境也就悄然发生了变化，这也是知乎逐渐被调侃为"逼乎"，豆瓣日渐被斥为"伪文青聚居地"的根本原因。

可以说，社交媒体中的互动情境和互动模式都会受到其创始人的影响，其中互动情境是创始人出于市场定位、产品价值观等多方考量对社交平台做出的主观定性，而互动模式则是创始人从实践的角度出发对媒介产品形态的客观展现。与此同时，互动情境可以在用户的使用过程中悄然发生改变，而互动的模式也可以在用户使用方式发生改变时适时做出微调，以便契合当下用户的社交需求。可以说，在社交媒体之中，其互动情境与互动模式呈现出了一种复杂的互构关系。此外，各大社交媒体在创造了迥然相异的社交情境的同时，其用户的互动心理事实上也在悄然发生着变化。

三、社交媒体催生新的互动心理

库尔特·勒温（Kurt Lewin）曾提出"心理动力场"（psychological field）的概念[①]，他认为是外部环境和主体对环境的认知共同形塑了人的行为；当然，"心理场"并不完全等同于"情境"，他们只是一组具有"家族相似性"的概念。具而言之，心理场是一种个体对于外部环境的主观认知，强

---

① 参见〔德〕库尔特·勒温：《人格的动力理论》，王思明、叶鸣铉译，北京理工大学出版社，2014。

调个体对于外部环境的主观判断；而情境这一概念在此基础上增加了对于客观性的强调。符号互动论者认为，不只是个体的主观判断，客观的外部环境也可以真切地影响人的心理和行为。既然情境对于人的心理和行为能够起到直接的影响作用，那么当前社交媒体中的互动情境对用户的心理产生了怎样的影响，便成为了一个现实的问题。

（一）新互动情境下的个体心理

互动情境对个体互动心理的影响可以经由用户具体的行为得以显现。在网络群聚传播的过程中，特定社交媒体中的个体在行为上既展现出了乔治·赫伯特·米德（George Herbert Mead）意义上的想象演习的特点，又展现出了戈夫曼意义上的前台表演的特征；其中，前者体现出个体心理的内化过程，而后者则体现了个体心理的外显过程。

首先让我们关注内化过程。在米德看来，"自我，作为成为它自身的对象的自我，本质上是一种社会结构，并且产生于社会经验，完全是社会的产物。当一个自我产生之后，从某种意义说它为自身提供了它的社会经验，因而我们可以想象一个完全独立的自我，但是无法想象一个产生于社会经验之外的自我"①。个体在与他人进行互动时，通过对他人反应的不断观察来调节自身的行动。在这样不断地通过与他人展开互动来调节自身行为的过程中，个体形成了一种普遍的，代表其所在群体和社会共同体普遍规范的态度，即"一般化他人"的态度。简而言之，个体在与他人不断的互动过程中，根据现有的群体规范形成了一种主观的身份认同，并运用这种身份认同指导自身的实践行为。这种"一般化他人的态度"在网络群聚传播中也普遍存在。正如前文所述，个体在进入到一个新的社交平台时会自发地进行"情境定义"，以便让自己的行为与他人尽可能保持一致。也就是说，个体在进行"情境定义"的过程中放弃了部分自主性，并结合外在的"他人的要求"重新定位了自己的身份，以便让自己与社群保持一致，进而获得一种心理上的安全感，个体心理对社交媒体互动情境的内化便由此形成。这也解释了为什么个体既

①〔美〕乔治·赫伯特·米德：《心灵、自我与社会》，霍桂桓译，华夏出版社，1999，第152页。

可以在某些平台自我定位为一名"文艺青年"，发表那些诸如"岁月静好，现世安稳"之类的日志，也可以在另外一些平台与他人展开激烈争执，甚至不惜爆出脏话的现象，因为个体通过情境定义已经内化了平台中他人的态度，并积极地对自己的思维和行为进行了调适，使之与其他用户的心理和行为相适应，为自己融入社群做好准备。

如果说个体心理的内化主要体现为"情境定义"与"一般化他人"两个过程，那么个体心理的外显则主要体现在"印象管理"这一行为上。在戈夫曼这里，人在日常交往中会主动进行"前台"和"后台"的区分。前台是一种基于大众共识的情境，暗含着大家对表演者行为的一种标准化期待，而后台则不受这种普遍期待的束缚，是属于表演者自己的独立空间。人们在前台努力进行表演，以符合大家对其身份的期待的过程，便是印象管理的过程。戈夫曼指出："如果个体要在互动期间表达出理想的标准，那么，他将必须摒弃或隐瞒与这些标准不一致的行动。"①但同时戈夫曼也强调，在面对面的互动中，印象管理的过程却并非总能一帆风顺，因为人们固然可以主动地"给出"一定的信息，但是却难以控制其他信息的"流露"，人的语气、眼神以及肢体语言都有可能透露人真实的内心想法，印象管理策略也因此常常面临着失败的风险。在电子媒介兴起之后，梅罗维茨敏锐地发现了由新的媒介技术带来的社交情境改变，并将戈夫曼的前后台二维区分扩展到了"深后区、后区、中区、前区、前前区"②五个维度，如此一来，曾经的前台表演便可以被媒介内容的生产者更加精确进行操纵，从而彻底避免在"前前区"中无意地"流露"和"深后区"中观众的闯入。而到了互联网时代，匿名的网络更是让这种"流露"和"闯入"变得几无可能，也正是因此，人们利用各种社交媒体进行印象管理的行为也日渐便利和频繁。有趣的是，社交媒体上的印象管理策略根据主体意愿的区别生成了两种截然相反的表现形式，一是居于前前

①〔美〕欧文·戈夫曼：《日常生活中的自我呈现》，黄爱华、冯钢译，浙江人民出版社，1989，第40—41页。

②〔美〕约书亚·梅罗维茨：《消失的地域：电子媒介对社会行为的影响》，肖志军译，清华大学出版社，2002，第43页。

区的深度表演策略，二是基于深后区的深度暴露策略。选择哪种表演策略则完全取决于社交媒体的具体类型。具体而言，强关系社区的用户更倾向于使用深度表演的策略，而弱关系社区的用户则更喜爱使用深度暴露的策略。

在强关系类社交媒体中，由于现实关系网络的介入，个体会更期望用精挑细选的照片、精雕细琢的文字将自己伪装起来，以此来维护自己在熟人心中的形象，而这种形象往往也是符合自己所在的阶层、兴趣群体、亲友关系中的普遍标准的，是符合他人对自己的想象和期待的。然而，仅仅是符合他人的想象并不能满足个体——尤其是青少年群体——对自身的印象管理需求，他们往往还希望塑造一种比现实生活中更加完美的自己，"他们只想在公众面前展现自己积极性的方面，例如他们的技能、他们的偏好、他们的身体吸引力"①。如此一来，许多带有炫耀性质的内容便开始出现在了他们的社交媒体中，不管是晒自己新买的流行商品，还是晒自己精修过的自拍照，甚至是网络直播中比拼打赏金额的行为，我们都可以将之理解成一种激进的印象管理策略，并附带着某种主动向他人"炫耀"的意图。

而在弱关系社交媒体中，由于网络的匿名性，身处其中的个体往往会扮演一个全新的身份，完全脱离了其在现实生活中的关系网络。就像在角色扮演游戏一样，个体完全投入到了另外一个世界之中，去尝试与不同的人交流、互动，共同经历一些新的事情。在这样一个完全陌生的世界里，个体不再担心自己的真实身份被他人知晓，并因此带来一些不必要的麻烦，所以个体会更加随性、更加自由地袒露自己的真实情感，而不必为了维护自己的形象去刻意伪装，个体开始利用弱关系社交媒体作为"积极自我表露"的平台。黄燕华指出，人们之所以愿意运用弱关系社交媒体来进行自我暴露，是因为它确实能够给人带来极大的心理满足感②。

当然，身份隐匿带来道德感下降也是当下各大社交网络中（尤其是弱关

---

① 〔奥〕克里斯蒂娜·沙赫纳：《数字空间中的主体建构——网络的各个侧面》，樊柯译，《文艺研究》2014年第6期，第105—113页。

② 黄燕华：《互联网上的自我暴露行为的三种类型——以新浪微博和相亲网站为调查对象》，《华中师范大学研究生学报》2017年第1期，第36—40页。

系社区）存在的普遍问题，心理学家约翰·舒勒（John Suler）将这种现象称为"去抑制化"（disinhibition）①，他指出，由于人们在互联网上处于一种相互不可见的状态，同时在线社交不同于面对面交流，没有人会打断自己的发言，因而大家会更愿意袒露自己最真实的想法，并为之投入更多的情感，因此"自我服务偏差"会更加严重，个体也就表现得较平时更加自信甚至是傲慢，不论是发言还是回复都会较平时表现出更强的攻击性。

（二）新互动情境下的群体心理

社交媒体中的群体以弱关系群体为主，它们是由网民围绕着不同的兴趣爱好、观点或者价值观而形成的聚众群体，其组织成员间原本并无强烈的关系连接，群体结构也极为松散。而当大家围绕共同的话题展开讨论后，随着互动频率的增加，群体成员间的关系得到进一步巩固和发展，群体的团结程度因此得到了提升，于是，社交网络中的个体心理也开始向群体心理转化。

"一般化的他人"的概念往往产生于一个相对稳定的群体和稳定的情境之中，因为只有这样个体才能够把握到一个相对稳定的客观标准，并依照这个标准来塑造"客体的我"（ME）。具体到网络群聚传播中，由于弱关系类社交媒体用户普遍具有匿名性的特点，个体脱离了熟悉的社交情境之后，如果想要深度融入一个新的群体之中，就需要进行"情境定义"，通过观察他人的行动来调整自己的行为模式，同他人尽量保持一致。这样一来，该社交媒体的用户便形成了一个松散的聚众群体，然后，用户会根据各自的兴趣爱好、价值观等因素进一步形成诸多或松散、或稳定的小群体，一些社交媒体上的"超级话题""小组"便是其中的典型代表。而对于这种自主选择的群体，个体往往会产生更为强烈的群体认同感。

社会心理学的研究表明，群体认同一旦形成，"内群体偏差"②立刻随之出现，同时，对于群体内部成员的偏袒和对于群体外成员的偏见也会马上生

---

① Suler J, "The Online Disinhibition Effect", *CyberPsychology & Behavior,* Vol.7, No.3, 2004. pp.321–325.

② 内群体偏差，又称利群偏差，即指我们总是倾向于对群体内成员的行为给予善意的解读，而对群体外成员的行为则给予负面的解读。

成，在这种心理的作用下，其他群体成员的任何行为都有可能被过度解读，而群体内成员的任何行为都有可能得到谅解。在"内群体偏差"和"社会比较"①的作用下，群体中的个体会不断强化自身的既有观点，同时对对方群体的观点大加批评，进而产生对对方群体偏见。这样一来，在刻板印象的影响下，双方的分歧不断增大。随着双方分歧的增大和群体间对立情绪的高涨，既有的偏见得到了进一步强化，两者之间的分歧也因此进一步加深，群体间的对立变得更加难以弥合，群体极化和群体冲突便由此产生。那么是不是经由网络群聚传播而形成的群体一定会导向极化甚至是对立的结果呢？网络聚众群体又是否像勒庞所说的那样，能够消灭个体的独立意识和思考能力，导致个体的理性被群体的疯狂所淹没②呢？其实并非如此。

首先，聚众群体并非一定会导致群体极化和群体对立的出现，它也有可能表现出很高的道德水准。正如勒庞所说："群体可以杀人放火，无恶不作，但是也能表现出极高的献身、牺牲和不计名利的举动，即孤立的个人根本做不到的极崇高的行为。"③伴随着社交媒体的广泛普及，网络聚众群体的"超道德感"也得到了很好的展现，社交媒体的聚众效应不仅可以放大群体的负面情绪，它也可以强化群体的道德感知，从而"做出孤立的个人根本做不到的崇高的行为"④。从河南水灾等自然灾害中网民的积极捐款，到杜嘉班纳辱华、新疆棉等事件中的强烈家国情怀，均体现出了网络群体所潜藏的"超道德感"。不同于上文提到的群体间对立事件，在这类"超道德事件"中，始终有一个高于小群体利益的"最高道德"存在，这个最高道德可以是爱国主义，也可以是传统道德规范，它以其不可辩驳的正确性获得了网民的一致认可，在这种道德力量的感召下，所有网民自发地团结为一个大群体，向着大

---

① 费斯汀格认为，个体总是希望能够对自己的信念、观点、态度等做出一个评价，为此我们会不断地尝试与他人进行比较。

② 〔法〕古斯塔夫·勒庞：《乌合之众——大众心理研究》，冯克利译，中央编译出版社，2005，第21—23页。

③ 〔法〕古斯塔夫·勒庞：《乌合之众——大众心理研究》，冯克利译，中央编译出版社，2005，第42页。

④ 王金风：《网络群体的心理分析》，《社会心理科学》2010年第5期，第33—37页。

家共同认可的目标而努力。

其次，聚众群体拥有自我纠错与自我进化的潜能。事实上，个体不会一直处在聚众群体的热烈气氛之中，当个体处在理性的状态下时，他是有能力接收外部信息并对其进行分析的，而当大批有独立分析能力的个体聚集成群时，群体智慧的诞生便成为了可能。另外，群体成员固然会对所属群体产生内群体偏差，但是这并不代表群体成员会永远对特定群体保持认同，一旦个体对来自群体外部的信息产生认同，从而"采用某些高的外部标准来评价现有关系，当结果和高的标准相反时，个体的满意度就会降低"①，个体对于所属群体的认同感也随之降低，个体便有可能做出反对群体，甚至退出群体的决定。这也解释了为什么在各类粉丝群体中会出现大量的"粉转路""粉转黑"②的现象。需要注意的是，并不是所有的外部信息都有让群体心理产生变化的能力，那些涉及价值判断的信息有时非但不能起到改变群体态度的作用，反而会激化群体情绪；只有那些涉及事实的信息才存在改变群体态度的潜力，我们可以从无数次的"事件反转"中看到这一现象：如果没有警方最终的案情通报，西华县奉母镇的教导主任和副校长就得顶着"强奸犯"的罪名，活在网民的谩骂之中；如果没有最终打捞起来的行车影像，重庆那名无辜的女司机便永远成为了造成公交车坠江的罪人。因此可以说，直观的事实和证据是改变群体最有力的工具，它可以让群体中狂热的氛围得到冷却，让理性得以重新回归。

在当前网络群聚传播的语境下，资本对差异化的不断追求催生出了形态各异的社交网络。而这种通过细分用户、差异化服务的方式形成的社交媒体也逐渐衍生出各具特点的社交模式，其中有以微信为代表的强关系社交媒体，也有以微博、知乎为主的弱关系社交媒体，近几年更是有许多专注于垂直用户的社交媒体出现，在进一步细分了互联网社交市场的同时，也创造出许许多多的新型社交模式，丰富了网民的社交体验。同时，各平台还通过主

---

① 赵菊、佐斌：《情境与互动：人际互倚及其模式》，《心理科学进展》2005 年第 6 期，第 828—835 页。

② 即从非常喜爱某人/某事物变成不喜欢，甚至讨厌的一种情感变化。

动对自家产品制定差异化策略的方式，为旗下社交媒体中的互动情境进行定性，从而达到锁定目标用户群体的目的。然而，用户在社交媒体内展开具体的互动行为时，也会随着信息的涉入、参与人群的改变以及沟通方式的变化而突破运营者所规定的框架，生成全新的互动情境。当用户进入这样的一个互动情境之中时，往往会通过"情境定义"的方式让自己更快地融入整个社区，继而通过表演的方式在社区中展现自我，树立自我认同和群体认同。群体认同的形成也标志着网络部落化的产生，这种部落化既可以带来激烈的群体冲突，也可以激发群体的超道德感。当然，网络群体并非时刻处于这两种极端状态之下，理性并未在网络群聚传播中完全缺席，当群体并未处在极端情绪的状态下时，客观而准确的事实呈现常常能够获得群体的认可，而这正是群体智慧产生的基础。

第三章
群聚传播中的传播特性

第一节　群聚传播中的网络互文性

在信息传播主体多样化的今天，社会叙事已从少数人主导，演变为多传播主体参与的网络叙事与主流叙事共生的状态。网络叙事的复杂性及其对社会事件、社会态度、社会情绪等的重要影响，虽是学术界重点关注的领域之一，但在谈论诸多网络文本个案及其对于理解网络时代社会叙事、社会转型等方面的重要意义时，往往忽略了网络叙事的本源性（即网络叙事生成机制才是理解网络叙事内在逻辑的起点）。网络叙事由事件相关体、文本集合体和具体文本三个层次累加构成。这种机制规定了网络叙事的互文性生成方式，也重构了传播主体之间、传播主体与网络环境和现实社会之间的关系。本章试图从叙事学、传播学嫁接的视角切入，结合传播主体多样化的互联网群聚传播特点，考察网络叙事三层次所表现出来的生成机制；并分析具体文本与文本集合体之间的互文性移植，以及多传播主体的社会交往实践对网络话语再生产所发挥的诸多作用，以期为传播主体多样化环境下互联网信息生产方式的变革提供另一个视角的认识。

一、事件相关体、文本集合体与具体文本的有机构造

网络叙事作为当今社会叙事的主要样式，有其自身的构筑过程和内在逻辑，也有支撑其呈现社会实践活动的要素与结构，可一并称为"叙事机制"。网络叙事作为一种信息生产和传递，而非艺术呈现，通常并不着力于讲述详

细的故事情节，而是以关系展示或状态描述作为主要形式。这种叙事形态在构筑方式上有其独特之处，即事件相关体、文本集合体与具体文本三层次的动态组合构成了网络叙事有机体，彰显了叙事文本、社会现实和互联网群聚传播环境之间的紧密联系。

第一层，事件相关体，即一系列相关的社会事件及其情感经验、社会时空环境等，共同绑定成为网络叙事的背景、语境和相关事件。广义上讲，一个事件序列或一种情感经验可被讲述成多个文本。换言之，不同文本可以拥有相同的创作背景和故事素材。这些相互联系的素材和背景被经典叙事学研究者称为"本事"，指代"实际发生过的事情"①。就网络叙事来看，文本构筑的素材和背景远不止于此，而是包含着社会事件、情感经验、社会时空环境等一系列与事件发生发展相关的所有要素，即事件相关体。事件相关体与"本事"虽在概念上有千丝万缕的联系，但内涵却不尽相同，前者较后者更为广阔，也更为复杂。

中外叙事学界对"本事"皆有论述，都强调事件作为叙事要素的原生性与真实性。俄国学者维克多·什克洛夫斯基（Viktor Shklovsky）在论述本事和情节的区别时曾指出，"人们常常把情节的概念和对事件的描绘，和我提出的按照习惯称作本事的东西混为一谈。实际上，本事只是组成情节的材料。因此，《叶甫盖尼·奥涅金》的情节不是男主人公和达吉雅娜的恋爱故事，而是由引入插叙而产生的对这一本事的情节加工"②。什克洛夫斯基的意思是，本事客观存在于社会生活中，是叙事情节形成的素材和基础，本事经过艺术加工后成为情节。美国学者维克多·厄立奇（Victor Erlich）也认为本事是"一系列绑定在一起的事件，它们是在作品成形的过程中被传递给我们的"，或者是"实际上所发生的"③。据此，本事早就被西方叙事学界看作叙事活动

---

① 〔法〕茨维坦·托多罗夫：《俄苏形式主义文论选》，蔡鸿滨译，中国社会科学出版社，1989，第239页。

② 〔法〕茨维坦·托多罗夫：《俄苏形式主义文论选》，蔡鸿滨译，中国社会科学出版社，1989，第58—78页。

③ 转引自〔美〕西摩·查特曼：《故事与话语：小说和电影的叙事结构》，徐强译，中国人民大学出版社，2013，第6页。

的基本元素，即把离散的事件以及相关背景归入叙事材料之中。中国叙事学理论也将本事视为叙事的必备要素，固有"论本事而作传""必欲求合本事"之说，亦有"本事诗""本事词"之论。蒲安迪认为中国叙事传统强调真实，"或是实事意义上的真实或是人情意义上的真实"，即便是神怪妖魔等看起来存在种种不真实的故事，"但其所'传述'的却恰恰是生活真正的内在的真实"。①易言之，本事是客观存在的、未经讲述的事件序列或情感经验，它不一定全部显现在文本之中，但文本的构筑过程离不开它们的基础性作用。

　　事件相关体与"本事"都强调社会事件和情感体验对于叙事的重要作用，但不同的是，前者不但关注某一社会事件或某类情感体验本身，而且关注社会时空环境对于网络叙事形态的直接建构作用。首先，事件相关体还包括一系列相似事件、具有相似影响或意义的其他事件、相关社会现象及其原因、相似或反向的情感体验等。自然灾害、重大疫情、珠峰测量、明星绯闻都可视为"本事"，但若缺少与其他相关事件、情感体验、社会影响等方面的关联，则难以构成网络叙事的事件相关体。诸如某药物的特殊药用价值经新闻媒体报道之后引发抢购热潮，这些新闻报道也成为诸多相关叙事的参考文本。某药物的抢购潮是典型的互联网群聚传播引发的社会事件，其事件相关体不仅有相关新闻报道、社会集体恐慌情绪，也包含媒体公信力、民生保障等相关内容。可见，事件相关体内涵广泛，涉及网络叙事建构的诸多事件和情感联结。其次，中国现阶段特有的社会时空环境也是事件相关体的重要维度。移动互联网技术的发展和智能终端设备的普及，为大众参与社会表达和呈现自我个性提供了更多的平台和机会，在一定程度上推动社会交往演变为熟人社交和陌生人社交共存的社会关系形态。但由于传播主体在生物学特征、身份角色、权力财富、行为习惯、文化价值观、审美偏好等方面的多样化差异，加上较广泛存在的社会心理失衡，极端化的个体情绪和认知易在线上线下高速交叉流动，使得由某一事件引起的、某一部分人的焦虑恐慌等不良情绪可能郁积为普遍的社会心理，进而加剧不同群体、代际之间的社会分

———————————

① 〔美〕蒲安迪：《中国叙事学》，陈珏整理，北京大学出版社，1996，第38页。

化。因此，社会时空环境已成为促使事件相关体复杂化的重要原因之一。

互联网群聚传播环境对社会叙事也具有重要影响。正如美国学者玛丽-劳尔·瑞安（Marie-Laure Ryan）所述，"互联网就是一个叙事喷井"①。这种"叙事喷井"表面上是互联网技术的革新使得非线性叙事结构和交互性叙事方式成为可能，本质上是网络媒介技术带来的传播主体多样化和对于信息现代性的自反性，才使得关于同一事件的众多叙事文本的生成和组合在网络空间中得以实现。基于社会时空环境的改变，事件相关体的边界不是越来越清晰，而是充满变数并且不断被延伸。此外，社会结构和社会生活方式也已发生转型，不同群体、代际在信息接触、选择、认知和传播等方面存在诸多不同，导致了网络叙事文本的生成与阐释也更为复杂。所以说，不能忽略社会时空环境在素材、背景、机会、条件等方面对网络叙事的促进作用，也不能忽略传播主体的叙事行为与这一大环境的多重影响的紧密联系。由此推论，网络叙事机制第一层事件相关体并不局限于社会事件和情感体验本身，还涉及社会时空环境。这三个方面共同促成了传统叙事形态所无法实现的文本的生成规模以及传播速度与效果的改变，也协同促使了信息生产方式的变革。

第二层是事件相关体的多种媒介化再现及其延伸构成的文本集合体。传播主体的极端多样化使得事件相关体被建构为具有不同形式、情节和意义的多种文本，而移动互联网技术又使得关于同一事件相关体的众多叙事文本能够汇聚在网络空间中。就此而言，互联网群聚传播时代也被称为"叙事重构时代"。聚合在网络空间中的文本都与特定的事件相关体有着千丝万缕的联系，文本与文本之间由此呈现出某种"家族相似性"或意义相关性。因而，本书所述的"文本集合体"是指对特定事件相关体进行多种形式的媒介化再现，及其延伸所形成的众多叙事文本的集合，它是除去某一具体文本的所有文本的集合体。

作为集合概念，"文本集合体"不同于文献学、校勘学中的"底本"，也与广义叙述学中的"底本"有所区别。文献学、校勘学认为"底本"是指某

---

① 〔美〕玛丽-劳尔·瑞安：《故事的变身》，张新军译，译林出版社，2014，第5页。

部作品的底稿或某部作品的整理者选择文本时的主要依据。广义叙述学将"底本"一词应用于叙事学领域并对其进行了新的界定，指代叙事文本（即"述本"）形成以前的所有材料的集合，"它是一个供选择的符号元素集合"，因此它比述本大得多，"它是尚未被媒介再现的非文本"①。可见，文献学、校勘学中的"底本"是新文本生成所依据和参考的多个文本，而广义叙述学的"底本"是指文本形成以前的材料集合。前者讨论的是某一新文本生成以前就已存在的多种文本的集合，后者关注的是文本生成时所依据的多种非文本材料。虽然网络叙事的文本集合体也是多种文本的集合，但它既包括某一文本生成以前就已存在的多种文本，也包括生成时间同步或晚于这一文本的其他所有文本。值得注意的是，文本集合体不是文本数量的简单相加，而是多种文本的有机组合与整合。文本集合体的目的在于对事件相关体进行加工改造，以及是非判断和话语表达。

与神话、诗歌、小说等传统叙事形式相比，网络叙事发生的历史虽然比较短，但与整个社会生活的符号化趋势密不可分。能指的丰富性、所指的多样性以及多种叙事策略的同构，使网络叙事文本成为了信息时代最为复杂的语义系统之一。作为一种如"生活切片"的叙事样式，网络叙事文本趋向于能指的延伸以及所指意义的延伸与变异。文本集合体的形成是一个动态的、持续性的建构过程，因此在时间上可能与事件相关体构成事前叙事、事后叙事或同步叙事。社会事件发生以前，可能生成回顾性、预言性、说明性的相关文本。若事件已成过去，追溯性、验证性、挖掘性的文本更为普遍。或事件正在进行，可能借助互联网传播的即时性生成多种同步文本。那些呈现在线上线下且与事件相关的跟帖评论、舆论等也属于文本集合体的内容。

第三层，具体文本是传播主体当前阅读、点赞、转发和评论的此文本。具体文本是文本集合体生成的关键，文本集合体的形成离不开一个个具体文本作支撑。但是，传播主体在一定时间内只能阅读一个文本，不可能同时阅读几个文本，当阅读几个文本时，其间必然有先后顺序。因此，本书所述的

---

① 赵毅衡：《论底本：叙述如何分层》，《文艺研究》2013年第1期，第5—15页。

具体文本是指传播主体当前阅读到的、具体所指的这一文本。传播主体正在读哪个文本，哪个文本就是具体文本。传播主体对具体文本的阅读、点赞、转发和评论不仅推动了文本集合体的形成与扩大，也强化了网络叙事对于事件相关体的表达和传播效果。

从内容生成的角度看，具体文本可能是原创，也可能源自接受主体对文本集合体的摘录、凝缩、扩展、补充或评论。因此，具体文本是否具有叙事性不能仅凭其表面结构作判断。看似简短的词语或句子也有其独特的叙事意义和效果，而这种意义和效果往往源于本书后面将要论述的文本间的互文性。荷兰学者米克·巴尔（Mieke Bal）认为，叙事文本是"由符号组成的一个有限的、有结构的整体。这些符号可以是语言单位，如词和句子，但是，它们也可以是不同的符号，如电影画面与序列，绘画中的点、线条与印迹……符号的这一有限整体并不意味着文本自身是有限的，因为其意义、效果、功能与背景并不是有限的"①。通过摘录或凝缩形成的具体文本，有时可以保持原有的叙事意义，有时却"言近而旨远，辞浅而义深"。从文本结构来看，具体文本常依靠各种静态描写、形象的或隐喻性的表述方式讲述"无事之事"，以"省字约文，事溢于句外"为显著特征。据此，具体文本在展现语言及话语魅力的同时，不仅丰富了叙事形式和文本主题，还扩散了传播主体的价值判断和网络叙事的社会意义。

事件相关体、文本集合体与具体文本三个层次相互关照、彼此补充，揭示了叙事文本、社会现实和互联网群聚传播环境之间的动态关联机制。这种关联机制不是简单的连接关系，而是作为协同促进、系统发展的叙事进程存在于网络空间中。随着事件相关体的演变，具体文本与文本集合体也会相应地发生改变。概言之，网络叙事的构造过程也就是事件相关体、文本集合体与具体文本三层次之间相互影响、相互塑造的动态过程。

---

① 〔荷〕米克·巴尔：《叙述学：叙事理论导论》，谭君强译，北京师范大学出版社，2015，第3页。

二、具体文本与文本集合体之间的显性移植

作为一种促进经验交流与情感共享的民间叙事范式，网络叙事是社会生活、社会情绪等的表征，也是丰富民间记忆的重要途径。从互文性的视角看，具体文本和文本集合体反映并记录着整个时代的政治、经济、文化等方方面面的社会生活。文本之间不仅相互对话，还与整个时代环境形成了特定的互文性关系。文本集合体里包含着具体文本的传受主体已经读过甚至写过的文本，因此，具体文本的语词表达和叙事意义必然与文本集合体有着千丝万缕的联系。正如法国学者罗兰·巴尔特（Roland Barthes）所述，每一文本都是互文文本；在该文本之中，其他文本——先前文化的文本与周围文化的文本——以或多或少可被辨认的形式在种种不同的层面上出场：每一文本都是由一些旧的引文编织而成的新的织品。①因而，网络文本之所以能广泛流行于线上线下的公共空间，不仅仅是缘于文本集合体与具体文本之间存在形式上的移植关系，还与它们在叙事意义上的互涉关系密不可分。

首先，就某一事件相关体而言，具体文本和文本集合体之间大多存在着有本可依的、显性的互文性关系。

从表达方式上看，引用、整合、转换等是网络叙事中常用的显性互文方式。为了较好地呈现网络叙事中的显性互文性关系，谨以"南京女大学生李某失联"这一事件相关体的网络叙事文本为例进行分析。新闻文本《又一起！南京一女大学生失联21天》（文本1）较早对这一事件进行了简短报道，并公布了这一事件的来龙去脉。此外，《南京失联女大学生已遇害！警方通报：被男友等人合谋杀害并埋尸》（文本2）、《男友曾去报案！南京女大学生被害，一个细节提醒所有人》（文本3）等也相继讲述了这一事件相关体。文本1的核心内容是对失联者家属自诉和警方反馈的引用或转述。文本2对李某失联案的最新调查结果进行了简单报道，通报了犯罪嫌疑人及其犯罪过程。文本3在报道案件最新调查结果的同时披露了更多细节，如李某和男友洪某的相识过程、李某好友对洪某的印象、李某同学对李某的印象、部分网

---

① 周启超：《现代斯拉夫文论导引》，河南大学出版社，2011，第44页。

友对该案件的评论等。文本 2 间接引用了文本 1 的观点和内容，将其作为叙事背景，所述内容既有对后者的回应，也有对案件最新情况的公布。此外，文本 2 还引用了警方"案情通报"的截图、李某生活照以及小区公共视频，在作为权威凭据和背景资料的同时，也为所述观点提供了有力佐证。文本 3 既整合了文本 1 的主要观点，也引用了文本 2 对于事件相关体的论述。文本 3 一方面阐明了李某多位好友对洪某的质疑，另一方面也表达了对女性安全意识薄弱和社会不稳定因素的担忧。作为事件相关体的导火索之一，文本 1 是文本 2 和文本 3 的创作素材，参与了二者的语篇意义建构。文本 2 和文本 3 都引用了文本 1 中的语句和内容，与文本 1 形成情景参照。文本 3 在引用文本 1 和文本 2 的同时，将由文本 2 派生出来的延伸、评论等内容拼贴组合在一起，从多角度、多方位呈现了事件相关体背后的"隐情"。此外，文本 2 和文本 3 都引用了警方的"案情通报"，都试图利用权威信息为事件相关体提供更多的真相和细节。通过广泛引用，三个文本在表达形式上的互文意识清晰可见，展现了传播主体对事件相关体乃至相似案件的判断和认知。

从内容建构上看，三个文本共享相同的叙事主题，具有主题互文的意义关系。主题互文，是指文本之间重复着特定主题而生成的互文性关系。每个语篇都包含着阐释主题的若干内容，但也依赖主题结构中未表达出来的部分语义关系（通过读者或听者在阅读具有共同主题模式的其他语篇的基础上来充实）来间接地产生互文意义。①文本 1 的主题是李某失联 21 天仍然杳无音讯，文本 2 和文本 3 的主题则是披露李某失联案件的最新调查结果。虽然三者的叙事意向并不完全相同，但都介绍了李某的基本情况及其失联前的行踪，可见三者在大主题之下隐藏着相似的小主题。因此，从文本内容上看，文本 2 和文本 3 补充了文本 1 难以明确呈现的主题信息，与后者形成主题投射关系。从宏观上看，三个文本都是李某失联背景下生成的具体文本，共同聚合形成聚焦"南京女大学生李某失联"这一社会事件的文本集合体的一部

---

① Fries P H, Cummings M, Lockwood D, et al., *Relations and Functions Within and Around Language*. London/New York: Continuum, 2002. p.34.

分。从具体文本和文本集合体的生成过程来看，这些文本既借助信息源的可靠性和新闻媒体的权威性增强了内容的可信度和关注度，又映照了当下安全意识教育的社会主题以及大众对社会不稳定因素的普遍关注。

其次，具体文本的叙事意义既来自自身正文本与副文本的合并，也经历着与其他文本的"互染"，这种叙事意义的普遍多向共建过程便是网络叙事的意义生成过程。

一方面，具体文本的主文本和副文本的合并是网络叙事实现意义增值的主要元素。结构承载信息，文本结构承载叙事信息。具体文本的主文本除了词语和句子外，还包括文本内部那些能够影响叙事效果的所有元素。经典叙事学将文本结构的安排视为叙事研究的重点，却往往忽略了那些富有特色的语言表达方式对于整个文本叙事效果的影响，如构词、句式、语义、语气、语调等。[①]"副文本"是由法国叙事学家热奈特最先提出的概念，指相对于小说正文本而言的那些存在于正文本周边、辅助正文本建构叙事意义的元素，如封面、标题（含副标题）、前言、序、跋、推荐语、题词、目录、插图、版权信息、注释、附录、致谢、索引、书评等。[②]可见，形态丰富的副文本以不同形式参与具体文本的意义建构，属于具体文本叙事框架之内的元素。就网络叙事文本来说，标题、插图、跟帖评论等都属于副文本范畴。它们不仅具有烘托语境、勾连意义等作用，也在情感唤醒和情绪感染方面具有促进与煽动效应，甚至还会对社会事件的现实发展造成影响。虽然正文本和副文本的生成时间不一定同步，所传播的范围和影响力也不尽相同，但都处在同一网络页面空间当中，共同参与具体文本的意义建构。

在药物抢购的案例中，与其相关的文本在社交媒体上的广泛扩散也使得相关话题在短时间内登上热搜。在这种大环境之下，有的网友只看了文本标题就立即开始线上抢购行动，也有的网友对那些缺乏明确证据、表述不够准确的文本进行辟谣。虽然辟谣文本在标题中利用了祈使句、感叹号等来吸引

---

① 申丹：《文体学和叙事学：互补与借鉴》，《江汉论坛》2006 年第 3 期，第 62—65 页。
② 参见〔法〕热拉尔·热奈特等：《热奈特论文集》，史忠义译，百花文艺出版社，2001，第 71 页。

读者的重视，但对遏制抢购行为而言为时已晚，预期的社会效应也远未实现。相关报道及其辟谣文本中的观点常被引用到其他文本的正文本之中，有时也以网络截图的形式参与其他文本的叙事意义建构。

具体文本作为独立的"这一个"文本时，其正文本和副文本往往相互影响，副文本可能对正文本的叙事意义形成召唤、整合或摧毁效应。在新闻报道中，作者往往会在正文本内部加入大量副文本，如引文截图、网页截图、视频截图、照片、表情包等。这些副文本常以一幅图片从某个侧面展现与文本主题相关的信息，从不同时空、向度或层次上展现主题内容。当多张图片嵌入时，多以时间、因果、并列等逻辑关系围绕在主文本周围。而且，在具体文本中处于辅助、寄生地位的副文本，可能源自其他文本的正文本，因此也召唤着读者对这些副文本自身及其出处的关注和挖掘。另外，在这个新的具体文本中，图片不仅对正文本内容起着支撑、补充、评价等作用，还发挥着吸引读者注意力、消解作者与读者的心理距离等功能。随着网络叙事对即时性和真实性的追求，图片这种副文本成为愈加流行的叙事元素，以简洁的图片代替烦琐的原因或现象讲述成为网络叙事的常态。但不能忽视的是，有图不一定有真相，图文不符、虚假图片等显然会弱化或解构正文本信息。

正文本后面的评论留言区是多传播主体相互交流的场域，读者的留言和点赞、作者与读者的互动都在此公开呈现。与其他副文本不同的是，评论的在场感和交互性使其成为一个包容性极强的公共空间，各种与正文本观点一致或相反的个性化认知都与正文本呈现在同一个网络页面内。评论不仅能对正文本的叙事意义进行拓展、整合或摧毁，还可能对其他传播主体的社会行为产生影响。

不管副文本是正面评论还是负面评论，当传播主体阅读、点赞、评论或转发之时，他们就已经参与了该事件的互联网传播，推动着事件相关体的发展，同时促进新意义的生成。当然，一个副文本也可能是对其他副文本的回应，这种回应既可能是对叙事内容的补充或颠覆，也可能对文本所传达情绪起到煽动或遏制作用。因此，副文本对于网络舆论的走向，乃至社会事件的现实发展，都具有不可忽视的作用。

　　另一方面，具体文本与其前文本、后文本和同步文本的普遍多向对话也是网络叙事意义生成的关键性推手。从文本生成的历史过程来看，虽然网络叙事具有即时性和同步性，但文本呈现的时间总有先后。因此，对同一或相关事件的相关体进行叙事的文本，生成时间在具体文本之前的文本称为"前文本"，生成时间在具体文本之后的文本叫作"后文本"，与具体文本生成时间一致的文本被定义为"同步文本"。所有围绕同一事件相关体形成的前文本、后文本和同步文本组合成具有家族相似性的文本集合体。从空间呈现上看，具体文本、前文本、后文本和同步文本存在于不同的网络页面中。从互文性关系的角度看，前文本、后文本、同步文本与具体文本之间可能存在明确关系，如材料来源、内容来源、改写、续写、仿写、知识背景、同步报道等，也可能难以构成互文性关系。概言之，前文本、后文本和同步文本既是在生成时间上与具体文本形成对比的文本，又包括与具体文本有着明确互文性关系和难以构成互文性关系的文本。

　　那些与具体文本存在明显互文性关系的前文本和后文本，往往都是围绕同一事件相关体所形成的文本集合体内的组成部分，而没有形成明确互文性关系的文本则多在事件相关体方面存在差异。围绕"女大学生失联"这一事件相关体形成的具有明确互文性关系的文本，不仅有李某失联案的相关文本，还有涉及此类社会事件的其他文本。同步文本是不同传播主体刚好在时间上同步生成的文本，可能内容相关，也可能完全不相关。不管文本之间是否存在明确的互文性关系，所有文本都可能通过网络链接建立起联系，实现叙事意义的普遍多向建构。

　　从网络连接技术上看，具体文本与其他文本的意义"互染"是通过关键词搜索、主题词关联、智能筛选、个性化推荐等网络链接方式实现的。网络搜索功能根据关键词将相关的具体文本及其前、后文本全部汇聚在网页当中，虽然只呈现出标题和部分内容，但将原本分散的各个文本建立起联系。传播主体可以在网络搜索功能的辅助下进行文本筛选和建立个性化文本网络。具体文本的末尾往往会提供与该文本主题词相关联的其他文本链接，通过这个链接，传受主体可获得更多相关信息，也可分享信息、传播观点和发表评论。互联网信息技术具有记录、分析、过滤、推荐等功能，会根据搜索记录和阅读偏好推测读者需求，智能隐匿不符合读者需求的内容。在引导和开发读者叙事兴趣的同时，促进读者参与到网络叙事的进程中。在个性化推荐技术的支持下，传播主体的个性特征、个人需求和行为偏好既是文本生成的重要元素，也是文本再生成和再传播中的重要变量。正是通过移动互联网、人工智能等技术建立起的普遍多向联系，具体文本的正文本和副文本，以及具体文本与同步文本、前后文本之间建立起了紧密而广泛的联系。

　　由是观之，具体文本与具体文本之间、具体文本与文本集合体之间在表达形式、内容建构、意义生成等方面形成了互相移植、互为参照、互相影响的显性互文性关系。在互联网群聚传播推动下，这种互文性关系在网络空间中"扎根""发芽"，并因此形成了网络叙事的动态层累的意义生成机制。

三、互联网群聚传播加速网络话语的隐形勾连

　　如前所示，文本间的显性互文性关系是从文本客体的角度去思考网络叙事意义的生成机制，接下来则进一步从文本客体、传受主体与互联网群聚传播语境的整合视角分析网络叙事意义的再生产机制。

　　在网络叙事意义的再生产过程中，作为个体的阐释者需要充分理解所读文本的话语意义，也需要在阐发、重构等叙事实践中表达出能被其他阐释者理解的话语意义。文本阐释实质上是阐释者对具体文本意义的寻找、解释、阐发或重构并形成新的具体文本的过程。在这个过程中，阐释者既是原具体文本的读者，也是新具体文本的作者。作为读者，阐释者与具体文本的话语意义进行交流；作为作者，阐释者又与其他读者进行对话。因此，有学者将这种阐释者的双重身份总结为"读者-阐释者"和"作者-阐释者"①。具体到网络叙事中，阐释者实际上包含了所有参与网络叙事的传受主体。

　　话语是一套极其复杂的关涉文本意义生产方式的组合体系。除了文本形式上可视的语言、修辞外，文本话语还隐含着阐释者的理解方式、认知框架

---

　　① 参见段建军：《阐释、对话、分享：文本阐释本质论》，《社会科学辑刊》2018 年第 3 期，第 164—171 页。

以及媒介环境等的影响。在相同的媒介环境下，同一话语可以有不同的表达策略和表现方式，也可因不同的理解方式和认知框架而呈现出截然不同的内涵和意义。媒介环境决定着叙事的形式和意义，控制着叙事内容的传播方式、流向和分布，影响着人们对客观世界的感知和理解。正如美国学者尼尔·波兹曼（Neil Postman）所述，"一种重要的新媒会改变话语的结构"①，话语结构中的所有元素都承载着信息。互联网技术的发展，使得媒介环境已经从大众传媒垄断话语表达的时代，演变为社会个体自由多元链接的传播主体多样化的互联网群聚传播时代。在这种难管理、去中心、弱把关的媒介环境下，普通个体话语能够在阐释和交流中实现社会化传播，进而演变为社会性的话语实践。因此，讨论网络叙事意义的再生产离不开对阐释者和媒介环境的观照。

在前互联网传播时代，普通个体因诸多原因难以成为社会叙事的话语主体。在以口语和文字为主要叙事方式的时代，社会叙事的话语主体主要是权力集团、社会名流和文化精英。他们拥有话语表达所需要的口才和文字能力，能够以个人名义参与社会叙事。但是，由于传播媒介落后、内容深奥、受众认知水平有限等原因，他们的叙事难以广泛传播。在以报纸、书籍、广播和电视为主要叙事方式的大众传播时代，传播媒介的覆盖面、时效性和传播内容的灵活度大幅度提升，但社会叙事的话语主体是"具备与大众媒介特质相契合的表达能力的少数个体"，是书刊的"善写者"、广播的"善说者"和电视的"善演者"。他们以才能优势垄断了大众传播媒介提供的话语表达平台，并利用渠道优势传播个人话语，而普通个体只是大众传播媒介线性传播结构另一端的话语接受者。值得注意的是，这些由少数精英表达的话语，必须适应大众传播媒介所特有的生产机制、意识形态、商业法则等要求。换句话说，大众传播媒介的把关机制控制着话语表达的方式和内涵，只有符合大众传播媒介特性要求的话语才能进行表达和传播。

---

① 〔美〕尼尔·波兹曼：《娱乐至死：童年的消逝》，章艳、吴燕莛译，广西师范大学出版社，2009，第25页。

与大众传播时代以口语、文字和大众传播媒体为主要叙事方式和传播渠道不同，互联网群聚传播时代以极具个性化的文字、图片、音频、视频等综合形式为主要叙事方式。同时，传播渠道除了大众传播时代的传统媒体外，还有信息平台、社交平台等多种渠道。互联网群聚传播所构建的自由多样链接关系，突破了传统大众传播媒介的时空限制和地位，凸显了普通个体的主体性，加速了网络话语生产方式的巨大变革。

首先，互联网群聚传播赋予所有网民参与意义生产和再生产的权力与机会，使得原本分散的个体叙事行为在高度链接化的传播系统中被连接成一个整体。互联网群聚传播时代是一个"人人都能发声，传播无处不在"的时代。从叙事渠道上看，移动互联网技术的发展使传统媒体、信息平台、社交平台等相互链接、彼此融合，形成了全时性、互动性的叙事交流平台。基于传播媒介"弱把关"的特性，传受主体往往身份匿名、关系相对平等，叙事议题灵活，表达方式随意，话语表达空间相对宽松。从叙事过程来看，作者主导文本意义的"中心化"叙事模式已经被削弱，读者参与叙事成为可能。通过阅读、点赞、转发、评论等方式，作者和读者之间的界限在很大程度上被打破。读者转换为阐释者，与作者和其他读者进行双向动态交流。这就导致传统媒体时代的线性叙事、单向传播，演变为非线性叙事和多向传播，文本的生成和解读无时无刻不暴露在开放性的网络叙事场域中。分散的叙事行为通过高度链接化的传播关系汇集在互联网传播平台，多样化的议题及其阐释成为常态。这也进一步导致拥有相关或相似叙事话语的文本通过各类传播平台汇聚在网络空间中，成为关于某一事件相关体的文本集合体。由此看来，互联网群聚传播带来了与之前完全不同的叙事平台和阐释空间，阐释者的自主性和能动性得到全面提升。

其次，阐释者对文本集合体进行的多元阐释，形成了多种话语间的张力。在互联网群聚传播时代，阐释者不仅是网络文本的叙事主体，还是网络时空中交流互动的虚拟主体和参与社会关系建构的现实主体。与事件相关的亲历者、目击者和所有关注事件进展的网民，以及新闻媒体和政府职能部门，都可能成为事件相关文本的阐释者，从各自的角度对具体文本或文本集合体作出多样化阐释并建构出新的话语。在前述"南京女大学生李某失联"的三个文本中,《又一起!南京一女大学生失联 21 天》传达的是记者与失联者家属两个叙事主体相互肯定的话语意义。之后的文本,如《南京失联女大学生已遇害!警方通报:被男友等人合谋杀害并埋尸》《男友曾去报案!南京女大学生被害,一个细节提醒所有人》等,都先后转述或阐发了《又一起!南京一女大学生失联 21 天》中的某些信息。这些后文本虽然增加了转述者,但都仍然对被转述者的话语意义持肯定态度,从而构成了与前文本一致的肯定性话语语义。与对作者话语进行肯定性阐释不同的是,有的阐释者也会对评论中的某些话语意义进行否定,如自媒体文本《恶意指摘被男友杀害女生私生活,是要给犯罪找正当性吗?》。该文在转述李某家属的采访、案情进展和某些网友的恶意评论之后,直白明了地阐述了与其他文本截然不同的观点。该文本将分散的三种话语意义整合起来进行二次叙事,生产了融合四种话语意义的新话语。

值得注意的是,传受主体的个性化解读有时并不是单纯地对原文本进行肯定性或否定性的阐释,而是通过无限衍义、预设意义等方式建构起与其他传受主体的互动关系,进而影响社会舆论。"无限衍义"是指对文本的话语意义进行多重解读和开放性挖掘,如挖掘作者意图之外的话语意义、填补文本中没有阐明的意义空白等。意大利学者安贝托·艾柯(Umberto Eco)在《诠释与过度诠释》中虔信文本意义是开放性的,倡导读者对文本进行多重解释,但反对天马行空地对文本进行"无限衍义"的阐释方法。他认为"解构主义者"的批评方法是不可取的,"这种批评方法无异于给予读者无拘无束、天马行空地'阅读'文本的权利……这是对'无限衍义'这一观念拙劣而荒谬的挪用"[1]。"无限衍义"的基础是原文本,阐释者对原文本的多重阐释不能脱离原文本意图。艾柯认为,作者意图和读者意图之间还存在着文本意图,它并不显露在文本表面,阐释者可以从文本中推断出来,但不能"无限

---

[1] 〔意〕安贝托·艾柯等著,〔英〕斯特凡·柯里尼编:《诠释与过度诠释》,王宇根译,生活·读书·新知三联书店,1997,第 10 页。

衍义"。因此，"无限衍义"也就是艾柯所论的"过度诠释"，是一种违背作者意图和文本意图的意义阐释方法。在互联网群聚传播时代，"无限衍义"的阐释方法表现为多传播主体通过文本解构、借题发挥等多种方式，对具体文本或文本集合体进行个性化阐释。通过"无限衍义"，一些网络段子创造了有别于原文本的话语意义，挑战了原文本的作者意图和文本意图。

　　与"无限衍义"的阐释方法有所区别的是，"预设意义"是指传播主体在解读文本前已有主观的立场、观点或结论，并在阐释中将主观的立场、观点或结论赋予被阐释文本。这种"预设意义"的阐释方式在文学批评中被看作"强制阐释"，即"背离文本话语，消解文学指征，以前在立场和模式，对文本和文学作符合论者主观意图和结论的阐释"①。张江认为，"预设意义"的显著特点就是阐释者以"前在"的立场和意图将文本之外的意义附会在文本之上，并在阐释中得出与前在意图一致的阐释结论。在互联网群聚传播中，传播主体为了抒发内心情绪或实现某种目的，往往通过"预设意义"的方式阐释文本，使得新阐释文本呈现出更为复杂的话语意义。例如，方便面的食品卫生问题和酒曲是两个不相关事件，但有网友将二者联系起来，并以"老坛酸菜，足时发酵""少女踩的茅台你们都说香，大叔踩的酸菜你们恶心得不行，看透你们了"等段子进行了揶揄和调侃。这些段子对"脚踩酸菜"和"光脚踩酒曲"进行了强制阐释，嘲讽了某些网民对不同产品的制作方式的矛盾态度。

　　类似解构原文本意图、调侃社会现象、抒发阐释者内心情绪的网络话语有很多，它们在社交网络平台快速勾连，使得具有相似看法的传播主体在短时间内聚合成无形的群体。一方面，当个体意识获得其他个体的认同，并通过社交网络进一步传播时，个体叙事就获得了群体性支持。根据中国互联网络信息中心公布的最新数据，截至 2022 年 6 月，我国网民规模为 10.51 亿，互联网普及率达 74.4%。②网络叙事能够跨越年龄、性别、职业、学历、收入

① 张江：《强制阐释论》，《文学评论》2014 年第 6 期，第 5—158 页。

② 参见中国互联网络信息中心：《第 50 次中国互联网络发展状况统计报告》，2022 年 8 月 31 日，http://www.cnnic.net.cn/NMediaFile/2022/0926/MAIN1664183425619U2MS433V3V.pdf.

等社会结构差异和时空界限，将拥有不同价值观的人聚集在网络之中，让他们相互交流、认同或排斥，增强了社会活力。时政新闻、娱乐八卦、科普流言、网络谣言等叙事内容在满足人们相似信息需求和情感需要时，也促使人们更加自发地相互靠拢，形成社会凝聚力。即便是信源不确定的网络话语，在社交网络平台的"信源美化"作用下也会演变成为值得"信赖"的话语。个体叙事获得群体性支持的过程，既是网络叙事主体的主体性意识逐步增强的过程，也是网络空间中分散的个体链接成为群体的过程。这种群体化的链接关系促使个体情绪逐步叠加、融合成为群体情绪乃至社会共有情绪，并最终对社会舆论和公共议程形成一定程度的影响。

另一方面，个体与个体、个体与群体、群体与群体之间的叙事关系既是叙事主体间的关系，又形成了一种特别的网络叙事语境。通过观点整合、述评结合、无限衍义、预设意义等方式，阐释者传达出了具有多义性、歧义性、想象性的话语，而多种话语的混杂生成除了受文本内容、表达策略等影响之外，还有更为复杂的语境原因。高度链接化的网络空间中，混杂着多传播主体之间的信息共享、情绪感染、认知共识，以及多阐释主体展现自我和进行社会交往的心理需求。只有话题吸引力强、发文及时的文本才有可能获得较多关注，因此不管是专业媒体、非专业媒体还是个人，都试图快速、及时、低成本地生成和传播叙事内容。这些既是多叙事主体间的交流活动，也是多传播主体间的交往实践。传播主体间的交流和互通促进差异化的叙事意义在网络空间中相互缠绕、彼此影响，并进一步推动网络叙事意义的再生产。

可见，网络叙事文本、传受主体对文本的阐释以及二者之间的互动，不仅是互联网群聚传播加速网络话语隐形勾连的"例证"，也是其"表现"。无限衍义、预设意义等阐释方式的共存，恰好展现了互联网群聚传播时代多样化传播主体在信息、情绪、认知等方面的可沟通性，即可以相互对话、参照的互文性关系。因此，文本客体、传受主体和互联网群聚传播环境共同形塑了网络话语的多义性、歧义性和想象性，也建构起了复杂的意义再生产系统。

　　从结绳记事到网络叙事，科技不仅推动着人类的传播活动，也必然带来社会交往方式和人类思维方式的改变。网络群聚传播在为社会信息的生成、传播提供支撑和干预时，必然会给多样传受主体的社会交往和思维方式带来新变化。其一，通过网络叙事实践所建立起来的社会交往关系，因交往范围的扩大、交往方式的丰富、交往关系的补充增强等，成为既有社会交往形态的有效补充。这些现象的背后，既是人类顺应社会发展、追求自由全面交往的内在需求，也使新的交往方式存在着诸多不确定性。其二，由于互联网群聚传播环境的日益复杂和网络叙事的多样易变，人类思维方式也面临着再度解构与重构的隐忧。网络叙事在通过社会交往连接起个体与个体、个体与群体、群体与群体之间的社会经验和价值信念时，也使得来自群体的话语权力深刻地影响着个体的话语表达和经验传递。特别是当个体力有不逮之时，群体经验便成为个体叙事实践的支持性力量，个体独立分析的思维方式便被群体经验所遮蔽甚至取代。

　　网络叙事的活跃性和庞杂性，是全球发展的大环境和总趋势，也使人类社会生存、发展、演进面临着一定程度的不确定性。网络叙事在改变社会的同时，也使世界陷入诸多不可控制的风险中。多传播主体在这个环境下能否继续进行有效的社会交往，人类思维方式能否更为科学合理，由此引发的对社会发展进程的影响，等等，都是整个人类文明发展问题群中的重点问题。正如马克思所说："动物只是按照它所属的那个种的尺度和需要来构造，而人却懂得按照任何一个种的尺度来进行生产，并且懂得处处都把固有的尺度运用于对象。"[①]网络混沌复杂的意义再生产机制所引发的社会交往方式和思维方式的嬗变或许会对社会发展与人类文明的步伐产生深远影响。

第二节　群聚传播中的第三人效果

　　"除了我，别人都很胖"，这是对美国2250名成年人进行的一项电话调查的结论。美国皮尤研究中心2006年4月公布的一份调查报告显示，有多达

[①] 《马克思恩格斯文集》(1)，人民出版社，2009，第163页。

90%的美国人认为大部分同胞超重，但只有 40%的人承认自己胖。[①]这就意味着，大多数美国人在体重上"高估"了别人，"低估"了自己。

高估自己的形象和素质，低估他人，是我们大多数人不易觉察的通病。美国记者大卫·迈克雷尼（David McRaney）在 2011 年出版的《你没那么聪明》[②]一书中，对此进行了全面而生动的解析。"为什么你在 Facebook 上有那么多好友？""为什么你的记忆力常常靠不住？""为什么你会认为自己能够批判性地认知媒介，而其他人则易受媒介的影响与欺骗？"作者列举了日常生活中常见的 46 种自我欺骗的情况，并进行了分析与探讨。

认为其他人更容易受到媒介或信息的影响，不仅是一种普遍的生活现象，也是值得我们探讨的传播学话题。传播学中，这种现象被称为"第三人效果"。它是我们在媒介素养上高估自己、低估他人的表现之一。

一、第三人效果理论的再思考

在媒介研究领域，最先提出第三人效果的是美国社会学家菲利普斯·戴维森（Phillips Davison）。他注意到第二次世界大战期间有这样一段有趣的历史：日本发现太平洋一个小岛上的美国军队由白人军官和黑人士兵组成。于是，日本人就用飞机在该岛上散发传单，强调这是日本人与美国白人之间的战争，黑人士兵和日本人无冤无仇，不能傻乎乎地为白人卖命，要找机会或逃或降。第二天，该岛上的美军就撤退了。虽然没有证据表明，这些宣传对黑人士兵起了作用，但因为白人军官担心黑人士兵可能受到影响，因此不得不撤退。

受到这段历史的启发，戴维森在 1983 年提出了第三人效果（third-person effect）[③]假说。他指出，人们普遍感到，大众媒介信息尤其是广告等说服性信息或色情、暴力等不良信息，对"他人"（第三人）的影响远远大于自身。第

---

① http://finance.sina.com.cn/stock/usstock/c/2016-09-06/doc-ifxvqctu6413439.shtml.

② McRaney D, *You Are Not So Smart*，New York: Gotham Books，2011.

③ Davison W P，"The Third-Person Effect in Communication"，*Public Opinion Quarterly*，Vol.47，No.1，1983. pp.1-15.

三人效果包含两个层面的意义：在认知角度，人们认为第三人受媒介的影响较大；在行为角度，人们要预测第三人受媒介信息影响后态度与行为的改变，从而决定自己的行动策略。

如果仔细推究二战期间的这个案例，学者们似乎忽略了这样一个细节，即黑人与白人之间复杂的历史恩怨，在特定传播情境下对不同人群可能产生的态度、行为方面的影响。但随后的多项研究已经证明了，第三人效果假说可以推广到一般的传播情境中。如戴维森注意到，很少有色情、暴力影片审查员承认他们会受到工作时所审查信息的影响。但学者们研究证实，这些审查员和其他人一样，不可避免地会受到这些信息的影响。①甘瑟（Gunther）对色情媒介进一步研究后发现，大多数受访者认为，色情媒介对别人的不良影响较大，对自己的不良影响较小。他认为，当人们觉得媒介内容对自己的负面效果和对他人的负面效果间的距离加大，便会认为媒介内容的负面社会效果扩大，因此觉得必须采取行动限制媒介内容。②20 世纪 90 年代有学者认为，第三人效果在广告上的影响要比新闻内容影响显著。但随后又有学者提出，这两者之间并无明显差异。③

第三人效果是大众在心理上低估第三人后，在媒介领域产生的传播效应。佩罗夫（Perloff）在对第三人效果产生的动因进行分析后指出，人们低估媒介内容对自己的影响力，可能是由于认知或动机两类因素。一方面因为人们无法正确评估媒介对自己的影响，另一方面则因为基于自我保护、维持或提升自尊的动机，而刻意强调自己不受媒介影响的能力。

第三人效果理论的关键是，谁是第三人？为什么会有第三人？在上面提到的二战案例中，在白人军官看来，黑人士兵就是第三人。当然，在黑人士

---

① Davison W P, "The Third-Person Effect in Communication", *Public Opinion Quarterly*, Vol.47, No.1, 1983. pp.1-15.

② 转引自罗文辉：《媒介负面内容与社会距离对第三人效果认知的影响》，《新闻学研究》2000 年第 65 期，第 95—129 页。

③ Conners J L, "Understanding the Third-Person Effect", *Communication Research Trends*, Vol.24, No.2, 2005. pp.3-22.

兵看来，白人军官也是第三人。第三人并非种族或肤色上的不同，而是这些人的社会背景、知识结构、价值观念等同"我"的差异较大，因此，他们就是缺乏独立思考能力，易受媒介的感染、蛊惑与影响的第三人。

在传播过程中有对比才会有差异，才会有相应的第三人出现。大众传播面向的是"平均的受众"，在传播文本和叙事上较为保守、中庸、平和，不同受众对同一文本的解读差异较小。此外，大众传播的受众数量众多、结构复杂、面目模糊，我们很难对大众这个复杂的整体在心理动机及其后续行为上进行推测。因此，在大众传播中，尽管也存在第三人效果，但并不明显。在群聚传播中，群体的多样性和差异性，带来了传播情境和传播过程的复杂性，由此产生了可供与我们自身对比的众多第三人。探讨群聚传播中的第三人效果，既可以深入理解第三人效果的理论本质，又可以拓展对群聚传播的研究。

二、"发现"第三人——群聚传播的动机分析

群聚传播是一种非制度化、非组织化的个体传播。它以群体成员之间的自发交流为传播形式。群体成员在分享信息的背后，有着诸多的心理动机。如缓解心理压力、释放情感、休闲娱乐或维护人际关系等。"发现"第三人，也是群聚传播的重要动机之一。它能够满足我们在群体中进行自我评价、自我肯定和自我炫耀的需要。在群聚传播中，如果有合适的话题，我们就会积极参与，展示自我，发现并证明其他人是第三人。如果没有合适的话题，人们则会主动抛出话题，引导讨论，创造第三人出现的机会。

在现代社会里，人际交往成为生活和工作中的重要一环。只有经常性地进行自我评价，才能不断地审视和反思自我，从而进行相应的印象管理。自我评价包括很多层面，对媒介和信息的理解与使用，就是其中重要的一环。只有审视自身和他人对媒介信息的理解是否存在差异，并评估这种差异的大小，才能完成媒介素养方面的自我评价。因此，在网络群聚传播中，我们转发新闻、评论时事、参与道听途说，在分享信息的同时，也在期待对方的观点和意见，以供比较。

　　自我评价之后，就是自我肯定。尽管评价之后，自身可能存在着相应的不足，但历史经验和现代心理学都提示我们，"高估自己、低估别人"，其实并不是什么新发现。"自以为是"是从古至今普遍存在的一种心理现象。自我肯定，肯定的是自我，但这种肯定过程要在和他人的对比中才能完成。参与群聚传播，通过"我"对媒介信息的协商式或对抗式解读，展现"我"的能力，发现、证明其他人是"第三人"，是自我肯定的一种简便有效的办法。在群聚传播中，人们参与的通常是两类话题。其一，自己兴趣浓厚的。其二，有些话题虽然我们兴致不高，但是我们掌握的材料和事实比较丰富，能够展现自身分析问题和理解问题的能力。

　　自我肯定是维护自尊、提升自信的有效手段。但如果过度，就会变成自我炫耀和自我满足。在群聚传播中，这种炫耀和满足是这样实现的。首先，通过网络论坛、微博、微信等转发新闻信息，并通常加以"请转发""请注意""十分重要"等评论，以此证明"我"能够像媒介领袖那样对数量众多、良莠不齐的信息作出判断，哪些是可信的、有用的，哪些是该反对的。其次，对新闻信息进行协商式或负面式的解读，质疑、审视、主张和批评则代表着能力。另外，在网络传播中使用英文简写、专业缩略语、网络流行词等，以此向第三人显示自己知识储备丰富，能够紧跟时代潮流。

　　2012年5月，中央电视台播出的系列美食纪录片《舌尖上的中国》，通过多个侧面，展现了丰富多彩、源远流长的中华饮食文化。纪录片播出后获得一片叫好声，大众纷纷赞叹这道名副其实的文化大餐。但与此同时，在互联网群聚传播中，"舌尖上的另一个中国"也成了热门话题。一些网友制作了地沟油、瘦肉精、毒奶粉、添加剂等图片，与《舌尖上的中国》中的精美画面进行了对比，集中展现了近年来曝光的食品安全问题。不可否认，食品安全乃民生之本，我国当前的食品安全现状仍不尽如人意，监管力度还有待提升。现实社会中的食品既不会像"舌尖上的中国"那样唯美诱人，也不会像"舌尖上的另一个中国"所拼凑的那样肮脏不堪。"舌尖上的另一个中国"之所以有众多的转发、评论和参与者，一方面表明了大众对食品安全问题的忧虑和关切，另一方面传播者也在展现自我，意在说明自己信息来源多样，善于独立思考,不会成为轻信媒体的"第三人"。

三、"适应"第三人——群聚传播中的文本差异与变异

大众传播是一对多、辐射式的单向传播,其受众是无差别个体组成的面目模糊的群体。大众传播文本面向的是"大众"化的个体,即全体受众的平均。因此,同一信息在不同大众媒体中的文本基本一致。对于大众传播来说,也存在第三人效果。传播者认为,受众易受媒介影响,对媒介的理解和使用远不如自己。因此,对于大众传播来说,在文本上"适应"作为受众的第三人,为第三人"把关"就是必不可少的了。在内容上避免低俗,减少暴力,在叙事上通俗易懂又不失准确、严谨,是大众传播编辑制作过程中的一个基本要求。

群聚传播是多对多、交互、分享式的传播。它的参与者是千姿百态的群体成员。借助于网络传播技术,各种群体层出不穷,群体成员的沟通、互动日益紧密。在群聚传播中,这种适应第三人的效果就更加明显和多样。而且,这种适应往往是群聚传播者自觉而不自知的行为。

首先是文本类型的适应。群体不同,能够传播的内容和容纳的文本类型也就不尽相同。在传播中,同样的内容针对不同群体,也要做出不同的调整。大众传播面向的是大多数民众,它很少区分受众的年龄、性别、职业、教育程度等个体特征,因此,它的传播内容就只能是大众——社会多个群体——的交集,老少皆宜、通俗易懂是其主要特征。群体,尤其是网络群体,更多具有的是文化而非地理意义上的共同特征。因此群聚传播的内容和文本类型则具有鲜明的群体特色。

2012 年 3 月,浙江某电视台针对当时油价上调,随机采访市民对此的看法。其中一名受访路人回答说:"我能说脏话么?""不能吗?那我就没话好说的。"这段采访就可以看作是一种典型的文本类型适应过程。它是群聚传播内容对大众传播的适应。群聚传播的文本进入大众传播后,就要进行相应的"净化"与规制。反过来,当大众传播或其他内容进入群聚传播时,就脱去了"净化"与规制的过程。因此,一些不适合在大众传播中流通的暴力、低俗内

容会在群聚传播中出现。

其次是文本叙事的适应。在群聚传播中，为了适应第三人"接受、理解能力差，易受媒介信息影响"的特点，传播者常采用通俗化、口语化甚至低俗化的叙事方式，同时多借助图片、动画、语音、视频等非文字形式进行传播。网络用语、流行词汇、各群体间的专业和专门用语等，也夹杂在文本之中，成为群聚传播文本叙事的一大特色。在叙事原则上，群聚传播中更强调的是经验、判断与情感，而不是事实、逻辑和理性。

在群聚传播中，文本类型和叙事的改变，会带来文本的差异，同时也会不可避免地带来文本意义的改变。意义是文本形式和内容共同作用的结果。群聚传播中，传播者为了让第三人能够更好地接受文本意义，经常会将自己的理解作为文本附加意义，甚至直接编辑、改变文本，从而使文本意义产生差异，甚至变异。

一则广为流传的笑话，能够生动地说明群聚传播中文本意义为了适应第三人而产生的变异。据说，1910年某国部队一次命令传递的过程是这样的。营长对值班军官："明晚大约8点钟，可能在这个地区看到哈雷彗星。这种彗星，每隔76年才能看见一次。命令所有士兵穿着野战服在操场上集合，我将向他们解释这一罕见的天文现象，如果下雨的话，就在礼堂集合，我为他们放一部有关彗星的影片。"这个命令经过值班军官、连长、排长、班长的层层"适应性"转述，传播到士兵后就变成了，"在明晚8点下雨的时候，著名的76岁哈雷将军，将在营长的陪同下，身着野战服开着他那彗星牌汽车，经过操场前往礼堂"。这个故事提示我们：信息在传递过程中会存在失真的可能。传播者为了适应第三人，改动文本叙事与意义，是造成失真的一个重要原因。在群聚传播中，这种因为适应第三人造成的文本差异与变异，就更为普遍与明显。

四、"排斥"第三人——群聚传播中的群体极化现象

第三人效果理论中的"第三人"，泛指一般意义上的"他者"，即其他大多数人。在群聚传播中，第三人还有一层含义，即"他们"，指那些年龄、受

教育程度、收入、价值观等与我们相差较多，社会距离较远的人。在传播中，我们习惯用社会相似度来划分群体，与我们文化背景和价值观念相似的、接近的人，就是同类的"我们"，反之则为异类的"他们"。因此，在群聚传播中，第三人既是个体的他者，又是群体的他们。

第三人效果实际上是一种自私偏见。我们通常觉得自己比别人更聪明和训练有素，认为别人知识结构单一，愚笨无知，轻信盲从，不能正确地理解和利用媒介。因此，会对第三人产生一种居高临下的优越感。第三人群体可以是我们自我展示、炫耀和满足的场所，但却不能成为归属群体。我们在不断警告自己，不要"同流合污"的同时，也要防止第三人来破坏我们队伍的纯洁和优越。和这些群体保持距离，把"他们"排斥在外，就是一种常见的策略。

保持距离是强化神秘性、维持优越感的一种有效手段。从远古的一些宗教"接触禁忌"（如普通人不得接触、接近圣物或圣地），古代官员出行时随行人员高举的"肃静""回避"的牌子，到现代一些产品和作品在正式发布之前遮遮掩掩的保密行为，莫不如此。其本质都是对世俗、凡俗的第三人群体的一种"排斥"行为。

"方以类聚，物以群分"，是《易经》留给我们的古老智慧。在群聚传播中，"物以群分"则变成了"人以群分"。群体，成为自我定位与社会交往中的一个重要标签。由于第三人效果，我们深度参与的群体，其成员在文化背景、价值观和媒介素养上彼此相似。而且，由于每个人都相信、坚持自己的观点，因此在群聚传播中，即使经过沟通、交流，大多数人还是持有既定的看法，并因为自己的观念得到了认同者的支持，而进一步固执己见，甚至走向极端。这种现象，就是群体极化。

群体极化是群体协商的常态结果，已被千余年来的数百项研究所证实。[①]对于事实问题和价值问题，都会发生群体极化。过于精细的社会分工造成的日益深奥却狭隘的知识结构，因第三人效果而产生的自我肯定、"沉默螺旋"

---

① 〔美〕凯斯·R.桑斯坦：《信息乌托邦： 众人如何生产知识》，毕竞悦译，法律出版社，2008，第99页。

等心理机制以及来自群体规范的压力等，是群体产生趋同和极化的重要原因。

在群聚传播中，排斥第三人及其随之而来的群体极化，使群聚传播被进一步分割为众多交叉纵横的小圈子。群体越来越多，对相似者越来越开放，但对作为第三人的他者却越来越封闭、排外与缺乏包容。如在医学专业群聚传播中，一些中医瞧不起西医，一些西医嘲笑中医，一些中医和西医则共同排斥"中西医结合"。就连网络论坛的某个版面，也常分为"挺版派"（支持版主）和"倒版派"（反对版主）等不同的敌对阵营。

网络媒介技术，为我们的沟通与交流带来了便利。在促进文化融合的同时，也使各种亚文化、小众文化、群体文化更加多样与异质。如果在群聚传播中过分强调自我与个性，排斥第三人，长期如此，只能造成我们自身的"偏食"和"营养不良"。孔子的"君子群而不党"，对于今天的群聚传播来说，仍然具有指导意义。

五、"警惕"第三人——群聚传播的效果机制

第三人是有别于我们群体的"他们"。他们是沉默的大多数，在某种程度上，也是"愚蠢"的大多数。你可以将他们排斥在群体之外，不理会他们的想法，但却不得不注意并警惕他们的行动。因为第三人在数量上占据优势，大众的盲从和盲动，从来都是不可小视的社会力量。

比如，某个不负责任的"股评家"在网络群体中传播小道消息，无根据地断言某个股票一定会大涨或大跌。如果我们是这只股票的持有者，就要提高警惕。因为预期和信心是金融市场的决定性因素。一旦大多数人都认为某只股票会涨（或下跌），那么它短期内就一定会涨（或下跌），尽管大多数人的判断是缺乏理性思考与事实依据的。这时候，"我"就要预测第三人的行动，根据实际情况，采取相应策略。

根据群聚传播中的信息，预测第三人的反应，调整自身策略与行为，这也是一种自我保护机制。2011 年国内爆发的"抢盐"风潮，就是一个极好的例子。2011 年 3 月 16 日起，各地市民纷纷抢购食盐，大量食盐销售一空。个别不良商家借机提价，北京一箱 40 多元的食盐甚至被一些商家卖到 600 元。

微博上很多人的问候语都变成了"你买盐了吗"。抢购食盐的理由基本有两个，一是吃盐防辐射，二是核辐射污染海盐。对此，卫生部门第一时间就辟了谣，表示吃盐不防辐射，另外中国食盐也安全且供应充足。但还是没能阻挡住这次"抢盐"的蔓延，大多数地区出现了一周到两周左右的食盐供应断档。

不少人事后表示，其实自己并没有相信吃盐防辐射的谣言，也不想抢购食盐。但考虑到如果其他大多数人相信谣言后都去"抢盐"，那么自己就会无盐可买。为避免"后下手遭殃"，就要"先下手为强"，因此也积极地加入了"抢盐"大军。当群体不约而同地形成了这种认知时，恐慌购买的集体行为就不可避免地爆发。这就是因警惕第三人而导致群体集体行动的效果。

人们通常倾向于夸大媒介传播对他人态度与行为的影响。这种对第三人效果的评估和对第三人的警惕，最终引发了群聚传播的效果机制。对于第一人（我）来说，要警惕"偏听、轻信"的第三人，避免他们受到不良信息的影响后，产生错误的认知，采取不当的行动，而损伤自己的利益。这就是为什么在群聚传播中，听到有关自己的谣言后，人们不禁就会火冒三丈的原因。当群体中流传有关某个机构的谣言时，尽管有时候这些谣言荒谬可笑、不堪一驳，但当事方还是会及时地出来辟谣，甚至举行新闻发布会以正视听。其根本原因，也在于对第三人的警惕。一些机构或个人的违法行为，在网络群聚传播中被曝光后，往往能够收到大众传播中类似的舆论监督效果，也正是源于当事方对第三人认知、态度与行为的警惕。

综上所述，第三人效果在本质上并非什么新现象或新理论，它是我们"自以为是"的错觉在传播学领域的应用和拓展。在群聚传播中，传播者、接收者、信息的生产者和消费者混杂在一起，因此第三人效果就更为明显。从"我"的立场出发，第三人是他者，是他们，是与"我"不相似的大多数；从他者的角度来看，"我"则是第三人。这也正是第三人理论产生传播效果的重要原因。事实上，别人没那么笨，我们也没那么聪明。每个人都是第三人，但人们通常意识不到这一点。

第三节　群聚传播中关系结构重塑

本节从关系结构的角度讨论互联网群聚传播，强调"关系"在认知当前媒介时代中的关键作用，讨论关系结构在互联网群聚传播的重要价值。

一、关系结构搭建媒介空间

（一）从信息到关系：认知传播的历程

传统传播学的认知框架将"信息传递"作为逻辑起点。从线性的传播模式（如拉斯韦尔的"5W"传播模式和香农-韦弗传播模式）到双向互动模式（维纳信息控制模式、奥斯古德双行为模式、施拉姆循环模式、德弗勒互动过程模式和丹斯螺旋上升模式等），传播都被想象为一个信息从信源经过信道到达信宿的流动过程。在这种认知中，"信息"是传播的核心，是传播的价值所在。20 世纪 60 年代以降，在系统论的范式下，传播活动开始被置于互动中的社会系统。以赖利夫妇和马莱茨克的传播理论为代表的传播社会系统论将社会传播视作大系统嵌套着多个小系统的复杂有机体。但这个层层嵌套的传播认知仍然是围绕信息本身而展开的，强调多个系统互动作用下的信息流通。它忽略了承载信息流通的空间结构，也就是"关系"的结构因素。

在大众传播视域中，中微观层面上的人与人之间关系是一个容易被忽略的因素，特别是在机制化的信息生产过程以及信息散播过程中。但在人际传播的研究中，关系对传播活动的影响却是一个重要的议题。以格雷戈里·贝特森（Gregory Bateson）为核心的帕洛阿尔托小组（Palo Alto group）从人际交流的角度出发，认为"关系是一种元传播（meta communication），每一次传播都包含内容和关系这两类信息，内容信息显示谈话的内容，关系信息显示传播者之间的互动结构"[1]。

本节认为，关系的元传播性质是人类传播的一个固有属性，只是此属性

---

① 〔美〕E. M. 罗杰斯：《传播学史：一种传记式的方法》，殷晓蓉译，上海译文出版社，2012，第101 页。

在不同的传播机制中所表现出的显著程度是有差别的，在互联网群聚传播的环境中，伴随着关系价值的日渐明晰，关系的元传播属性日益凸显。

（二）网状立体空间：互联网群聚传播中的关系形态

本节中的"关系"概念，是指一种传播主体间的互动联结的状态。这里的关系并不仅仅局限于传统传播学认知中传者与受者之间信息流通的渠道，更是指向广义上的互动关系的结构。

在形态表现上，互联网群聚传播的语境中传播主体间的关系结构呈现出网状的、立体的形态，网络与网络之间相互平行或者交错，构成多维交错的网状空间结构。普通个人、媒介机构以及各类社会组织等传播主体，都是这个网络立体空间里的节点。这些节点不是均匀分布的，且节点的大小是有差异的，节点间的联结关系也不是必然或均质的。因此，关系在此空间中所呈现出的是无数个相互交错、大小不一、具有"中心-边缘"结构的聚合群。

互联网接入权的普及，特别是社交媒体的广泛兴起，使得我们在媒介使用的过程中产生了一种回归人际传播的感受，即麦克卢汉的重归部落化的概念。而本节认为，这种类似于人际关系的回归之感实则是对网状立体关系空间的一个局部观察的结果：如果仅仅站在一个具体节点的位置体察这个网状立体空间，在目力所及的范围内，大量的信息确实是以一种点对点的传播方式而流通的，且这些"点"往往又是熟人或是名人，从而产生一种类似重归部落化之感。然而，我们认为，当下网状立体空间中的"点对点"与人际传播中的"点对点"模式却是存在着本质的区别的。以口语和书信为主要载体的"点对点"关系是少量传播主体参与的离散的结构，关系在这里是传播活动内部的因素。而当下互联网群聚传播环境中的"点对点"则是广泛链接的关系空间中局部截取的形态，在这里关系不仅存在于传播活动内部，更是作为结构传播活动的外部条件。

（三）互联网群聚传播中关系结构的变化

本节认为，关系结构的变化是当前媒介环境变革的核心动因，是理解当前互联网群聚传播的一个重要因素。关系结构的网络化、立体化、非均质性的扁平化为具体的传播议题提供了在社会中大规模延展的可能性。

传播主体间关系结构的变化解释了网络赋权、受众觉醒、信息爆炸、互动以及群体等一系列关键议题。在社会学社会资本研究中，关系作为一种资源配置的手段已经得到了广泛的研究。① 关系是一种社会资本（social capital），人们在关系网络中所处的位置决定了其对社会资源的使用和分配的能力。我们从这个角度理解"互联网赋权草根"的议题，也就不难发现，其机理是媒介关系结构扁平化发展中，草根阶级在传播关系网络中的位置得以改变，进而提升了他们对话语资源的接近与使用能力。换言之，网络赋权实际上是关系结构的赋权。类似地，所谓互联网时代的"受众觉醒"，也是一种传播主体间关系结构变化的结果。

传播主体多元化是互联网群聚传播的核心②。但传播主体其实一直是多元复杂的，只是在大众传媒主导的媒介时代，大多数的传播主体是被视作散、匿、广的受众，作为接受者的集合而被群体化地认识的。受制于"媒体-受众"模式的树形关系结构，他们的多元化并未在传播过程中体现出来。受众的被动性是由他们在大众传播的树形关系结构中的位置所决定的，他们所处末梢位置限制了其支配话语资源的可能性。而在互联网群聚传播的环境下，多元主体间的关系结构业已发生变化，不论是曾经的受众，还是大众媒体机构，都被作为节点串联进当下网状立体传播空间中。所以，本节认为，传播关系结构的立体化发展是受众觉醒的核心驱动力。传播主体间关系结构的改变是当前媒介环境变化的核心，以纸媒为代表的传统媒体所面临的困境，表面上来自新媒体的技术冲击，根本上则是源于传播主体间关系结构的变化。

关系的大规模搭建解释了大数据的可能性。如果我们从关系的角度理解"信息爆炸"，便不难发现这一互联网带给我们的最显著、最直观的感受也是借助关系的大规模搭建而实现的。其实信息在总量上一直是巨大的，每个领域、每个组织甚至每个个体都在生产并持有大量的信息，只不过在过去，信

---

① 李继宏：《强弱之外——关系概念的再思考》，《社会学研究》2003 年第 3 期，第 42—50 页。

② 隋岩、曹飞：《论群体传播时代的莅临》，《北京大学学报（哲学社会科学版）》2012 年第 5 期，第 139—147 页。

息就像被分割在大大小小的孤岛上，岛与岛之间缺乏高效的联通渠道，故而一个岛上的信息很难传递到另一个岛上。在互联网群聚传播中，关系的搭建就像在孤岛间架起了桥梁，使得信息的大规模流动成为可能，从而对个体而言造成了信息爆炸的观感。

除了传播主体相互联结的状态，"互动"是互联网群聚传播中的另一个核心。关系的搭建以及关系结构的立体化发展为传播互动提供了可能的空间。大众媒介时代，媒体机构与受众之间的树形的关系结构限制了互动的可能性，所谓"反馈"也只是零散的信息在特定渠道中从末梢到根端的回流。而在互联网群聚传播时代，媒体机构与受众都是网状结构中的节点，互动就发生在立体化的关系网络之中。可以说在互联网群聚传播中，技术制造渠道，渠道承载关系，关系的搭建则实现了互动的可能。

曼纽尔·卡斯特曾将社会网络描述成"动态的、自进化的结构"，他认为"此结构是一个无线增长的开放系统，它可以容纳各种社会表达，并且是可以根据每个网络的目标而进行调节的"①。本节也认为，关系结构的边界是流动的，只有置于具体的语境/空间/事件下，关系才是可以理解的。卡斯特认为"节点可以根据新的任务与目标进行重构，可以随着它们获取或失去知识和信息的多少来增加或减少自身的重要性"②。在互联网群聚传播中，任何群体都不再是一个边界清晰的集合体，而是节点间存在联结关系的网络的一个局部，其范围区间是可调节的。可能今天大家因为某个事件而聚集，明天便因为议题的变化而分散，群体的边界总是在流动的。因此，用"局部的网络"来理解"群体"可以为我们提供更多具有操作意义的研究视角。例如，从边界区间调节的角度理解个体事件如何发展为社会议题；从局部网络中链接关系的分布考察公共事件的发展、谣言的传播路径；通过关系结构中的特殊位置（如下文将讨论到的社会网络分析中的结构洞、中心节点等概念）的视角

---

① Castells M, "Toward a Sociology of the Network Society", *Contemporary Sociology*, Vol.29, No.5, 2000. pp.693–699.

② 〔美〕曼纽尔·卡斯特、〔英〕马汀·殷斯：《对话卡斯特》，徐培喜译，社会科学文献出版社，2015，第32页。

理解所谓网络"意见领袖",及其影响事件进程的可能性等,不一而足。

二、从关系结构理解媒介空间中的价值

关系在米歇尔·福柯的权力研究中占据着重要的位置。米歇尔·福柯认为权力并不是一种可以被某人或某个群聚所"占有"的物体,而是以"微观权力"(micro-physics of power)的形式流动于关系之间①。换言之,权力只有被置于关系之中才有讨论的价值。本节借鉴米歇尔·福柯的权力视角,将当前互联网群聚传播置于关系空间之中,强调关系结构的变化导致话语资源及话语权力的重新分配,而资源与权力自然而然地产出价值,关系结构的变化正在为人类传播活动创造越来越多、越来越丰富的价值。

关系的价值映现于当前媒介现实的各个方面。大量新兴的盈利模式架构于媒介生态的新型关系结构之上,利用关系结构的各种属性创造价值。不同的关系变现模式就是关系价值在不同侧面上的表征。本节选取了关系属性的四个方面(即形状、密度、位置以及强弱)举证分析了关系的属性与其相对应的价值。

(一)分配:关系结构的形状

传播主体间关系的分布结构,即关系结构的形状,主导着话语资源在传播活动中的分配。就像是城市的自来水供给由埋在地下的管道的分布而决定,话语资源在传播过程中的分配是由传播主体间的关系结构的形状而决定的。

在由专业化的媒体机构所主导的大众传播时代,传播主体间的关系结构是呈树形发散的。专业化的媒体机构在搜集、处理和散布等三个层面上控制着信息资源②,这些媒体机构处于树形关系结构的根端,控制着信息资源的生产与发布;而媒体的受众则处于关系结构的末梢,他们是信息的接受者;在末梢,信息再经过受众与他人之间的人际传播发散开来。因为树形的关系结

---

① Foucault M, *Discipline & Punish: The Birth of the Prison*. London: Vintage, 2012. pp.27–29.

② 张咏华:《媒介分析:传播技术神话的解读》,复旦大学出版社,2002,第 176 页。

构缺乏规范的、大规模的回流通路，所以受众的反馈在这种关系结构下必然是弱势的。话语资源在这种树形传播关系结构中流通，根端把控着对话语权力的垄断，这种树形的结构造就了媒介机构在大众传播时代的权威感。

话语权力是话语资源分配的产物，关系结构则是话语资源分配的管道，故而关系结构主导权力分布。当下的"网络赋权"议题便可以在逻辑上归因于网状立体的关系结构。这一点在前文已有说明，这里便不再赘述。

（二）效率：网络中关系的密度

在空间的某个特定范围内，相互联结的节点的数量，即关系的密度，决定着信息在这个空间内传播效率的高低，关系越稠密，信息在这个空间范围内中流动的效率便越高。所以本节认为，网络密度和传播效率之间存在一种正向的关系。

这种效率既包括信息扩散的速度，也包括信息扩散范围的广度。密度大就意味着节点与节点之间存在联结关系的概率较大，信息流动在关系网络中可选择的路径方案也就相应增多，扩散速度也就相对较快。同样也是因为扩散的可选路径多，发生传播断链的可能性便下降，即使处于这个局部关系网络边缘的节点也有较大的概率接收到信息。这就是高密度关系结构在话语资源的流通中所表现出的高效性。

社交媒体中的病毒营销是一个典型的体现关系的密度属性的价值的例子。病毒营销的核心机制是鼓励用户对信息进行自发的传递，成功的病毒营销往往以热点议题的形式出现，但这种铺天盖地之感只是一种拟态环境，换言之，病毒只是某个圈子的病毒，只是因为个体置身于圈内，与个体相联的其他节点都在传递这个信息，才营造出了一种势不可挡的氛围。而这种势不可挡只有在网络达到一定的密度时才能实现，放置于其中的信息才能形成病毒势态达到相互传染的效果。当然，病毒营销的传播机制是一个复杂的议题，关系密度仅是其中的一个因素，其他的机制，如社交、触发、情感、公众、实用价值和故事①等发挥着重要的作用。

---

① Berger J, "What Makes Online Content Viral", *Strategic Direction*, Vol.28, No.8, 2012. pp.192–205.

（三）控制：节点在关系结构中的位置

节点在网络中所占据的位置决定了它对网络中其他节点的控制能力。节点在关系结构中的位置是多种多样的。借用社会网络分析（social network analysis）的概念，这里列举两个具有控制能力的典型位置：与大量其他节点相联的位置以及结构洞位置。

某个节点如果与大量的其他节点相联，那么经过此节点传播的信息就有更高的概率被更多的节点接收。这样的节点在社会网络分析的理论框架之中被称为具有高点度中心度（degree centrality）的点。根据关系的方向，点度中心度又可细分为入度和出度[①]，以新浪微博为例说明，入度便是某个用户的粉丝数，出度则是其关注的人的数量。普通用户的微博可能无人问津，但同一条微博，在被具有高入度中心度的"大 V"转发后，将会快速经历一个转发高峰，吸引大量注意力资源，这就是高点度中心度的节点位置的控制能力。

结构洞（structural hole）的价值则基于其发挥作为连接桥梁的作用。如果节点之间缺少直接的联系，而必须通过第三者才能形成联系，那么这个第三者就占据了结构洞的位置。[②]如果某个节点连接的不仅是另外两个节点，而是两个群体，这个节点就是在两个群体的交往过程中扮演着中介桥梁的角色，它便具有在网络中充当着沟通/控制两个群体间信息交换的可能性。"一个网络中占据结构洞位置的角色可以很方便地得到来自不同信息渠道和群体的信息。处于这种位置的个人可以通过控制或者曲解信息的传递而影响群体。"[③]

节点在关系网络中位置的控制能力实际上就是一种对社会资源的获取能力，在网络结构观的视域下，社会资源镶嵌于社会网络，而个人在网络中的位置便决定了其对社会资源的获取能力。[④]在当下数字化生存的媒介环境中，

---

① 刘军：《社会网络分析导论》，社会科学文献出版社，2004，第 16 页。

② Burt R S, *Structural holes: The Social Structure of Competition*. Cambridge：Harvard University Press，1992.

③ Freeman L C, "Centrality in Social Networks Conceptual Clarification", *Social Networks*, Vol.1, No.3, 1978. pp.215-239.

④ 参见张文宏：《社会网络分析的范式特征——兼论网络结构观与地位结构观的联系和区别》，《江海学刊》2007 第 5 期，第 100—106 页。

网状立体关系结构的完善和关系数据的易得性，为研究以高度数节点和结构洞节点为代表的关键网络结构位置提供了极大的便利。值得注意的是，节点在网络中的位置永远是一种相对位置，因为空间是立体交错的网络，所以中心与边缘的位置都是相对的，正如前文提出的，网络是动态的，只有在具体的语境中理解才是有意义的。从这个角度理解，信息资源在传播活动中所取得的效果好坏是一个复杂模型，并非简单的因果变量关系。

（四）说服：节点间关系的强弱

马克·格兰诺维特（Mark Granovetter）根据衡量"关系特征的时间量、情感紧密性、熟悉程度和互惠交换等四个标准将关系区分为强关系和弱关系，并以通过对职业流动的实证考察分析了强弱关系在信息传播过程中所起到的不同作用"[①]。尽管近来社会学界对强关系、弱关系之间的衡量，以及强弱关系对社会资本的配置能力在不同的社会环境中的差异表现[②]等议题都有新的实证和理论上的讨论，但强弱关系理论仍然对我们理解社会关系网络具有非常重要的意义。

节点间关系的强弱程度影响着信息的说服能力，关系的强弱本身就是一个包含着价值的信息，当某条信息在关系网络中传播时，流通着的不仅是信息的文本价值本身，还有作为元传播而存在的关系价值。例如，微信中的微商就是一个体现关系的强度属性价值的典型例子。微信朋友圈中大多是熟人，在关系属性上是以强关系为主导，微商利用强关系的说服效应销售商品，熟人间的信任转移于产品上，使客户/朋友对产品信任，从而产生附加价值。

关系的强弱属性不仅影响着信息的说服能力，流通于强弱关系链之上的信息特质也表现出显著的差异。微博与微信在强弱关系上的不同偏向便是一个典型的例子。微博是一种熟人化的陌生人社交，其本质是陌生人由于共同

① Granovetter M S, "The Strength of Weak Ties", *Social Science Electronic Publishing*, Vol.78, No.2, 1973. pp.1360–1380.

② 边燕杰、张文宏：《经济体制、社会网络与职业流动》，《中国社会科学》2001 年第 2 期，第 77—89+206 页。

的话题兴趣、观点偏好等建立起了类似熟人的关注关系。不同于双向的"面对面"关系，这种关系往往是单向的，是"面对背"的，用户之间大多是单面链式的弱关系。信息，特别是符合双方价值取向的信息，是这种链式关系存在的基础，所以，微博中常见的文本大多是资讯和观点等信息性强的内容。而微信则是一种熟人社交的产品，在兴起初期，用户在微信中的关系更多的是熟人关系的线上移植。这是一种面对面的好友关系，用户之间大多是互锁式的强关系。情感、人情维护则是传播活动的重点。流通在微信中的文本内容大多是私人社交性的、分享性的信息。认识到微博、微信在强弱关系上的偏向，对于媒体机构在当前媒介融合大潮中的新媒体运营决策也是有所助益的。对媒体机构，特别是新闻机构来说，微博和微信是当前主流的新媒体窗口平台，它们常被用来推广媒介内容产品，但在这两个平台上的推广应该采取区别化的策略：从关系结构的角度出发，信息性的、容易引起公共讨论的内容在弱关系结构的微博上更容易引起关注和被扩散，而情感性的内容则在强关系结构的微信平台上更具传播效率。

三、作为传播研究视角的关系网络

在社会科学研究的传统中，分析单位的确立往往建立在"个体-整体"的两分法的基础上。我们往往要么遵循实证主义的传统，将分析单位设置为个体，或者个体所形成的集合，研究个体属性对其行为的预测作用；要么遵循人文主义的传统，将社会当作一个总体大于个体之和的整体，通过横向（比较研究）或纵向（历史研究）的对比观察反思社会现象。本节通过论证关系网络在传播领域的重要性，倡导一种超越"个体-整体"对立、超越"能动性-结构"对立的研究角度。关系网络作为一种方法论，强调既考虑结构加诸于个人的作用力，又考虑个体差异对于结构功能的影响。更重要的是，强调研究连接着"个体与整体"以及"能动性与结构"的关系网络的作用力。这可以为社会科学，特别是传播学研究提供更多新鲜的研究视角。

本节提出两点概念上的厘清，同时也是两点方法论层面上的讨论：互联网群聚传播中的关系网络既不是个体的集合，也不等于结构功能主义中的宏观"结构"。

首先，关系网络不等于个体的集合，关系网络的属性不能还原为个人属性的集合。相较于传统社会科学通常以个人属性作为变量，建立回归或者相关性检验模型，关系网络的视角可以拓宽我们的研究思路与具体的研究方法。在认识论和方法论的层面上，我们可以考虑个人所处的关系网络对个人行为态度的规范作用，这种规范作用既可以体现在较为宏观的文化层面，也可以是较为微观的群体内关系或者同辈压力。即使是最小的传播单位（自我内部的"心理互动"）也受个体所处的关系网络的影响，这一论点可以追溯到米德的社会自我理论。除了直接的规范作用，关系网络对于镶嵌于其中的个体的作用力还表现为对能动性的影响，通过施加限制的可能性或者提供机会的可能性，这便是关系社会学学者尼克·夸斯里（Nick Crossley）所谓的"关系中的能动性"（agents-in-relation）概念。①另外，关系网络的视角在具体研究方法层面上也是大有裨益的。我们可以将传统的线性模型与社会网络结构分析相结合，或者将关系的变量纳入量化模型，从而设计更为拓展的、多维的研究方法。

其次，关系网络不等于结构功能主义中的宏观"结构"。本节所强调的关注传播关系结构的研究视角并不是唯结构论的。在技术决定论和社会建构的范式之间，我们更倾向于采取科学与技术研究领域中的"协同生产"（co-production）视角，强调技术现实与社会秩序的相互建构。②作为"独立个体"或者"孤立的局部"的对立概念，本节所讨论的关系网络类似于符号互动学派中的"社会世界"概念，强调一种联系的、全面的视角；与此同时，它并不忽略结构内部的差异性，正如前文所讨论的，关系网络是非均质的。对于整体网络而言，其内部结构存在疏密上的差异性。这种差异性决定了"结构"的功能必须是有条件的、具体的以及多样化的。因此，任何抽象的、泛化的或者高度概括的结论推广都应该被谨慎地对待。对于个体成员而言，

---

① Crossley N, *Towards Relational Sociology*, London：Routledge, 2010. p.4.

② Jasanoff S, *States of Knowledge: The Co-production of Science and the Social Order*, London: Routledge, 2004. pp.1-12.

他们所处的关系网络中的位置也存在结构性的差异。这种差异性塑造了上文提到的个体间有差别的"关系中的能动性"。

本节从互联网群聚传播的关系结构角度出发，试图为传播学研究提供一种新视角的探索方式。长久以来，"信息"一直占据着传播学研究的中心位置，传播学者们将大量的注意力投注于对信息本身的研究，而忽略了作为其空间载体的"关系"的因素。在当前互联网群聚传播的环境中，关系的价值日渐凸显，关系的结构形态深刻地影响着传播活动的各个方面。

综上，关系是认知当前互联网群聚传播时代的核心概念。传播主体间的关系结构决定着话语资源在媒介空间中的流动，其多维交错、网状、立体且非均质的形态结构是认知新媒介环境变革的核心。本节通过关系属性的四个方面，即形状、密度、位置与强弱，剖析了关系因素是如何在当前互联网群聚传播时代中发挥作用，从而建构传播现实。本节期望通过这种探索，通过对关系因素的强调，为当前新媒体传播提出一个崭新的研究视角。

第四节　从混沌理论认知群聚传播特性

生命究竟是如何起源的？几十万亿个相互关联的神经细胞组成的大脑如何工作？股票市场为何有时会毫无征兆地崩溃？天气预报为什么经常不准？社会经济的发展更多来自国家的规划还是"看不见的手"的自发推动？微博为什么会在短时期内成为热门的网络应用？互联网群聚传播的价值在哪里？这些看似不相关的问题，实际上都是混沌理论研究的范畴。

在一般意义上，混沌意味着混乱、无序的状态。作为一种科学研究的领域，混沌理论起源于20世纪中后期，是近代非线性动力学中重要的组成部分。混沌理论研究非线性系统复杂行为的秩序与规则。混沌理论不再沿用传统科学局部的、孤立的、线性的、分解式的研究方法，而是使用整体的、联系的、非线性的、综合的思维方式来研究，如湍流现象、股票波动、天气预报、人口统计、胚胎发育等自然界和社会的复杂现象。

混沌系统具有非线性秩序、自相似性、自组织性、对初始条件的敏感性等主要特征。混沌理论告诉我们，"混沌"为非确定性的秩序，而非混乱。这个世界远比我们想象的要复杂，但在这些复杂现象的背后，往往有着普遍意义的、简单的支配规律。在互联网传播尤其是群聚传播时代[①]，我们也可以引入混沌理论，探讨信息在群聚传播中的扩散与影响。

一、混沌与秩序：互联网群聚传播的非线性体系

确定性的丧失，是混沌系统的特征之一，也是现代科学和社会发展面临的常见问题。长期以来，科学致力于寻找自然界和社会的各种确定性规则和秩序，以作为人类认识自然、进而改造自然的工具。对确定性哲学的信仰，起源于笛卡儿。笛卡儿"我思故我在"的哲学思想从普遍怀疑开始，却以确定性的认知为归宿。笛卡儿坐标系的建立，把代数和几何统一起来。从此以后，世界上的任何一个点，都可以用数学精确地表示与计算。牛顿在经典力学领域的辉煌成就，更是使这种对数学、物理等确定性规则的崇拜达到了无以复加的程度。既然天体的轨迹都可以准确地计算和预测，那么这个世界还有什么科学不能认识和理解的吗？如果有，那也只是时间问题。科学将会解释一切，控制一切。这种普遍存在的思维，成为大众信任、追求确定性秩序的根源。

然而随着近代科技的发展，很多非线性问题出现在许多学科之中。在科学上，近现代非欧几何、模糊数学、量子力学和心理学等领域的发展，使传统的线性秩序逐步坍塌。在社会发展上，城市化、电子技术、网络技术让生活越来越丰富多彩的时候，也让生活中充满了变化和不确定。传统的线性化方法已不能满足解决复杂系统的需求，混沌理论也就由此产生。

混沌的世界是个不确定的世界，我们的研究对象很多时候并不能精确地测量、预测与控制。自然科学领域存在这种不确定，互联网传播也是如此。在互联网群聚传播中，传播者是不确定的，参与者是不确定的，文本内容与形式是不确定的，信息的真假与价值是不确定的，传播的时间是不确定的，

---

① 隋岩、曹飞：《论群体传播时代的莅临》，《北京大学学报（哲学社会科学版）》2012 年第 5 期，第139—147 页。

传播的规模与影响也是不确定的……这些不确定，在习惯了大众传播和组织传播的人看来，就意味着混乱与无序。缺乏组织与管理主体的群聚传播毫无疑问会带来一系列问题。匿名信源和把关人的缺乏，会产生虚假信息甚至谣言；传播的随意性会导致信息的重复、泛滥和碎片化；缺乏线性秩序的传播会使大众无法对信息的价值做出简单的判断；群体的盲从会被别有用心的个人或组织利用，产生传播风险。

不确定会给人们带来混乱与迷茫，不确定会给群聚传播带来风险。然而，不确定并不意味着没有规则，混沌也不等同于混乱。混沌有混沌的特殊价值。混沌一词原指宇宙未形成之前的混乱状态，我国及古希腊哲学家对于宇宙之源起持有相同的混沌论，主张宇宙是由混沌逐步演化而来。在自然界和社会生活的很多领域，都存在着混沌现象和混沌秩序。

对于互联网群聚传播这样一个非线性体系来说，混沌之中也孕育着秩序，混沌状态有其自身的传播价值。

第一，传播者身份的不确定在某种意义上带来了传播内容的真实与权威。由于受到"沉默的螺旋"、社会传统和经济利益等多方面因素的影响，传播者和大众很难在公开场合完全真实地表达自己的想法，这也就是大众传播和组织传播中"假、大、空"内容屡禁不绝的原因。因而在很多情况下，匿名信息在一定程度上意味着真实与可靠。比如《自然》等学术杂志都实行同行匿名评审。维基百科的作者大都身份不明，但它和《大英百科全书》中文章的准确性基本相当。①

一些机构的重要决定也都是采用匿名投票的方式做出的。在互联网群体中传播的一些匿名信息，成为舆论监督的重要力量。以微博、微信为代表的群聚传播，促进了政务信息的公开化和透明化，推动了一些焦点问题的解决。当然，匿名信源也会产生谎言和谣言，但对于互联网群体来说，即使在谣言的传播过程中，某种程度上也传达着大多数参与者的真情实感。

第二，对线性秩序的消解是互联网群聚传播的另一个主要价值。互联网

---

① 〔美〕戴维·温伯格：《新数字秩序的革命》，张岩译，中信出版社，2008，第142页。

群聚传播的无组织、无序，消解了大众传播中的秩序、阶级与控制，使各种信息有充分被利用的可能。在大众传播中，新闻信息按照新闻价值的大小通过议程设置等编排方法展现给大众。这种组织有序的编排，固然可以方便大众获取信息以及对其价值进行判断。然而，这种"新闻价值"只是把关人的价值标准，这种"议程设置"只是媒体的议程，它并不能满足不同的个体需求。

线性排列、秩序整齐的新闻信息方便了阅读，但也使我们的阅读产生了一定的偏向。我们已经习惯了大众媒体的版面设置、栏目安排，处于焦点位置和热门时段之外的内容很少会引起我们的注意。而微博、微信等群聚传播则打破了线性传播秩序，使那些在大众传播和组织传播中边边角角的内容重新散发了活力。

事实上，媒体和把关人对新闻价值的判断未必客观、准确。理性个体的集合并不一定能产生理性的群体与组织，典型的例子如囚徒困境（prisoner's dilemma）。由个体组成的组织，不一定会比个体更加聪明、公正与理性，它们只是比个体更加有影响力罢了。

我们熟悉的 QWERTY 键盘，是从 19 世纪末期开始在打字机等设备上普遍应用的。键位之所以不是按照字母表排序，主要是为了放慢打字速度。因为如果打字速度太快，当时的键盘容易出故障。面对线性秩序的新闻信息也是如此，如果我们按照熟悉的秩序浏览得太快，可能会忽视很多潜在的有用信息。大众传播中不加限制地筛选力量，会导致受众信息结构的偏颇，互联网群聚传播正是在这个意义上打破了大众媒体的垄断，平衡了大众的信息结构。

第三，用混沌秩序代替传统的线性秩序，能够有效地满足信息时代的大众需求。在大众传播中，秩序是通过版面、字体、标题、篇幅、时段、时长等元素组合实现的。在互联网群聚传播中，秩序是通过关键字、标签、链接、搜索等方式来组织的。

在信息泛滥的时代，如果按照传统的秩序来查找、组织和利用信息，很多时候就会面临各种困惑。比如某企业家同某明星的离婚纠纷，是属于社会新闻、经济新闻、娱乐新闻还是法制新闻？如果个体想了解某个学者的言行，那么应该关注哪个媒体？个人电脑中众多的小说类电子文档，是按照作者、主题、体裁、篇幅、时代、出版社等哪个信息进行归类整理？在微博、微信等群聚传播中，就为人们提供了一种解决方式。人们既可以按照线性秩序浏览系统推送的信息，也可以通过关键字进行跳转阅读，还可以设定关注的信源，接受定制化的信息。

第四，互联网传播的混沌秩序，有助于信息的交叉、碰撞及其在此基础上的创新。很多时候，没有计划和没有秩序恰恰是发展和创新的动力。科技史上的不少发现和发明，都来源于失误、错误和偶然的灵感。网络的发展并没有计划，而这正是它疯狂成长的原因。当我们搬家时，总会有一个或几个贴有"杂物"标签的纸箱，在安顿新居时，不经意间我们就会发现这些杂物更合适的新位置或新用途。几条风马牛不相及的信息罗列在一起，也许就为新的理解、想法和创意的产生提供了土壤。

混沌是一种隐匿的秩序，它蕴藏着无限的可能。在微博、微信等传播中，它的价值就在于内容的丰富、随意与秩序的混沌。如果我们强制让它变得"有序"，就损害了混沌的生机和价值。在《庄子·内篇·应帝王》中，"日凿一窍，七日而浑沌死"。在生活中，一个鸡蛋如果从内部打破，那么就意味着一个新生命的诞生；如果从外部被打破，那也就是一盘炒鸡蛋而已。

二、重复与自相似——互联网群聚传播的形态规则

彼此相似却又各不相同的指纹，六角对称的雪花，不断重复自身形态而生长的菜花、树木、河流与血管，精美的分形几何图案，包含身体全部信息的每一个细胞，自然界中不断重现的有序性一直令我们着迷。这种重复与自相似是自然界普遍存在的一种现象，也是混沌系统研究的重点之一。在社会系统中同样存在着这种现象，比如经济、政治、文化发展中呈现出的各种周期性规律。这种自相似性来自事物在不同尺度和层次上对自身的重复，正因为这种普遍的相似性，每个局部的系统都包含着整体的全部信息。

互联网群聚传播的基本形态就是重复与自相似。首先是内容的重复，同

一个信息可能在多个群体内重复流传。比如，在空间维度，一条热门微博、微信可能被数万人转发；在时间维度，一条几年前的新闻也会被当作新信息而广为流传。其次是形式的重复，在群聚传播中，当一种文本形式或传播形态引起了大众的注意后，很快就会有无数的后来者模仿。如网络上流行的淘宝体、凡客体、梨花体等各种网络文体就是典型。所以，在互联网群聚传播中，一条信息既会被多次编码，即通过链接、转发、改编等形式在时间上延续下去；也会面临着多维编码的重复，即一条文字信息被配上图片、音乐、动画或视频等形式，被传播到其他群体。

互联网群聚传播中重复与自相似的特性会产生很多影响。从积极的方面来看，其主要有以下价值。首先，信息转发的过程，也就是信息接受者进行反馈的过程。如果用户原文一字不差地在网络中转发某条信息，那么也会涉及一系列的相关问题：转发的哪个用户的文章，什么时候转发，转发了多少次，转发到哪里，转发给哪些人。这些相关信息都会悄然展现出转发者的阅读习惯、知识结构和社会层次。对于传播者和研究者来说，这些都有一定的参考价值。如果转发时再加上相应的评论或补充材料，那么就更渗透着转发者对文本的意义理解。因此可以说，网络中的每一次转发，实际上都是一次有价值的反馈过程。

其次，这种重复与自相似促进了群聚传播中文本的意义流通。网友在转发信息时经常加入自己的评论和理解，尽管有些理解和传播者的原意不符，但从另一个角度来理解文本，未尝不是一件好事。从本质上看，文本的意义是传播者和接受者双方互动的结果。因此，对文本的重复与评论，会促进其意义的生成与流通。

另外，无处不在、毫无规律的重复与相似的信息，打破了传统的阅读习惯和思维定式。超市不定期调整货架和货品的摆放顺序，会让顾客不得不重新搜索一遍卖场，从而找到所需物品。在这个过程中，顾客通常会不自觉地发现新的购买需要。互联网群聚传播的这种重复与自相似也是如此。平时不关注的信息可能会无规律地出现在我们的视野中，这对于开拓思维、完善知识结构起着重要的作用。

还有一个重要的作用就是，重复与自相似打破了大众媒体和其他机构的话语霸权。互联网起源于 20 世纪中后期美国军方的内部通信网络。当时在冷战的阴影下，为了保证在大规模的破坏之后网络仍能正常使用，军方采用了分布式体系、非中心化的结构来建设互联网。冗余路由与信息保证了通信网络的安全。在互联网群聚传播中，重复与自相似的功能也使其能够突破大众传播和组织传播的封锁，经常成为揭露时弊、展现真相的阵地。

互联网群聚传播中的重复与自相似也带来不少的问题。首先是重复信息、无效信息增多。冗余信息保证了网络数据的安全，但也降低了整个系统的运行效率。大量的带宽、存储空间和时间被浪费在重复建设的文本之上。同时，个体搜寻、利用信息的交易成本也加大。在群聚传播时代，相似信息太多、有价值的信息太少、信息的价值难以判定，成为一种普遍现象。

其次，信息在不断转发的过程中，也会产生差异和变异，转发的信息与原始信息虽然相似，但却有很多不同，常常产生内容或意义的改变。由于缺少相关的专业知识和把关人的审核，"错把冯京当马凉"之类的讹误，在群聚传播中比比皆是。有时多次转发后的帖子和原始文本甚至南辕北辙。所以人们经常看到，群聚传播中的某些帖子，开头都很相似，结局却各个不同。

重复与自相似带来的另一个问题就是，文本的错误和生存周期无法控制。互联网海量的存储既是优势，也是劣势。它使人们忽视了对信息价值和信息时效的判断，不断的信息堆砌使得信息泛滥。重复和自相似更是加重了这种趋势。在网络传播中，一些失效的、错误的或者事后被证明是错误的信息与谣言通过转载、转发等方式广为弥散。当原始信源修正了文本错误甚至撤销了整个文本时，转发的帖子却很难做出及时的更正。这就是诸多已经被证实为谣言、错误的各种信息仍在网络中流传不止的原因。

三、自组织性：互联网群聚传播中的"围观"与"景观"

自组织是自然界中常见的一种令人惊叹的群体现象，也是混沌理论中的研究重点之一。几十万只或者更大规模的鸟群，在高速飞行时既不会相互碰撞，也不会有"交通堵塞"，而且还可以不停地变换整体的形状。鱼群中的千万条鱼在行进时遇到障碍物或者天敌，可以在瞬间变幻队伍的形状，及时躲避或防御。单个的受精卵不断分裂，变成上百种不同的数万亿个细胞，最终演化为一个神奇的生命。这些复杂的系统是如何自我组织与运作的，现在的科学仍然不能完全理解。我们只是知道，这些壮丽的景观都是在没有组织者和管理中心的前提下发生的。

在社会生活中也存在着自组织现象。两三个世纪以前，英国古典经济学家亚当·斯密在《国富论》中用"看不见的手"来说明这种自发的推动和组织力量。英国当代经济学家哈耶克，对"组织"这个机构及其行为一直就怀有深深的警惕，他坚决反对经济运行中的"计划"与"控制"。哈耶克继承了苏格兰启蒙思想家休谟和弗格森的政治哲学，认为社会进步是人类自发行动的后果，而不是人类设计的结果，承认我们的无知，接受自发形成的秩序，是社会和经济发展的关键。

正如哈耶克所言，我们用"安排"或"组织"这样的词来描述人为的秩序，却没有一个明确的词用来表示自发形成的秩序。事实上，这种自组织而产生的混沌秩序，存在于生活中的方方面面。互联网群聚传播中，就有大量的自组织现象。

互联网群聚传播中的自组织现象，主要可分为"围观"和"景观"两种类型。围观是指网络传播中大量个体的自发聚集。围观是偶然的、突发的、非组织的大量网络用户对某一事件、人物或主题的集中关注。如 2011 年，自称"中国红十字会商业总经理"的郭美美微博炫富，更是引起了轩然大波。其他诸如非法拆迁、见死不救等社会时弊，或者"贾君鹏你妈妈喊你回家吃饭"之类无厘头的发泄，经过网络传播后，也都引来大量的围观。

从 2010 年开始，网络围观现象越来越多。网络"围观"是传播者和信息的自我聚合，是群体成员的共鸣和自组织。围观是一种突发的集合行为，是对某个主题的聚焦，会给被关注的主体带来巨大的压力。正如网友所言，用默然的眼神达到"千夫所指、无疾而终"的结果，这是一种心理战的方式。围观是网友表达意见、参与公共生活的一种方式。在利益群体交织的情况下，网络围观很多时候成了批评、监督的一种安全、有效方式。公民社会在某种程度上就是从关注与围观开始。网络围观就像聚光灯，它照亮了现实生活中的某些阴暗角落。它聚焦于时事，在一定程度上促进了整个社会的反思和变革。

当然，网络围观也存在着一些非理性的行为，容易带来传播风险。有些网络围观仅仅是源于猎奇、窥探或心理发泄，它暴露一些当事人的隐私，给无辜者造成难以挽回的伤害。有些围观则是盲目的、被利用的，很容易引发一些群体盲动行为，对社会生活产生干扰。如果说，善意的、针砭时弊的围观是源于网络用户的"有心"（主观上的关心）与"无力"（行动上的乏力，只能通过围观给予支持）；那么，猎奇的、盲动的围观则是源于网络用户的"无心"（无意识、不自觉）与"有力"（发泄心理压力或不满所形成的有影响的作用）。

围观是网络传播中的临时性集合行为，它关注的是焦点事件或人物，传达的是信息与意见。景观是互联网群聚传播中的一种文化"仪式"，它更关注的是情绪、意义的弥散而非信息的传递。当然，两者之间并未有泾渭分明的界限。长期的、相似的围观行为，也会演化为一种景观。"贾君鹏你妈妈喊你回家吃饭"的帖子，开始时引发的就是围观，被广为报道和众多网友接连不断的围观与留言之后，它就逐步发展为互联网群聚传播中一道别致的景观。网友们通过对于一些景观的仪式化参与，表达自己的好奇、无聊、对流行的关注，或者更多的人并没有什么明确的目的，只是跟风留下类似"到此一游"的签到帖，以展示个体的存在。

景观是一种网络文化仪式，也是塑造群体记忆、维系群体情感、强化群体凝聚力的一种手段。景观注重的是事件的形式、程序，强调成员之间的参与、互动与分享，意在促进意义在空间上的弥散，以及情感在时间上的延续。

2011年9月17日，通过互联网组织起来的上千名示威者聚集在美国纽约，发起了"占领华尔街"的大规模示威抗议活动，以反对美国政府的权钱交易及社会不公。随后，抗议活动不断升级和扩散到多个城市，更多的民众通过网络集结，先后发动了"占领华盛顿""占领百老汇"等一系列"占领"

行动。其中"占领华盛顿"等行动，一直延续到 2012 年 2 月初。互联网的群聚传播在这次行动中，起到了协调、组织、传播与支持的重要作用。这既是草根阶层通过互联网组织的一次影响政府决策的政治诉求，也是一次"占领"的景观。

2012 年 2 月，广州数名女大学生在公厕上演了一场"占领男厕"的行为艺术，呼吁解决男女厕位不均衡问题。2012 年 2 月 20 日，发现 Google＋（Google 公司的一个社交服务项目）可以登录的中国网友，迅速对奥巴马的账户页面展开了"围观""占沙发""盖楼"等一系列"占领"行动。这一行动也引起了英美媒体关注，然而对中国网络文化的不熟悉，使他们并没有搞清楚中国网友到底在做什么。据英国广播公司（BBC）报道，参加"占领"活动的中国网民绝大多数留言是简体中文字，"他们在谈论占领家具并自带零食和饮料"（they talked about occupying the furniture and bringing snacks and soft drinks）。

类似的网络景观在互联网群聚传播中随处可见。如晒工资、晒照片、晒隐私等各种私生活的公开展示，名人的"掐架"与对骂，微博"约架"等互联网景观，越来越成为一种潮流。线上与线下的世界混杂在一起，使这些网络景观充斥着暴力、冲突、戏剧化、表演、炒作等元素，吸引了众多的网友参与。

四、蝴蝶效应——互联网群聚传播的"微力量"

对初始值极端敏感，是混沌系统的一个重要特性。经典动力学的传统观点认为：系统的长期行为对初始条件是不敏感的，即初始条件的微小变化对未来状态所造成的差别也是很微小的。但在混沌系统中，初始条件十分微小的变化经过不断地反馈和迭代（即重复和自相似）能够使其未来状态产生巨大的差别。

美国气象学家洛伦茨（Edward Lorenz）最先使用"蝴蝶效应"（butterfly effect）来说明混沌系统的这种特性。20 世纪 60 年代，洛伦茨完成了冗长的气象预测计算之后，需要对结果进行复核。由于当时没有高速计算机，他决定保留小数点后 3 位而不是原先的 6 位有效数字。然而，令他大为震惊的是，新的天气预测和原先保留 6 位有效数字的结果差异极大。此后，他在一次演讲中用"巴西的一只蝴蝶扇动翅膀可能引起德克萨斯的一场龙卷风"来阐释混沌系统的这个特性，从那以后一个新词"蝴蝶效应"进入了我们的字典，开始广为人知。

其实，蝴蝶效应并非什么新现象，我国古代早就有"君子慎始，差若毫厘，谬以千里"和"千里之堤，毁于蚁穴"这样的哲言。欧洲也有据说是源于 15 世纪英国历史事件的格言："少了一个铁钉，丢了一只马掌，损了一匹战马，失了一位将军，败了一场战役，亡了一个国家。"在生活中，如果我们把麦克风放在离扬声器太近的地方，一点微小的声音就会引起啸叫（正反馈）。可以说，如果从"细节决定成败"的角度来理解，我们对蝴蝶效应并不陌生。但是，混沌理论告诉我们，蝴蝶效应并不是偶发的、毫无规律的个别现象，它是混沌系统中一种普遍存在的秩序。

互联网群聚传播中，存在着大量的蝴蝶效应。我们以微博传播为例，来简单探讨蝴蝶效应在群聚传播中的效果机制与意义。从 2010 年开始，微博开始成为互联网传播的热门应用，也成为影响我们日常生活的重要元素。因此也有人将这一年称为"微博元年"。不少网络和社会中的焦点事件都与微博有关，甚至从微博上率先引爆，逐渐影响社会。微博已经成为了大众分享信息、传递情感的重要阵地，也是网络舆情的风向标。

作为一种传播方式的总体，微博的影响巨大。然而，从单个微博来看，它的影响又是微乎其微的。单条微博的文本字数有限，这么短的篇幅很难说清楚什么问题。内容琐碎也是微博的一大特征，生活中的点点滴滴与只言片语少有传播价值。而且，大多数微博用户是缺乏影响力的普通人，所发布的信息很快就会被淹没在微博世界的汪洋大海之中。所以，很多人也称微博为"微薄"，它与其他传播方式比起来常显得势单力孤。

一般的微博虽然影响微弱，但其因为是传播者的自主表达，多伴随着大众的真情实感。每个微博账号后面，都对应着一个活生生的用户，他的喜怒哀乐都可以从微博中传达出来。微博上的一句问候、一次转发、一个回帖、一个关注，这些都蕴藏着情感，悄无声息地传递着关切与温暖。不少人喜欢微博，就是喜欢这种真实、存在、温暖的感觉，所以很多人也戏称微博为"围脖"。它常常在寒冷的时候，给我们带来温暖。情绪和情感是微博不断转发的动力之一，也是微博由点扩散到面的重要原因。

微博的影响力主要来自转发和关注机制。博客开启了一个"人人都是记者"的时代，自我与写作是那个时期的关键词。微博则引领了一个"人人都是编辑"的时代，转发与关注是这一时期的主题语。通过转发、评论与关注，微博用户可以方便地参与传播，表达意见和定制信息。这样，一条普通的微博就可以通过反馈与迭代机制，不断地重复自身，滚雪球般地壮大。转发的力量如同微波中继站，把信息不断中转、辐射出去。微博信息的穿透力、覆盖程度和影响力正是来源于此。从这个意义理解，微博变成"微波"，正是源于蝴蝶效应的推动。

蝴蝶效应告诉我们，在互联网群聚传播中切不可忽视"微力量"。"星星之火，可以燎原"，身边不经意的小事，一次无意的传播，很可能在不经意间就改变世界。对企业来说，发掘和利用这种"微力量"，是实现低成本、高效率市场营销的关键。对于政府部门来说，要重视互联网群聚传播中潜藏的信息趋势，在负面情绪积累的过程中，及时给予相应的疏解和引导，为社会营造健康、积极的舆论环境。

总之，混沌的体系无处不在。互联网群聚传播就是一个典型的混沌系统。混沌世界意味着以牛顿经典力学为代表的"确定性秩序"的崩溃，混沌成为一种新的非线性规则。在传统科学时代，我们采用笛卡儿的方法，把世界和对象分解为一个一个足够小的、可以理解的局部来研究；在混沌时代，我们把这些局部加起来，从整体上对某个系统进行分析。毫无疑问，整体的价值与意义，远远超过所有的局部之和，这也是混沌系统的本质意义所在。

在互联网群聚传播中，混沌不是混乱成为主导秩序。反馈与迭代机制，是网络传播中充满重复与自相似的主要原因。自组织性是混沌系统的特有秩序，在互联网群聚传播中，它常以"围观"和"景观"两种方式展现出来。互联网群聚传播中，作为个体是微弱无力的，但作为整体所展示出来的"微力量"则是惊人的，蝴蝶效应成为互联网群聚传播中的一种常见的效果机制。

第四章
群聚传播中的信息生产

第一节　群聚传播中的信息选择与倾向

"晚安喽"，这是某女演员 2012 年 11 月在新浪微博上发的一条信息。在不到 24 个小时内，这条只有三个汉字和三个表情符号的微博被转发了近五千次，评论超万次。在她发表这条微博的 24 分钟后，《人民日报》在新浪微博上发表了评论："请保护我们的孩子：儿童车模，折射出个别人的价值迷失和崇尚虚荣"。同样是在近 24 小时内，这条微博只获得了 227 次转发和 114 次评论。

从两条微博内容与转发数量的对比中不难看出，在互联网群聚传播中，用户对信息的关注与选择，常常并不遵循传统的"新闻价值"规律，内容、渠道、意义、传受者角色等因素都会影响着互联网用户的信息选择。这与拉扎斯菲尔德的"既有倾向假说""选择性接触假说"，以及斯图亚特·霍尔顺从式解读、协商性解读、对抗性解读的选择性意义解读，既不乏联系，但也有着明显的区别。这不仅是因为拉扎斯菲尔德和斯图亚特·霍尔的理论是针对大众传播而言、不能完全适用于本节所聚焦的互联网群聚传播；而且，从大众传播时代到互联网群聚传播时代，传播形态之间的博弈与合作及其引发的多种传播因素的改变，都对信息选择发挥着作用。

一、内容的选择性注意：偏好与偏见

选择性注意在日常生活中是普遍存在的。当我们对一些信息和观点持有

某种倾向时，那些可能推翻已有观点的信息往往就会被忽视掉。在《列子》的寓言中，当怀疑邻居的儿子偷了斧子之后，"视其行步，窃斧也；颜色，窃斧也；言语，窃斧也；动作态度，无为而不窃斧也"。当斧子失而复得后，"他日复见其邻人之子，动作、态度无似窃斧者也"。①

选择性接触信息不仅存在于日常生活中，而且广泛地存在于媒介接触中。这种对信息内容的选择性注意，来自多方面的原因。心理学上的"证实偏见"告诉我们，人们普遍偏好能够验证假设的信息，而不是那些否定假设的信息。事实上一则信息无论来自哪里，信以为真都是人们接触它时的第一反应，因为怀疑和否定是一种相对费力耗神的理解路径，所以逃避了思考与判断的直接相信就成了首选。另外，对于自身已有的知识和信念，我们总是倾向找到证据来维护和强化它，而不是批判和否定它，如同下意识地维护我们的形象与自尊一样。

在对传统大众传播的信息选择中，我们不断地切换遥控器，来选择喜爱的频道和栏目，目光会投向那些常看的报纸和版面，不自觉地回避与我们知识结构、价值观点差异较大的信息。互联网传播的功能和特性，进一步强化了个人对信息内容的选择机制。搜索引擎的关键字过滤，为用户寻找相似与相关信息提供了极大的帮助；网站的各种订阅与推送服务，直接提供了用户感兴趣的信息；网络媒体的关键字链接和主题链接，为用户在同一领域的扩展阅读提供了方便。与传统大众传播不同，互联网传播的可选择性与丰富性并肩比邻，同时从不同层面满足着用户的阅读偏好。

在互联网传播中，不仅用户会对信息进行选择性注意与阅读，信息也会"主动"对用户进行选择性推送与呈现。2012 年 11 月 18 日，在网络论坛某社区的贴图讨论区中，一位用户在贴出了某社区展示的一个国外成人交友网站的广告截图后，表达了对广告内容的疑问："某社区这是准备发展性服务业了么？尺度越来越大了啊。"很快就有不少网友略带调侃地进行解释与回复："某社区的广告似乎用的是 Google Adsense（Google 的广告服务）吧，那个是

---

① 《列子·说符》。

针对用户的兴趣点自动推送的。""这是根据用户的喜好自动显示的广告，显然暴露了楼主的喜好和常去的网站。""我的广告全是洗涤用品，儿童玩具，儿童书，还有外贸女装。""我都显示的是 MBA、EMBA 招生信息。"

事实上通过用户的搜索记录和网站访问记录等信息判断用户的喜好，推送个性化的广告和信息服务，已经广泛地应用在互联网传播中。谷歌和百度等搜索引擎公司早就开始推广了针对用户喜好投放不同广告的"精准营销"；电子邮件服务商也常在偷偷扫描用户的邮件内容后，投放相关的广告；电子商务网站则会根据用户的购买记录和浏览记录为其推荐相关产品。在用户对信息进行选择性注意的同时，信息也在悄无声息地对用户进行着选择性注意。

在互联网群聚传播中，这种信息选择的机制与传播效果更为明显。从传播结构上来说，互联网群聚传播是非中心化、非制度化的自主传播。每个群体成员都是传播的参与者，兴趣与爱好是群聚传播的重要动力之一。在缺乏传播控制与平衡机制的群聚传播过程中，信息会进一步聚集在少数领域和范围。从传播渠道上来说，群聚传播是群体成员之间的直接传播，群体的意见领袖是重要的信息来源。意见领袖在进行传播之前，已经根据自身的专业和兴趣对信息进行了选择性过滤。从传播工具上来说，互联网技术为群聚传播进一步提供了强大的信息过滤与选择工具。如网络论坛的"只看楼主"的功能，微博、微信的"关注""转发"，QQ 群组的"关注某好友""屏蔽某人信息"等，这些工具使用户的偏好得到了进一步的满足。

这种以用户的选择性注意为主的媒介接触行为，节省了用户信息搜寻的时间，更好地满足了用户的媒介体验，同时也提高了信息传播的有效性和商业营销的针对性。但要注意的是，无论是用户主动进行的选择性注意，还是被动的选择性注意，对个体偏好的过分满足，常常是偏见产生的重要原因。这种选择在不断强化用户已有的认识与知识结构，而不是去思考、批判或否定用户已有的信息倾向。长期偏食必然导致营养不良，对信息内容长期的选择性注意，会让我们走进"个性化"的陷阱，使知识结构与视野越来越窄。

而对于信息传播者来说，要想使自己的传播内容透过用户的过滤机制，实现有效传播，就要通过专业化的操作，在文本内容、形式或者传播渠道上，引起用户的选择性注意。摒弃传统的大而全的宣传思维和传播理念，为用户提供多样化的内容选择，对同一条传播信息，发掘不同的专业角度，适应不同的传播人群，实现传播范围的交叉覆盖。"投其所好"的传播策略固然能引起受众的选择性注意，但长此以往，既不利于大众的信息结构，也使自己的传播处于被动的层面。因此，如何引导、开发用户的兴趣和注意力，是值得传播者研究的一个重要问题。

二、渠道的选择性关注：机构与个人

在大众传播中，专业化的机构是信息的采集者与传播者。在一般的互联网传播中，机构仍然是主要的传播力量。虽然个人也能够借助网络工具发布信息，但从专业化程度和影响力来说，个人根本无法同网络门户等机构竞争。前几年个人博客盛行之时，很多实践者和研究者都乐观地断言，一个传播民主的新时代马上就要到来了。事实证明，博客这种个人化、分散化的传播工具，很难同媒介机构竞争。虽然博客也有"链接"，但它缺乏微博的网络化结构方式，缺少用户与用户之间的直接"连接"与互动，直到微博时代，个人的传播力量才作为一个整体逐步展现出来。也即只有在互联网群聚传播中，个体既是信息的采集者，也是信息的传播者，传播的参与程度才能得到进一步深入。群聚传播的首要特征是非组织化与非中心化，个体是传播过程的基本单位，也是重要单位。个体的传播力量，由其连接和所能影响的用户数量决定。具有组织和资源优势的机构，在群聚传播中也只能通过个体的形式参与传播过程。不过，机构的传统传播优势在群聚传播过程中并不会起决定性的作用，比如在微博传播中，不少传统媒体的影响力就不是很大。

互联网群聚传播中，从组织化的角度来看，可以把用户分为个人与机构两个类别。当然，有些"个人"传播者背后实际是由专门的机构来运营，如一些明星、专家、企业家等名人的微博。但从传播的角度，我们仍然把它当作个人来对待，因为其传播的内容与视角、维护的形象，至少表面上都是以个人为核心的。

　　微博中的机构用户包括报纸、广播、电视、机关、企业、团体等传统的官方信源。用户对机构的关注，也可谓大众传媒影响力的延伸。群聚传播时代，传统大众媒体的影响力虽然下降，但其权威性仍在，对一些用户来说，其喜爱的传统媒体在群聚传播时代仍然发挥着意见领袖的作用。但要注意的是，除了一些不可替代性的信息，如天气预报、交通管制、政府公告之类的公共服务信息，机构已经不再是群聚传播时代新闻信息的唯一信源，其公信力已不如从前。很多人关注机构，但并非全部相信或依赖机构的信息，而是将其作为交叉验证的"参考消息"。

　　在微博等群聚传播中，用户对机构的关注，意在信息与知识，这是传统媒体功能的延续；对个人的关注，则意在情感与共识，这是群聚传播的重要特性。在微博中，机构的影响力可能不如机构的员工。互联网群聚传播提供了人与人之间直接传播的手段，在这种消解权威的情感驱动下，微博中个人的影响力自然就超过了相关的机构。

　　在微博中，用户关注个人，除了表达消解机构的情感诉求之外，还有个目的就是建立社交网络，维护社会关系，也就是通过用户与用户之间的关注，建立人与人之间的连接和关系。从社会交往的角度看，这种连接可以分为两种类型。第一类是单向的"虚连接"，如普通用户对名人的关注。这种连接更多的是在表达用户自身的情感，如对某个名人的喜爱或支持，同时也能展现自己的兴趣与品位，以此来建立和维护个人形象。如果说消解机构表现的是用户的个体主张的话，那么，对名人的关注展现的则是用户的个性需求。这种情况下，用户并不是很关心名人所发出的具体信息，而只是在意被关注对象的社会属性和文化属性。第二类是双向的"实连接"。用户建立这种连接的主要目的，并非获取专业信息或知识，而是将其作为建立和维护社会关系的一种手段。用户更关心的是对方的状态、情绪与自己的关系，其所发出的信息往往是无关紧要的。

　　在互联网群聚传播中，机构常常把简单的问题复杂化，在叙述事件的同时，探求背后的社会背景、现实影响和发展趋势。个人则常常把复杂的问题简单化，用个性化的语言和思维，来评点现实生活中诸多的复杂现象。互联网群聚传播时代，对个体的强调、对个性的追求进一步得到了传播媒介的助力。今天，世界和社会的复杂程度已经超出以往大多数人的认知和理解能力，大众需要的往往是一个合乎逻辑的，甚至只是满足个人喜好与情绪的判断。因此，微博中对个人的关注，意在沟通情感、取得共识，并非接受信息、学习知识。

三、意义的选择性理解：理性与感性

戴维·莫利是英国文化研究中将文本研究转向受众研究的关键人物[①]。在他看来，受众对电视节目等媒介内容的理解，会受到知识结构、传播语境等多方面的影响。英国学者斯图亚特·霍尔在其"编码/解码理论"中提出了受众的三种解读模式：顺从式解读、协商式解读、对抗式解读。当然，这三种模式并非绝对分离的，它们交织在受众解读文本的整个过程中。产能过剩引发的群聚传播时代，受众的主动性也越来越高，"主动受众""积极受众"等研究概念开始替代传统的大众受众。传播中的意义不再由传播者和文本确定，而是传受双方进行"协商"的结果。

在互联网群聚传播中，用户不仅会对传播内容进行选择性注意，也会对既定的内容进行选择性地理解。首先，在互联网群聚传播中，信源会对意义的理解产生重要的影响。我们日常生活中接触的信息可粗略地分为两类：第一种是一般化的公共性、知识性信息，如一篇科普文章或短篇小说，无论在平面媒体、电视媒体还是网络媒体上出现，对读者意义理解的影响是有限的。另一种则是特定的信息，它和特定的人、事或传播情境相关。在互联网群聚传播中，大多数传播是具体的"场传播"，它包含着信息的传播者、接受者、参与者、传播语境等具体信息，这些信息的共同作用决定了用户对传播内容的选择和意义的理解。某女演员的一句"晚安喽"的微博，会在短时间内获得超过万次的评论，就是因为在微博传播中，信息的意义不仅取决于文本，更与信源即微博用户密切相关。

---

① 陈江柳：《受众研究的新范式——戴维·莫利的电视受众研究》，《新闻世界》2010 年第 8 期，第 254—255 页。

在互联网群聚传播中，用户的意义理解除了受到信源的影响外，也要受到传播语境的制约。碎片化是互联网群聚传播的语境特征之一，它主要包括传播内容的碎片化和用户媒介接触时间的碎片化两个方面。从传播内容上来看，篇幅短小、生动有趣是群聚传播内容的主要特征，长篇大论则很难获得关注。一些深度思考的内容通常难以引起大众的兴趣，尤其是在微博中，"只言片语"使群聚传播的内容变得支离破碎。虽然通过相应的链接，用户可以进行扩展阅读，但在这个浮躁和普遍缺乏耐心的时代，很少有人会对这些碎片化的内容进行深入探索和理解。

从用户的媒介接触时间来看，碎片化已经成为当前大众接触媒介的常态。在各种长短不定的间隙，通过微博、QQ、论坛等群聚传播工具获取资讯，成为大众使用媒介和消磨时间的一种普遍选择。由于互联网群聚传播的随意性、非组织性，用户既可以随时参与群聚传播，也可以随时中断和退出传播过程。因此，互联网群聚传播用户的媒介接触，常常呈现出碎片化的特征。碎片化的传播语境使互联网群聚传播中理性层面的意义理解变得困难，用户的意义理解自然就会趋向表面化和感性化。

"群聚"是互联网群聚传播的另一个重要特征和传播语境。作为一种社会结构方式，群体聚集是对传统的团体和组织等机构的解构，它消解了传统的权力中心；作为一种传播模式，群聚是传播参与者的集合，每个群体成员既是信息的传播者、接受者，也是意义的解释者。互联网群体是文化意义上的动态群体，群体成员的知识结构、社会背景各异，因此，要想在群聚传播的理性意义层面达成共识，就变得困难重重。感性层面的情感与情绪，则成了群体生活的交集。情绪的传递与扩大，既是群聚传播的必然产物，也是群聚传播的内在驱动力之一。

在法国社会心理学家古斯塔夫·勒庞看来，群体在心态上充满了情绪化、冲动化和非理性，在智力上则接近群体成员平均智商的下限。①美国学者

---

① 参见〔法〕古斯塔夫·勒庞：《乌合之众：大众心理研究》，戴光年译，新世界出版社，2011。

凯斯·桑斯坦通过对众多社会学、心理学实验与案例的整理分析得出结论①，互联网上各种群体在不断扩大的同时，也在不断地窄化。对持不同立场的信息和人群的排斥，成为群体的一种本能性反应，群体变得越来越极端。这种现象，桑斯坦称之为"群体极化"。总之，群体很难达成理性的共识，因此只能在感性的心理上和情绪上形成一致同意。这种勒庞所言的"乌合之众"现象，在互联网群聚传播中显现得更为明显。由微博发源或扩大的各种群体性事件、群聚传播中的各种谣言，其背后都有群体情绪的推波助澜。群聚传播时代的人们有更多的途径宣泄、表达自己的情绪，个人情绪有更多的机会在广阔的空间内相互交流、交互感染，从而加剧了我们对整个社会更加情绪化的感受。②

在互联网群聚传播中，意义的理性理解面临诸多困惑，用户的解读重心就会由理性转向感性。个人的情感和情绪成为解释意义的切入点。娱乐化是一种最为普遍的选择。在互联网群聚传播中，娱乐与游戏的心态，支配着诸多传播行为。在新浪微博的"人气总榜"中，粉丝数量前十名的全部是娱乐明星。用户除了直接关注娱乐内容之外，对政治、经济、科学等其他专业领域，也大都选择从娱乐化的角度关注和理解。在群聚传播中，对政治的关注通常演变为对政治家的关注；对政治家的关注则往往演变为对政治人物穿着、喜好与日常生活等琐碎细节的关注，至于政治行为、政策、政绩等宏观层面的问题，则少有人关注。

例如，某房地产商在微博称，各地记者纷纷发来短信询问他对近期××婚变的看法，"他谈恋爱，让我谈感受，有没有搞错？"③这个充满无奈与娱乐色彩的微博产生的影响，要远超过他对经济时局发表的诸多言论。"IT 程序猿"是新浪微博中一个拥有超过 147 万粉丝的用户，他的微博内容大多和计算机领域相关。从用户名就不难看出，他的微博多以娱乐的话语方式呈现。

---

① 参见〔美〕凯斯·桑斯坦：《网络共和国：网络社会中的民主问题》，黄维明译，上海人民出版社，2003；〔美〕凯斯·桑斯坦：《极端的人群：群体行为的心理学》，尹宏毅、郭彬彬译，新华出版社，2010。
② 隋岩、李燕：《论群体传播时代个人情绪的社会化传播》，《现代传播》2012 年第 12 期，第 10—15 页。
③ http://eladies.sina.com.cn/zc/2012/1101/07271193646.shtml。

如这则微博："昨天晚上隔壁一宅女打电话 CALL 我，说电脑打不开了。我问她啥情况。她说：'为了电脑安全，中午安装了一个面部识别软件，晚上卸妆后再去开电脑，结果电脑死活都开不了机。'"在互联网群聚传播中，各种名人、专家、学者都成了娱乐化消遣与关注的对象。用户对传播意义的理解，从理性转向了感性，从感性转向了感觉，"有意思"在某种程度上成了"有意义"的同义词。

四、角色的选择性扮演：消费与生产

传统的信息消费是分享式消费，以信息的共享为主要特征。在大众传播时代，媒介信息既有公共品的属性，属于政府公共服务的一部分，即具有使用上非竞争性和受益上非排他性的特征；又具有商品消费的特征，受众需要支付时间成本、注意力成本和其他经济成本。互联网群聚传播中的信息消费则是生产性的消费，用户通过关注、体验、反馈、分享等方式参与传播过程，在进行信息消费的同时，也在进行信息的生产和再生产；用户既是互联网群聚传播中的消费者，也是生产者。

互联网群聚传播中，以鼠标为主要工具的信息消费者，通过阅读、点击与转帖等方式参与传播过程，我们可将他们称为输入型用户，即这些用户在传播中以获取信息为主，并不直接贡献传播内容。个性化与个人化是群聚传播中信息消费的两个主要特征，即用户可选择的媒介信息数量激增，用户过滤和选择信息的能力也不断增强，因此消费越来越趋向于个性化，用户的信息偏好不断得到满足；消费的个人化则是指，个人的情感和情绪成为用户消费动机的重要组成部分，消费对象也由传统的媒体机构转变为媒介领袖等个人。

事实上，在互联网群聚传播中，信息消费者和生产者的角色并非泾渭分明的，两者不可避免地会交织在一起。输入型的用户尽管并不直接输出信息内容，但他们也在不知不觉中参与着信息的生产与传播。在互联网群聚传播中，每一次信息消费行为都不是孤立的，消费者通过点击、顶帖、转帖等方式促进了信息的传播与扩散。在消费信息的同时，用户的基本信息、消费偏

好都会在传播系统中留下痕迹，这些数据反馈给信息生产者之后，会影响信息的生产。如果说电视观众是用遥控器和收视率参与节目的制作；那么网络用户则是通过鼠标和点击率、转帖率等参与群聚传播中信息的消费与生产。

以鼠标作为主要传播工具的输入型用户，是互联网群聚传播中的消费者；以键盘为主要工具的输出型用户，则是信息的生产者与分享者。在大众传播时代，专业化的机构是媒介信息的主要生产渠道，受过专门训练的记者和编辑则是信息的直接生产者。互联网时代是一个反专业化与去专业化的时代，媒介机构和记者的专业化优势在不断弱化。在互联网群聚传播中，普通用户既是信息的消费者，也是信息的生产者。建立关系、形象管理与自我满足是普通用户进行信息生产的主要目的。

传统社会中，信息主要通过社会交往的方式获得与传递；大众社会中，大众媒体和社会交往共同成为大众的信息来源；网络社会中，无处不在的媒体在很大程度上取代了传统的社会交往。所以，媒介越发展，人与人之间的直接交流则越困难。人毕竟是社会性的，直接交流的需求不可能被长久压抑，网络时代社会化媒介的盛行就是根源于此。建立社会交往的关系，拉近人际距离，是微博用户发布信息的目的之一。"这家川菜真好吃""真烦""忙碌中""好像又胖了点"，这类对大多数人来说琐碎无聊、缺乏传播价值的信息，看似只是用户的自说自话、自娱自乐，但对此用户的关注者来说，这些信息却是维护日常关系的重要手段。在群聚传播中，很多时候重要的并不是说了什么，而是谁在说。对于网民来说，参与群聚传播很多时候并没有明确的传播目标。以微博为例，一条微博的信息含量是很有限的，它更多传递的是一种情感和情绪。用户使用微博，既是通过分享信息来进行社会交往的一种手段，同时更是展示自我、传达情感的需要。①

形象管理是群聚传播中信息生产的第二个目的。在微博中，用户通过原创的信息、评论、转发的微博，主动参与传播过程，建立和维护自己的个人

---

① 隋岩、曹飞：《论群体传播时代的莅临》，《北京大学学报（哲学社会科学版）》2012 年第 5 期，第139—147 页。

形象。个人形象是社会交往中大多数人对自身的评价性印象，也是个人向外界传递出的较为稳定的个人符号性信息。对信息的消费与生产，是形成个人形象的一个重要方面。在微博传播中，用户通过选择性地转发或评论信息、发布原创信息、关注相关用户等方式，向外界展示自己的专业、兴趣、知识结构、价值观念等个人信息，以影响外界对自身形象的认知与评价。

自我满足是一般用户参与互联网群聚传播的另一个目的。很多用户喜欢在微博、微信上分享信息，有时候这种分享并不是面向特定的人或群组，它没有特殊的指向，或者说它指向整个群体。大多数人有表达和参与传播的欲望。对一些微博、微信用户来说，重要的是"说"的状态，而说的是什么、谁在听等则无关紧要。1920 年，美国有一首流行歌曲《所有孤独都是因为电话》(*All Alone by the Telephone*)。它说明了媒介技术的发展，使社会交往变得更加方便的同时，也更加间接化和虚拟化。在网络时代，这种逻辑似乎可以延续下去：所有的孤独都是因为网络。网络媒介成为整个社会连接的关键，但也成为人与人之间直接交往的阻隔。微博等群聚传播就是打破这种阻隔的一种工具。

当然，对另一些微博、微信用户来说，想让更多的人关注自己，是其参与群聚传播的最大动力。对这些人来说，粉丝数量的不断增长是传播的最大乐趣之一。这种直观、量化的传播影响力，会让普通用户以为有了话语权而沾沾自喜。事实上，对于绝大多数普通用户来说，这只是一种虚假的自我满足。当然，对于少数人来说，这种话语权则可以转化为社会和经济等多方面的权与利。

互联网群聚传播中，互联网是传播的场所、媒介和语境。互联网既提供了丰富多样的内容选择，又提供了各种过滤性和选择性工具，使用户的信息偏好得到了充分满足。对于信息传播者来说，如何在满足目标群体偏好，促进有效传播的同时，避免或者减少认知偏见的产生，是一个值得深思的问题。

互联网群聚传播中，用户不仅会对内容做出选择性注意，也会对渠道做出选择性关注。在微博、微信等群聚传播中，用户对机构传播者的关注，意在获取权威信息与专业知识；对个人传播者的关注，更多的则是为了表达情感、维系交往与达成共识。对内容的选择性注意和对渠道的选择性关注，必然会带来对意义的选择性理解。互联网群聚传播伴随着去中心化和去权威化的过程，因此用户对意义的理解也会更加趋向于感性化和个性化。

互联网群聚传播非中心化、非组织化的结构与传播特征，使信息生产与消费的过程混杂在一起。群聚传播的参与者既是信息的传播者和生产者，也是信息的接受者和消费者。每个参与者无时无刻不在进行着文本、渠道、意义与角色的多重选择。

第二节　群聚传播中的信息扩散机制

"网络"一词在当今社会，已经不再像二十年前，仅仅指代新出现的互联网技术，它更成为一种生活方式和社会组织形式。网络无处不在，电网、路网、能源网、人际网、社交网，等等，我们无时无刻不身处在各种网络交织的社会空间中。在众多网络之中，信息网络的发展是尤为明显的。从短信、QQ，到微博、微信，再到近几年凸显的视频直播和虚拟现实，可以看到，随着通信技术的发展和信息传播基础设施的不断完善，新的传播形式正不断涌现，持续地给整个社会的信息传播方式和路径带来改变。

这种改变在今天已经非常明显，中国目前至少已经有 10.51 亿人加入到了由互联网技术构建的巨大社会空间中来，促使我们从传统大众媒介时代进入到一个非中心化、非组织化、缺乏管理主体的群体传播时代。[①]

大众媒体时代，大规模传播信息的能力掌握在少数的媒体机构手中，因此信息的扩散模式属于"媒介控制"的模式，而如今，人际关系网络已经成为信息分发的主要渠道，这意味着信息的扩散已经从"媒介控制"走向了"用户控制"的模式。传播权力的下放和传播平台的开放，意味着传统的控制手段已经失效，而这种失效使得信息的传播扩散很容易变得像传染病的传播

---

① 隋岩、曹飞：《论群体传播时代的莅临》，《北京大学学报（哲学社会科学版）》2012 年第 5 期，第 139—147 页。

一般，具有不可忽视的巨大威力。中东国家的多次政权更迭、恐怖主义的全球扩散以及频发的网络群体性事件，无一不在警示我们，传统的社会威胁正以信息扩散的方式在互联网上开辟新的战场。

当然，信息扩散未必带来的都是灾难，也有其积极的一面，比如信息网络使得新技术和新思想得以快速地传播和交流，促进了社会的发展；但其消极的一面更应该引起我们的注意，比如一些谣言、不良信息和负面情绪的传播，给人们的生活带来了困扰，甚至可能危害社会公共安全。因此，探究网络群聚传播背景下信息扩散的机制、结构以及特定主体在信息扩散中的作用具有重要的学术价值和现实意义。

一、信息扩散研究的不同学科视角和研究路径

信息扩散在当前的学术研究中有许多的不同称谓，如信息扩散（information diffusion）、信息传播（information spread/propagation）、信息流动（information flow）、再传播（pass-along intention）等，不同的称谓有着共同的出发点，即研究信息如何在不同的主体或机构之间被接收、采纳以及再次传播，但是"信息"一词含义众多，在不同的应用场景中能够指代不同的内容，针对特定内容的扩散研究又能衍生出特定的研究话题，如表 4-1 所示。

表 4-1　不同信息内容的研究话题

"信息"的含义	研究话题
舆论	舆情传播、危机公关等
广告	市场营销、口碑营销等
技术	创新扩散等
新闻	信息把关、议程设置、社会化阅读等
段子、吐槽	社会情绪传播等

"信息"含义的多样性，决定了"信息扩散"研究的跨学科特性。通过梳理知网上以"信息扩散"为关键词的研究文献，发现这些研究主要集中在"新闻传播学"、"情报科学"、"管理科学"和"计算机科学"四个学科方

向①。四个学科的研究内容相互交叉，同时也各有侧重，分别代表了各自学科的价值取向和学术关切（图4-1）。

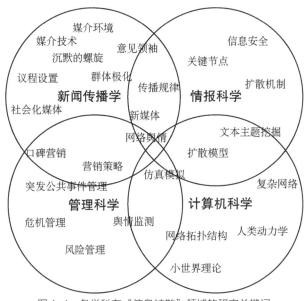

图4-1　各学科在"信息扩散"领域的研究关键词

比如新闻传播学在研究信息扩散时，会更加关注媒介技术的发展给信息扩散带来的改变，研究方式多是选择一个具体的传播事件进行梳理分析，运用的理论以经典传播理论为主。情报科学本身就是研究信息的一门学科，所以会从信息的角度来研究信息扩散的机制、规律和传播模型。公共事件的传播是管理科学的重要研究内容，而公共事件的发生往往与信息的大规模扩散具有密切联系，因此该学科多从公共危机管理的角度出发来研究信息扩散。网络信息传播是发生在计算机网络空间中的一种传播行为，属于计算机网络的学科范畴，同时互联网中的信息传播活动具有复杂行为的特征，因此也有从复杂系统的视角来开展研究的学者。这些学者的关注点多为传播的拓扑结构、用户转发路径的预测、信息扩散的最大化、信息的竞争性等问题，通常会运用计算机软件和各种数学模型来构建传播模型、模拟传播过程。

---

① 气象学、植物学等学科有相关研究涉及"信息扩散"这一概念，但是与本书的研究无关。

　　不同学科除了在研究旨趣上稍有不同，更明显的区别体现在研究的路径上。通过文献梳理，笔者整理出三种研究路径：经验归纳、模型演绎、模拟仿真。

　　经验归纳多以具体的传播事件为研究对象，通过分析事件发展过程中信息的扩散过程，总结归纳出信息扩散的一些基本特征和规律，这类研究能够很好地解释研究的案例，却在结论的推广上往往缺乏说服力。

　　模型演绎的研究，通常是基于一些经典的扩散模型或者这些模型的拓展，如传染病模型、独立级联模型、线性阈值模型等，来研究信息扩散特性、信息扩散最大化、竞争信息的扩散、信息扩散概率等问题[1]，以模型的解释力作为评判模型好坏的标准。这类研究通常以几个最基本的假设为基础来构建传播模型，在宏观层面具有很强的解释力，但是无法解释信息扩散过程中的一些微观机制。

　　基于主体的模拟仿真（agent-based simulation）是社会科学研究中的一种新方法，弥补了社会科学无法进行重复实验的缺憾。利用模拟仿真，社会科学家可以构建一个人工社会系统，在其中生成大量的主体（agent），通过给主体设定基本的交互规则，然后让计算机去模拟信息在主体间扩散的过程，通过分析信息扩散的过程数据和结果数据来验证规则的合理性。这种研究将微观的互动机制和宏观的环境配置引入到研究中，能够很近似地模拟实际的社会过程，但是结果的好坏很大程度上依赖于研究假设的合理性。

　　综上，我们可以认识到，信息扩散研究涉及的话题众多，需要采用跨学科的视角来进行研究；同时不同的研究路径在方法上各有优劣，应该相互结合，取长补短。比如，通过案例的分析获取信息扩散的直观经验，归纳成理论模型中的假设和规则，然后运用实际的数据加以验证。这样既可以考虑到微观的传播机制，也可以关注到宏观的传播结构。

二、影响信息扩散的主要因素

　　"信息"一词含义的多样使得信息扩散研究在不同的领域有不同的研究导

---

① 李栋、徐志明、李生等：《在线社会网络中信息扩散》，《计算机学报》2014年第1期，第189—206页。

向，如在舆情管理领域研究者试图弄清楚舆情爆发和扩散的原因，以便于今后的管理和控制；在广告营销领域，研究者希望找到引爆产品的推广技巧，为今后的营销活动提供建议；在社会化阅读方面，研究者寻找的是信息流行的原因，试图洞察整个社会的议程和受众的偏好；等等，无论在哪个研究领域，我们都在试图寻找信息扩散的机制，即如何让信息更有效（更快、更广）地进行扩散。

在弄清有关机制的问题之前，首先需要梳理出影响信息扩散的基本因素有哪些。

微博、Twitter、Facebook 等社会化媒体平台是网络信息扩散的主要平台，为研究者提供了丰富的行为数据，研究者可以基于这些经验数据进行实证研究，研究结果将有助于揭示影响信息扩散的微观因素。

目前，这些研究正在向着两个方向进行：信息内容和用户属性。从信息内容角度入手的研究，主要关注微博内容中是否有标签、链接和图片、@行为、话题类型、情绪类型等因素对微博转发的影响。比如邓青等通过对"城管事件"进行分析，发现微博发帖人的活跃度、微博是否涉及主题标签、是否包含视频等可视化信息对微博的转发量有较大影响。[1]Zhao X 等通过对 2.3 亿条微博进行分析，发现带有图片、视频等多媒体特征的微博具有更高的流行度和更长的生命周期。[2]

从用户属性角度入手的研究，关注用户认证、活跃度、粉丝数等用户特征对转发数量的影响。比如，赵蓉英等以流行三要素为理论出发点，通过实证研究发现：用户粉丝数与微博转发数之间有较强的相关性，但用户活跃度与微博转发量之间并不相关。[3]张赛等通过 200 多万条微博分析得出，微博热

① 邓青、马晔风、刘艺等：《基于 BP 神经网络的微博转发量的预测》，《清华大学学报（自然科学版）》2015 年第 12 期，第 1342—1347 页。

② Zhao X, Zhu F D, Qian W N, et al., "Impact of Multimedia in Sina Weibo: Popularity and Life Span", In Li J, Qi G, Zhao D, et al., *Semantic Web and Web Science*. New York: Springer, 2013. pp.55-65.

③ 赵蓉英、曾宪琴：《微博信息传播的影响因素研究分析》，《情报理论与实践》2014 年第 3 期，第 58—63 期。

度与用户粉丝数呈正相关，但相关性不强。[①]有学者通过研究 120 万条 Twitter 发现，转发数最高的那些 Twitter，它们的发布者也具有较高的粉丝数，而且这些发布者的其他 Twitter 也会有很高的转发。[②]

上述研究能够从某一类具体事件或者某一具体媒介平台的角度总结出信息扩散的具体特征，为后续的理论研究提供了基础。许多研究者依据这些研究结论对影响信息扩散的诸多因素进行了概括和总结。

比如李栋、徐志明等通过研究社会网络上的信息传播，将影响用户采纳信息的因素归纳为社会因素和信息因素（表 4-2）。社会因素是指与用户有社会关系的邻居，邻居的行为会影响用户的行为。信息因素是指信息本身所包含的内容及其扩散性对用户的影响。[③]吴越等综合多方的研究成果，认为影响微博信息是否能流行的因素很多，但主要的影响因素可以分为三类：微博内容、用户信息和网络结构。[④]刘挺教授团队通过总结以往研究内容，将用户转发行为产生的影响因素概括为两类：信息内容因素和群体影响因素。信息内容因素包括信息内容自身特点以及信息内容与用户兴趣的吻合程度，群体影响因素主要包括信息发布者对用户的影响以及其他信息转发者对用户的影响。[⑤]胡颖、胡长军教授团队将信息扩散问题看作是信息的流行度演化（popularity evolution）问题，认为促进流行度增长的因素分为内部因素和外部因素。内部因素主要指内容质量，可以通过新颖性、主观性、是否有命名实体等方式来评估；外部因素则包括用户的社交影响力、用户特征以及网站机制。[⑥]

① 张赛、徐恪、李海涛：《微博类社交网络中信息传播的测量与分析》，《西安交通大学学报》2013 年第 2 期，第 124—130 页。

② Bakshy E, Hofman J M, Mason W A, et al, "Everyone's an Influencer: Quantifying Influence on Twitter", In Association for Computing Machinery, *Proceedings of the Fourth ACM International Conference on Web Search and Data Mining*. New York: ACM, 2011. pp.65–74.

③ 李栋、徐志明、李生等：《在线社会网络中信息扩散》，《计算机学报》2014 年第 1 期，第 189—206 页。

④ 吴越、陈晓亮、蒋忠远：《微博信息流行度预测研究综述》，《西华大学学报（自然科学版）》2017 年第 1 期，第 1—6 页。

⑤ 李洋、陈毅恒、刘挺：《微博信息传播预测研究综述》，《软件学报》2016 年第 2 期，第 247—263 页。

⑥ 胡颖、胡长军、傅树深等：《流行度演化分析与预测综述》，《电子与信息学报》2017 年第 4 期，第 805—816 页。

孙庆川等在构建信息扩散模型时，认为个体接收和传播信息受到两种因素的影响：内部因素和外部因素。内部因素与个体特质有关，如知识结构、价值偏好等；外部因素又由两部分组成：一是信息本身，二是周围人的态度。并且认为信息的传播不仅要考虑微观的个体条件，还要考虑宏观的人际网络结构。[①]

表4-2 已有研究关于影响信息扩散因素的总结

研究者	因素1	因素2	因素3
徐志明等	社会因素（邻居、邻居行为）	信息因素（内容、扩散性）	—
吴越等	微博内容	用户信息	网络结构
刘挺等	群体影响	信息内容	—
胡颖等	外部因素（用户社交影响力、用户特征、网站机制）	内部因素（内容质量）	—
孙庆川等	外部因素（信息本身、周围人的态度）	内部因素（个体特质）	—

综上，我们可以看到，研究者在归纳影响信息扩散的因素时虽然最终分类结果不完全一样，但是在基本要素的确认上却是高度一致的，基本上都提到了：信息内容和用户特征。还有一些要素的总结略有不同，比如有的提到群体影响，有的提到网络结构，也有的提到网站机制，在笔者看来，这三者实际上描述的都是制约个体行为的外部结构。

三、以"人"为中心的信息扩散模型

从前面的分析我们可以看出，目前研究者普遍认同信息内容、用户特征以及一些外在的关系结构是影响信息扩散最主要的三方面因素；同时，基于这些基础，研究者也试图提出各种理论模型来对信息传播的过程进行概括。

这方面的工作主要来自信息工程和信息科学等学科，提出的模型也主要是关于在线社交网络（online social network）上的信息传播。陈慧娟等在对微博网络信息传播研究进行总结时，将已有的基于微博网络的信息传播模型归

---

① 孙庆川、山石、兰田田：《一个新的信息传播模型及其模拟》，《图书情报工作》2010年第6页，第52—56页。

为三类：基于传播过程的模型、基于影响力的模型和基于转发因素的模型。他们认为基于传播过程的模型侧重于传播过程的动力学和个体的状态转换，其模型基础为传染病模型；基于影响力的模型主要通过节点以及节点之间的影响力来构建信息的传播过程，这类模型的经典基础模型是线性阈值模型和独立级联模型；基于转发因素的模型是在分析影响信息转发因素的基础上，使用概率统计模型进行转发概率的预测，进而达到构建转发模型的目的。①在笔者看来，基于转发因素的模型其本质与基于影响力的模型一样，都是通过一系列变量来评估用户参与转发的概率模型。

海沫等根据研究对象的不同，将研究者近几年提出的九类信息传播模型分为两类（表4-3）：基于传播路径图节点的模型和基于传播路径图规模的模型。②基于传播路径图节点的模型，是以节点是否属于传播图的对象为研究问题，其实质是分析节点用户在多种因素的影响下是否参与转发信息或者参与转发信息的概率值大小。这类模型主要包括线性阈值模型和独立级联模型以及这两个经典模型的改进模型。基于传播路径图规模的模型是以传播图中节点规模随时间变化为研究对象，其实质是分析参与传播的用户规模随时间变化的动力学模型，所以信息传播的动力学方程是这类研究最常见的研究结果。这类模型的主要代表有传染病模型及其改进模型等。

表4-3　已有信息传播模型的分类总结

分类一（陈慧娟等）	基于传播过程的模型	基于影响力的模型 基于转发因素的模型
分类二（海沫等）	基于传播路径图规模的模型	基于传播路径图节点的模型
典型模型	传染病模型及其改进模型	线性阈值模型、独立级联模型及其改进模型
模型输出	参与信息扩散的个体数量随时间变化的动力学方程	个体在多种因素影响下是否参与信息扩散或参与的概率函数

① 陈慧娟、郑啸、陈欣：《微博网络信息传播研究综述》，《计算机应用研究》2014年第2期，第333—338页。

② 海沫、郭庆：《在线社交网络信息传播模型研究》，《小型微型计算机系统》2016年第8期，第1672—1679页。

通过梳理我们发现，已有的信息传播模型都是以信息传播过程中的"个体"为研究的关注点。其中一类试图构建的是特定类型的个体数量随时间变化的动力学方程，以传染病模型为例，研究者关注的是所有个体中"被感染"（参与信息传播）的个体数量、"易感染"（可能参与传播）的个体数量和"免疫"（不可能参与传播）的个体数量随时间变化的规律。另一类试图构建的是在多种因素，如用户属性、用户粉丝数、用户活跃度、信息内容是否有图片、是否有视频、是否有链接等的影响下，个体参与信息扩散的概率统计模型。

无论是两者中的哪一种，都是以"传播参与者"为研究着眼点的。在这两类信息传播模型中，"信息"要么被视为没有任何特性的、只具有传染性的"病毒"，要么被分解为是否包含图片、视频、链接等要素 0 或 1 哑变量，也就是说这类研究要么忽略了影响信息价值背后的核心要素，要么认为那些表面的形式就是核心要素。

四、群聚传播的信息扩散模型——信息势能

在上面的分析中，我们发现"信息"本身在已有的信息扩散模型中并没有获得足够的关注，研究者往往喜欢将重点放在信息扩散的载体或介质上，即传播参与者的身上。正是基于这一点，笔者试图从传播学的角度，将"信息"视作信息扩散问题的核心来构建一个新的解释框架。

（一）"信息"成为主体，传播者成为节点

首先，信息扩散是一种普遍的自然现象，并非人类独有。因为信息也能在动物之间进行扩散，比如发现危险的猴群、找到食物的蜜蜂、释放特殊气味的植物等。其次，信息具有独立性，因为信息可以脱离人而存在，比如空气里看不见的电磁波、光纤中以光速传播的光子、洞穴墙壁上的绘画等，只不过从人类社会的定义来看，只有那些能被人类接收并解读为有意义的信号才能称为信息。但是，从广义的传播定义来看，信息无处不在，传播过程无处不在，信息的产生和流动并不依赖人而存在。

　　尽管信息有其独立性，但是当我们讨论人类社会的信息传播时，人作为传播者必须在场。经典的传播理论将传播过程归纳为五个要素：传播者、受传者、讯息、媒介、反馈。①这种归纳体现了大众媒介时代的传播观，在互联网群聚传播时代，传播的主、客体之间的界限已渐渐模糊。大流量开放平台为以个人为基本单位的传播力量被激活的微资源提供了互联互通、全新聚合的基础系统。无论是个体还是媒介组织，都被视作是网络中的一个节点，即社会化媒体平台成为了传播的底层架构，人成了媒介本身。

　　因此，站在一个更加宏观的视角来看当今社会的传播图景，我们看到的是信息在一个由无数人组成的社会网络中传播扩散，人和人之间的社会关系构建了信息扩散的网络，成为信息扩散的路径结构。

　　笔者在此并未想全盘否认人的主观能动性在信息传播过程中的作用，个体的确可以是信息的创造者，也可以是信息的传播者和解码者，笔者认为将信息作为一种独立的客体来看待时，更有助于分析和理解信息扩散的真实过程。

（二）信息势能

　　从复杂网络的理论来看，信息扩散的传播路径具有自相似性，即局部形态与总体形态相似，这与很多自然现象类似，如水的流动形成的河流分支、树木的分枝等。或许从一个侧面揭示出：信息的扩散作为一种自然现象，本身就具有很多自然现象的特征，如"青岛大虾"事件的传播路径（图4-2）。

　　在物理学中，一个物体从高处滚落，所具有的能量可以用"重力势能"来衡量，"重力势能"的大小取决于三个因素：一是物体的质量 m，二是物体落下的相对高度 h，三是所处环境的重力加速度 g。通过前面的总结，我们了解到，研究者在分析影响信息扩散的因素上具有较为一致的观点，即认为信息内容、用户特征、网络结构是影响信息扩散最重要的因素。借用物理学中"势能"的概念，笔者认为信息在传播网络中的扩散，一方面受信息内容本身

---

① 参见郭庆光：《传播学教程》（第二版），中国人民大学出版社，2011。

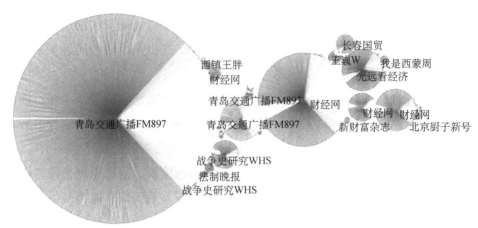

西镇王胖
财经网

青岛交通广播FM897

青岛交通广播FM897

青岛交通广播FM897

长春国贸
王巍W 我是西蒙周
尤远看经济

财经网

财经网 财经网
新财富杂志 北京厨子新号

战争史研究WHS
法制晚报
战争史研究WHS

图4-2 "青岛大虾"事件传播路径图

"质量"的影响,另一方面也受传播参与者所具有的"势"的影响,最后还受整个传播网络的一些特性的影响。

接下来,笔者将一一介绍这三个因素的含义及作用机制。

信息的"质量"不是指信息的优劣,而是指信息对个体的价值,是一个主观性的变量。在含义上,跟"新闻价值"具有较高的重合度,新闻价值是指新闻客体对新闻主体的有用性。[①]

从新闻业出现的第一天开始,关于新闻价值的讨论就从未停歇,在长期的新闻实践中新闻从业者们总结出了新闻价值的五要素:时新性、重要性、接近性、显著性、趣味性。[②]新闻价值是新闻工作者从新闻专业主义的角度为受众做的价值选择,体现了他们对受众兴趣口味的判断。

有研究者认为,传统的新闻生产是建立在延迟性基础之上的[③],新闻发生和新闻报道之间的时间延迟是时新性存在的前提,当这种延迟被新媒介技术抹平的时候,时新性本身就变得没有意义了。在信息扩散上,这种变化体现为事件的发生和信息的扩散几乎同时进行,如今大火的"视频直播"将这一

① 王庆起:《关于新闻价值各要素划分的再思考》,《编辑之友》2014 第 1 期,第 54—56 页。
② 童兵:《理论新闻传播学导论》,中国人民大学出版社,2011,第 48 页。
③ 胡翼青、李子超:《重塑新闻价值:基于技术哲学的思考》,《青年记者》2017 年第 4 期,第 11—13 页。

点体现得淋漓尽致。新闻生产延迟性的消失，使得未经证实的信息也能成为新闻报道，严格的事实审核被争抢头条所取代，这也是反转新闻近年来频发的根本原因。

大众媒介时代，信息的重要性、趣味性由媒体来评估，受众主要扮演的是信息接收者的角色。随着新型传受关系的出现，信息价值评估的权力转移到了每个个体手中，信息的重要性和趣味性开始由大众来完成评估。

由于个体既是信息的接收者，也是信息的传播者，信息得以扩散，取决于个体对信息价值的认同。因此信息的"质量"关系到信息能否获得个体扩散的意愿，只有符合互联网群体的价值偏好，才有可能从在线社会网络中获得足够的扩散动力。

当某个个体决定扩散一条信息或者该个体生产了一条信息时，这条信息接下来会怎样扩散下去，除了取决于信息自身的"质量"，还取决于这条信息的传播者在信息网络中所具有的影响力，我们将这种影响力称为传播者的"势"。如果说信息的"质量"影响的是个体接收信息后进行"再传播"的意愿，那么传播者的"势"影响的就是信息能够被多少节点接收。

已有的一些研究证实在线社会网络具有较高的异质性。[1]网络结构的异质性表现在节点的度分布上，即少量节点的度非常高——拥有大量的连接，而大部分节点的度很低——具有较少的连接。网络结构的异质性反映出网络节点影响力的差异。

虽然传播者的"势"表面上指与传播者建立连接的节点数量，但是本质上反映出的是传播者的社会资本。在线社会网络上传播者的社会资本有两个来源，一是现实生活中的社会资本转化为线上的社会资本，比如一些明星、专家等在现实生活中已有很大影响力的人，来到线上网络后依然会有很大影响力；另一种属于在现实生活中没有很大影响力，但是通过线上产出有"质量"的信息，在线上逐渐获得影响力，如论坛里的芙蓉姐姐、微博上的作业

① 吴联仁：《基于人类动力学的社交网络信息传播实证分析与建模研究》，北京邮电大学 2013 年硕士学位论文。

本、微信公众号里的咪蒙、直播软件里的网红等。

当我们认识到传播者的"势"实际上反映的是传播者的社会资本时，就不难理解为什么认证用户比未认证用户更容易获得转发，因为认证是将线下社会资本带入线上的做法；也能理解为什么诸如性别、地域、发布时间、活跃度这些用户特征不太能影响信息的扩散，因为这些特征没法转化为社会资本。

如果将信息的"质量"和传播者的"势"看作是信息扩散的内在动力，那么网络的"特性"则是影响信息扩散的环境变量。信息的扩散是沿着人与人之间由社会关系构建起的社会网络进行传播的，因此信息扩散的结果必然会受到社会网络"特性"的影响。社会网络的"特性"体现在三个方面。

（1）连通性。社会网络的连通性影响的是信息能否流动的问题。显然，信息很难从一个社会圈子扩散到另一个没有交集的社会圈子中去。

（2）聚集系数。聚集系数是用来描述网络中节点聚集程度的系数，可以用来衡量网络的松散程度。一个团结紧密的社会群体相对一个松散稀疏的社会群体拥有更好的信息扩散效果。

（3）带宽。带宽是用来描述信息传输能力的概念，通常指单位时间内能够在线路上传送的最大数据量。在这里，我们借用这个概念来表示社会网络中节点之间信息传输的效率，这里的效率不仅有速度含义，还有频率和容量的意思。

社会网络可以从宏观和微观两个角度来理解。从宏观上看，整个社会就是一个巨大的社会网络。全球化将所有人联系到一起，没有人可以独立地生存在这个地球上；城镇化造就的超级城市，让人们更加集中地生活在一起；互联网让我们可以 24 小时通过各种形式进行沟通交流。因此，从媒介技术和社会的发展来看，整个社会的连通性、聚集系数和信息传输带宽一直在不断提高，这也是互联网群聚传播时代信息扩散如此高效的一个根本原因。

从微观上来看，不同的媒介形式支撑起了不同的社会网络，如大众媒体构建起的单向的、广播式的社会网络，微博构建的熟人和陌生人混合的、基于关注的社会网络，微信构建的基于人际关系的熟人网络，论坛贴吧构建的基于兴趣和话题的趣缘网络等。不同的媒介形式拥有各自特定的关系组织模式，构建起不同的信息传播网络，因此在网络"特性"上也会各有不同。

综上，我们描述了影响信息扩散的三个因素，并从传播学的角度对他们各自的作用机制进行了分析。参考勒温在提出"群体动力理论"时的表述方式①，我们认为信息扩散的效果（I）是由信息的"质量"（m）、传播参与者的"势"（h）和所处网络的"特性"（g）共同决定的，用函数式来表达的话，即：

$$I=f(m, h, g)$$

在分析特定媒介场域中的信息扩散时，网络"特性"（g）可以看作是常数。

五、群聚传播信息扩散的量化研究

上面，我们提出了信息扩散的一般模型，即信息扩散的结果由信息自身的"质量"、传播参与者的"势"和所处传播网络的"特性"共同决定。

互联网群聚传播是一种由多元主体共同参与的、多种信息内容相互竞争的信息扩散活动，社会化媒体是互联网群聚传播信息扩散的主要媒介平台。从这个角度出发，我们决定选取一种社会化媒体平台，以此为例进行互联网群聚传播信息扩散的量化研究。

微博和微信作为国内最大的两家社会化媒体平台，是国内用户参加群聚传播的主要媒介平台。李彪认为微博属于社交媒体，具有强媒体属性，适合个体在公共话题上进行观点的交锋和对接；微信则属于社交网络，具有强社交属性，适合小范围内的群聚传播和单向度的匿名传播。②两个平台在互联网群聚传播中各自扮演着重要的角色，但是微博平台相比微信平台更具开放

---

① 勒温的"群体动力理论"认为，一个人的行为（B）是由个人内在需求（P）和环境外力（E）相互作用的结果，并用函数式 $B=f(P, E)$ 来表示。

② 李彪：《当前社会舆情场域态势与话语空间转向研究——基于网络舆情新变化的分析》，《暨南学报（哲学社会科学版）》2016 年第 6 期，第 90—98 页。

性，数据也更易获得，因此，本书选取微博平台作为研究信息扩散的媒介场域。

（一）研究对象和研究问题

虽然微博作为一个大的社会网络，其内部人际关系在时刻发生变化，但是李栋等研究者认为，相比现实社会网络中疾病的传播，在线社会网络中信息扩散的速度更快，扩散周期要小很多，同网络动态演化的周期通常存在着巨大差别，以微博为例，一条微博一般在很短时间被大量用户转发，微博中的社会网络的动态演化非常慢，因此可以忽略社会网络的变化①；而且，从宏观上来看，社会网络的结构属性参数在很长的周期内都是稳定的，基本不会发生特别大的变化。基于这些考虑，我们可以将微博网络的"特性"g 在我们的研究周期内看作是常数，因此我们要考虑的只有信息的"质量"m 和传播参与者的"势"h，也即：

微博的扩散效果=f（m，h），g 为常数。从剩下两个因素出发，我们提出下列几个研究问题：

Q1：什么人发布的什么样的信息在微博网络中更容易被扩散？

对微博网络中信息扩散的基本情况进行宏观描述。

Q2：影响信息内容"质量"的因素有哪些？

分析获得广泛扩散的信息内容具有什么特征，从而归纳出影响信息扩散的信息内容方面的因素。

Q3：影响传播者"势"的因素有哪些？

分析热门信息传播者的特征，归纳出影响信息扩散的传播主体方面的因素。

Q4：信息的"质量"和传播者的"势"如何共同影响信息的扩散？

前面两个研究问题将信息和传播者两个因素分开单独分析，下面将结合案例分析两者在信息扩散过程中如何相互影响，共同发挥作用。

---

① 李栋、徐志明、李生等：《在线社会网络中信息扩散》，《计算机学报》2014 年第 1 期，第 189—206 页。

（二）样本数据和研究方法

为了研究微博网络中信息扩散的一般情况，本书在新浪微博的"找人"频道①给出的明星、作家、政府官员、媒体等 50 种用户分类中，每一类随机抽取一名用户作为种子，运用 scrapy 爬虫框架编写爬虫程序，分别爬取 50 名用户的关注列表、粉丝列表和所发的微博，并将抓取到的用户加入到后续爬取的队列中继续抓取。通过这种滚雪球的抽样方式，我们构建了一个包含 48 万微博用户、500 多万条微博，时间范围覆盖 2012 年 2 月到 2017 年 10 月之间的微博样本库。

通过抽取其中的热门微博（比如转发数量大于 1 万），分析这些微博的内容特征和发布者特征，我们可以得到决定信息"质量"的影响因素和反映传播主体"势"的特征因素，有了这些因素我们就能分析他们是如何影响信息扩散的。但是我们认为这些影响因素并不是相互独立的，传播者、信息内容和网络特性是相互影响的，因此，因素之间的影响不是线性的，而是组合并发的。所以我们不能使用以线性因果关系为基础的定量统计分析方法，而应该使用考察多重原因组合影响的定性比较分析方法（qualitative comparative analysis，QCA）。

定性比较分析方法是一种基于布尔代数原理，借助集合论的思想考察复杂社会现象的原因组合路径和影响方式的研究方法，它整合了传统定量研究和定性研究各自的优势。这种方法将每个案例都看作是很多原因条件组合而成的，利用布尔代数运算来计算能够解释案例形成的原因组合。在具体的操作中，我们使用的分析工具是学术界应用最广的 fsQCA 软件。②

（三）微博网络中信息扩散的宏观分析

如果将微博的转发数近似看作该微博信息的扩散规模，通过对 500 万微博内容数据进行分析，我们得出转发数的分布如表 4-4 和图 4-3 所示。

---

① http://d.weibo.com/1087030002_417.

② http://www.u.arizona.edu/~cragin/fsQCA/software.shtml.

表 4-4　扩散规模及其占比

扩散规模/次	占比/%
0—10	98.68
10—100	0.94
100—1 000	0.32
1 000—10 000	0.06
10 000—10 0000	0.003
100 000+	0.001

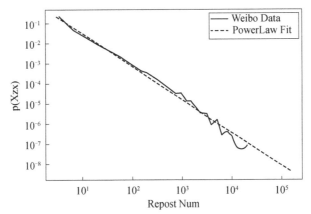

图 4-3　转发次数的幂律分布检验（软件截图，虚线表示幂律分布拟合线）

　　通过扩散规模的分析可以发现，微博网络中 98.68% 的信息扩散规模不到 10 次，更具体一些，94.2% 的信息从没有获得过扩散，即转发数为 0。通过使用剑桥大学 J Alsott 开发的幂律分布检验工具 powerlaw[①]进行假设检验，证明了转发数的分布确实符合幂律分布。由此可见，在微博网络中，信息的扩散并不是一种普遍现象，而是一种稀有现象；只有极少数信息能够在传播网络中获得大规模的扩散。

　　如果将传播主体的粉丝数看作传播主体在传播网络中的"势"，通过对 48 万微博用户粉丝数进行统计，可以得到如表 4-5 所示的结果。

---

　　① Alstott J, Bullmore E, Plenz D, "Powerlaw：A Python Package for Analysis of Heavy-Tailed Distributions", *PLoS One*, Vol.9, No.1, 2014. e95816.

表 4-5　样本数据中用户的描述统计（括号为官方数据）

项目	指标	占比/%
性别	男	59.5（55.5）①
	女	40.5（44.5）
认证	认证	8.0（4）②
	未认证	92.0（96）
认证类型	普通用户	89.6
	名人	6.5
	政府	0.25
	企业	0.73
	媒体	0.36
	校园	0.03
	网站	0.02
	应用	0.000 4
	团体（机构）	0.12
	待审企业	0.001
	微博女郎	0.06
	初级达人	0.14
	中高级达人	2.16
粉丝数量级	个	30.67
	十	30.93
	百	22.75
	千	8.58
	万	3.49
	十万	2.48
	百万	1.02
	千万	0.09
	亿	0.001

　　由上表可知，微博网络中大部分的用户为未认证的普通用户（92%，89.6%），同时，微博网络中，每个个体的影响力分布也极为不均匀，3.6%的

① 见微博官方《2016 微博用户发展报告》。
② 见微博官方《2015 微博用户发展报告》。

用户拥有 10 万以上的粉丝，92%的用户粉丝数不过万，经检验粉丝数的分布也符合幂律分布的特征（图 4-4）。微博的单向关注功能使得微博网络的信息传播具有方向性，即沿着关注者往粉丝传播，因此，粉丝的数量决定了信息在某一个节点接下来能够传播的潜在可能性。

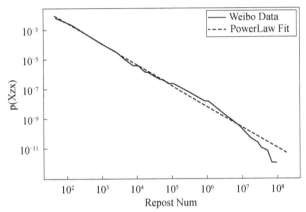

图 4-4 用户粉丝数的幂律分布检验（软件截图，虚线表示幂律分布拟合线）

（四）典型扩散案例的特征分析

为了研究获得微博上被广泛传播的微博特征，我们从 500 多万条微博中，通过随机抽样的方式抽取了转发数量在 1 万以上的 500 条微博，作为具有较高扩散度的典型案例来进行研究。

参考热门微博的分类标准，我们对 500 条微博进行了内容编码，得出如表 4-6 所示结果。

表 4-6 高"质量"博文内容的信息类型和发布主体

信息内容	占比/%	描述	发布主体
营销	25.00	企业账号发布，以抽奖、认捐等方式进行产品宣传和品牌营销的博文	企业用户
明星	19.35	明星个人发布的或关于明星的博文	明星本人、影视作品或节目官方账号、媒体
情感	14.52	就某一话题发表个人观点或表达个人情感的博文	主要为自媒体用户、个人用户
搞笑	13.71	幽默段子类博文	主要为自媒体用户

续表

信息内容	占比/%	描述	发布主体
社会热点	7.26	具有广泛社会影响的热点新闻	主要为媒体机构
社会新闻	5.65	一般意义上的社会新闻	媒体机构
正能量	4.84	通过讲故事来传达积极乐观、健康阳光的情感的博文	主要为媒体机构、自媒体用户、个人
实用	4.03	实用知识、科普知识、名言警句等内容	主要为媒体机构和自媒体用户
国际	4.03	国际上发生的具有重大影响力的新闻	媒体机构
体育	3.23	与体育明星或者体育赛事相关的博文内容	媒体机构、个人
政务	0.81	涉及重大的社会公共政策的博文内容	媒体机构、政务微博

微博是一个多元主体共同参与信息传播的媒介场域，不同的主体具有不同的传播目的，因此会生产出不同的信息内容，比如企业类用户在微博网络中宣传产品、塑造品牌等，明星借助微博平台来进行个人形象塑造、粉丝互动等，媒体机构通过报道新闻获得受众关注，自媒体用户通过长期维护某一垂直领域的信息来吸引大量用户关注，普通个人用户则多使用微博来记录生活、分享情感等。

通过上表的分析我们可以发现，在我们选择的 500 条高转发量微博中，营销类信息占据 1/4（25%），这与新浪微博近年来不断加强商业化的进程有关；跟明星相关的信息内容占据近 1/5（19.35%），体现了社会化媒体日趋娱乐化的特征。营销和明星类信息内容具有浓郁的商业属性，因此企业和明星公司有足够的动力去传播此类信息。营销类信息多以抽奖和认捐的方式吸引用户参与互动，具有较高的扩散度；明星类信息背后有着庞大的粉丝群，依靠粉丝的力量可以轻易地实现大规模扩散。

除了营销和明星这两类具有明显商业目的的信息内容，情感（14.52%）、搞笑（13.71%）、正能量（4.84%）这三类带有情感性的信息也能获得较多的扩散。情感类信息主要指那些围绕某一话题发表个人观点或表达个人情感的博文，往往因为其观点或情感能够引起普遍共鸣，从而带来大量转发；搞笑类是比较常见的一类热门信息，因为其内容能够给大家带来幽默感和愉悦感，所以被广泛传播；充满正能量的信息经常通过讲故事的方式来激起人们比较积极、阳光、向上的正面情感，人们因为感动而参与这类信息的扩散。

剩下六类信息：社会热点（7.26%）、社会新闻（5.65%）、国际（4.03%）、体育（3.23%）、政务（0.81%）、实用（4.03%），属于功能类信息，主要目的是信息告知，同时由于信息内容本身的重要性、接近性以及部分社会新闻蕴含的情感性，让这类信息也能够获得大量的传播扩散。

在前面，我们讨论过信息的"质量"，并分析了传统新闻价值的五要素在互联网信息扩散上的适用性，结合对 500 条样本数据的分析，我们认为"互动性"也是考量信息价值的一个重要因素。

因此，我们将影响信息"质量"的特征归纳为：重要性、显著性、接近性、情感性、互动性，具有五种特征中的任何一种或几种，都会为信息带来价值。即：

信息质量 $m=f$（重要性，显著性，接近性，情感性，互动性）

最热门的 11 类信息能够与 5 类价值维度形成很好的映射关系，如表 4-7 所示。

表 4-7　信息内容与信息价值的映射关系（*表示部分包含）

	重要性	显著性	接近性	情感性	互动性
营销				✔*	✔
实用		✔			
明星	✔*	✔		✔	✔*
情感		✔	✔	✔	
搞笑				✔	
社会新闻				✔*	
正能量				✔	
体育	✔*	✔		✔*	
社会热点	✔	✔			
国际	✔				
政务	✔	✔*	✔		

注：*表示部分包含

为了研究热门信息的传播主体具有什么样的特征，我们将 500 条微博的发布者的相关信息进行了统计，结果如表 4-8 所示。

表 4-8　热门内容的发布者的特征描述

项目	指标	占比/%
性别	男	74.0
	女	26.0
认证	认证	99.8
	未认证	0.2
认证类型	普通用户	0.2
	名人	61.5
	政府	3.6
	企业	15.4
	媒体	16.6
	校园	0.2
	网站	1.2
	团体（机构）	1.2
粉丝数量等级	1 000—1 万	2.88
	1 万—10 万	7.93
	10 万—100 万	18.75
	100 万—1000 万	43.03
	1 亿以上	27.40

由上表，我们发现：几乎所有的发布者都是认证用户（99.8%）；名人、媒体、企业这三种认证类型的发布者占 93.5%；粉丝在 10 万以上的发布者占 89.18%。由于名人、媒体、企业本来就是认证用户中数量最多的三种类型，因此我们认为认证类型这个因素与是否认证的作用是等同的。认证是对身份的一种证明，可以增加传播者的可信度和权威性；粉丝数量是个人影响力的象征，也是传播能力的象征。因此我们将影响传播者"势"的因素归纳为：认证与否、是否为"大 V"（粉丝过 10 万），同时考虑到传播参与者的影响，我们需要增加"帮手"这个变量，"帮手"可以理解为传播参与者中的"大 V"。用函数表达式可以写成：

传播者的"势"$h=f$（影响力，权威性，帮手）

（五）信息扩散的机制研究——以扩散规模为结果变量

定性比较分析（QCA）是对一定数量的案例进行分析，将案例的结果和可能多的原因进行二分法处理，然后进行布尔逻辑运算，来研究他们之间的组合关系。为此，我们选取了 50 个高扩散度（转发数大于 1 万）的案例和 51 个低扩散度（转发数为 100—400 [①]的案例。同时，根据上面的分析，我们将解释变量分别确定为：影响力、权威性、重要性、显著性、接近性和情感性。

最终用于分析的结果变量和解释变量如表 4-9 所示。

表 4-9　结果变量和解释变量

变量名	变量类型	说明	赋值
		结果变量	
扩散规模	高扩散	转发数≥10 000	1
	低扩散	转发数≥100 且转发数<400	0
		解释变量	
影响力	高影响力	粉丝数≥100 000	1
	低影响力	粉丝数<100 000	0
权威性	高权威	认证用户	1
	低权威	未认证用户	0
帮手	有帮手	有"大 V"参与转发	1
	无帮手	没有"大 V"参与转发	0
重要性	重要	主要看其政治和社会意义大小以及对社会和公众产生的影响程度	1
	不重要		0
显著性	显著	信息中是否提到知名的人物、地点和事件	1
	不显著		0
接近性	接近	信息内容在地理、心理、情感和利益上是否与普通公众接近	1
	不接近		0

---

① 选择 100—400，是为了与众多的普通用户发布的小范围内的微博区分开，同时又要跟高扩散度的微博区分。

变量名	变量类型	说明	赋值
情感性	有情感	信息内容中是否表达出明确的情感，如搞笑、愤怒、悲伤、害怕等	1
	无情感		0
互动性	有互动	信息中是否有号召用户参与互动或者提供互动的方式，或者通过@别人来互动	1
	无互动		0

续表

在进行条件组合分析之前，需要给 8 个解释变量做必要条件检测，用以检查解释变量是否是结果变量形成的必要条件。必要条件检测类似回归分析里的显著性检验，用以检查哪些自变量对因变量的影响是显著的。

在定性比较分析（QCA）中，我们通常将吻合度（consistency）大于等于 0.9 作为通过必要条件检验的标准。[①]从图 4-5 中可以看出，传播者的影响力（power）、权威性（verified）、帮手（helper）三个因素通过了必要条件检测。解释变量"影响力"的吻合度为 0.9，也即是说在高扩散度的 50 个案例中，有 45 个案例的传播源都是粉丝过 10 万的、有影响力的"大 V"。因此，我们可以将这三个因素都看作是信息广泛扩散的必要条件。

```
Analysis of Necessary Conditions

Outcome variable  :  scale

Conditions tested  :
              Consistency    Coverage
Power *      0.900000        0.569620
Verified *   0.960000        0.666667
Help *       0.920000        0.730159
important    0.220000        0.916667
notable      0.420000        0.617647
related      0.220000        0.523810
interact     0.240000        0.705882
emotional    0.800000        0.615385
```

图 4-5　单变量必要性检验

定性比较分析（QCA）方法的前提假设为：现象是由多种因素组合、交互作用产生的，在分析了单个变量的必要性之后，需要对不构成必要性的单

① 唐睿、唐世平：《历史遗产与原苏东国家的民主转型——基于 26 个国家的模糊集与多值 QCA 的双重检测》，《世界经济与政治》2013 年第 2 期，第 39—57+156—157 页。

个变量进行组合来查看他们对结果变量的影响。尽管在上面的必要分析中，影响力、权威性和帮手三个因素通过了检验，但是考虑到它们的吻合度并没有完全达到 1，意味着还是会有一些特殊的案例，因此在做组合分析时，我们将这三个变量也再次添加到分析的变量列表中（表 4-10）。

表 4-10　变量组合分析结果

组合条件	覆盖率/%	净覆盖率/%	吻合度
权威性*帮手*~显著性*~接近性*互动性*情感性	0.28	0.06	0.933 333
权威性*帮手*~重要性*显著性*~接近性*互动性*情感性	0.04	0.02	1
影响力*权威性*帮手*~接近性*互动性*情感性	0.44	0	0.956 522
影响力*权威性*帮手*~重要性*~接近性*情感性	0.38	0	0.95
影响力*权威性*帮手*~重要性*~接近性*互动性	0.12	0.04	1
影响力*权威性*帮手*~重要性*~显著性*互动性	0.14	0.08	1
影响力*权威性*帮手*重要性*~互动性*情感性	0.14	0.04	1
影响力*帮手*~重要性*~显著性*~接近性*互动性*~情感性	0.06	0.02	1
影响力*权威性*重要性*显著性*~接近性*~互动性*情感性	0.06	0.02	1
~影响力*~权威性*帮手*~互动性*情感性	0.02	0.02	1
~影响力*~权威性*帮手*互动性	0.08	0.02	1
所有组合覆盖率	0.84		
所有组合的吻合度	0.976 7		

经过软件 fsQCA 的分析，我们一共得到了 11 组变量组合，其中"*"是组合的连接符，表示"且"的关系，"~"表示否定的意思，在布尔逻辑运算中还经常用"+"表示"或"的关系。这 11 种组合覆盖了 84% 的案例，同时吻合度达到了 0.9767。

根据"布尔最简化原则"，如果在两个布尔代数表达式中只有一个条件的取值不相同，且它们得出相同的结果，那么这个取值不同的条件就是冗余的，可以删除，这样就能得出一个较为精简的布尔代数表达式。[1]我们用该原

---

[1] Smith H L, "The Comparative Method: Moving Beyond Qualitative and Quantitative Strategies by Charles C. Ragin", *Social Forces*, Vol.67, No.3, 1987. p.185.

则将上面的 11 种组合进行归纳，简化为：

高扩散度=power*（verified + help + verified*help）*emotional*

（notable+interact+important）

+verified*help*emotional*（interact + notable）

+～power*～verified*help*（interact+emotional）

=有影响力*（有权威+有帮手+有权威*有帮手）*带情感*

（显著+互动+重要）

+有权威*有帮手*带情感*（重要+显著）

+没影响力*没有权威性*有帮手*（互动+有情感）

（六）互联网信息扩散的三种模式

通过定性比较分析，可以总结出信息大规模扩散的三种模式，这三种模式能够覆盖绝大多数获得大量转发的微博案例。

第一种模式：有影响力*（有权威+有帮手+有权威*有帮手）*带情感*（显著+互动+重要）。这是高扩散度信息的一种最常见的配置模式，几乎能涵盖 90%的案例。在传播主体上，信息发布者一般都是粉丝数大于 10 万的"大V"，有可能是微博官方认证的用户，也有可能不是（这种情况很少），同时，又可能有粉丝大于 10 万的"大 V"协助转发。在信息内容方面，所发布的信息带有情感，同时，也可能具有显著、互动、重要三者中的一种。

比如，@共青团中央曾经发布的一条微博（图 4-6），通过"当归"的隐喻来表达对台湾早日回归祖国的热情期盼。此微博涉及台湾问题，属于有重要性和显著性的信息，同时信息包含了期盼和祝福的感情，其中也不乏粉丝千万级的@财经网和粉丝百万级的@南京发布、@段子精选等微博账号参与传播。因此，整条信息最终获得了 5.2 万次扩散，并且整个扩散的深度达到了 25 层，扩散的网络结构非常符合"病毒式"扩散的结构，说明该信息拥有非常足的信息势能，能够渗透到各种不同的圈层，并且在每一层都有足够的动力继续往下一层扩散。

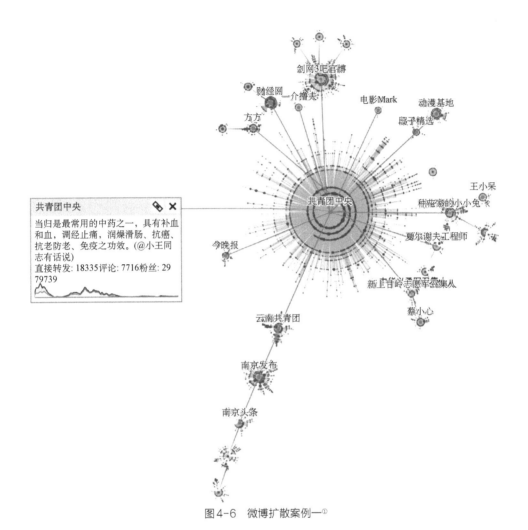

图 4-6　微博扩散案例一①

第二种模式：有权威*有帮手*带情感*（重要+显著）。这种配置模式可以称为"借力传播"。因为对于一些本身粉丝数并不高的传播者，发布的信息在微博上很难获得足够的扩散；但是，如果发布的信息能够带有情感，或者所说的事情很重要，或者提到了有名的人或事（显著），同时又能够获得"大 V"鼎力相助的话，就能获得较广的扩散了。这种模式的本质是将"大 V"的传播

① 本书所用案例的可视化呈现是通过北京大学袁晓如教授团队开发的 PKUVIS 微博可视分析工具制作的。

"势能"转化为自己的"势",很多营销活动多采用这种模式来进行造势宣传。

　　如图 4-7 所示,账号@黄飞鸿之英雄有梦是一部电影的官方账号,只有 1 万多粉丝,但是通过发布热血激情的 MV(情感),通过"点名"众多明星(显著),获得众多明星账号的捧场转发,最终获得近两万扩散,传播层级达到 9 层。在所有的转发中,只有 3173 条直接转发,助攻率高达 85.2%,也即是说 85.2%的转发来自其他人的贡献。

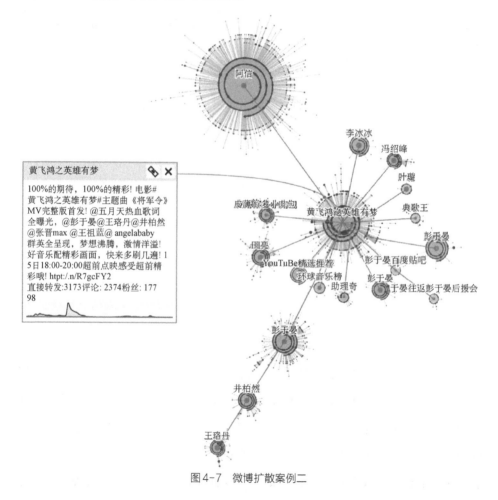

图 4-7　微博扩散案例二

　　第三种模式:没影响力*没有权威性*有帮手*(互动+有情感)。对于既没有很多关注者,也没有官方认证的传播者,如果想获得足够多的扩散,那么所发布的信息非常关键，只有当信息能够获得"大 V"的关注和转发，才能够真正进入公众的视野，从而获得足够的传播动力。这种模式是很多社会热点事件、舆论监督事件等的扩散模式。

如图 4-8 所示，账号@詹涓 june 是一个普通账号，粉丝只有 3 万多，但是发布的内容揭露了国内一些医院和互联网巨头百度公司的利益纠葛，此事

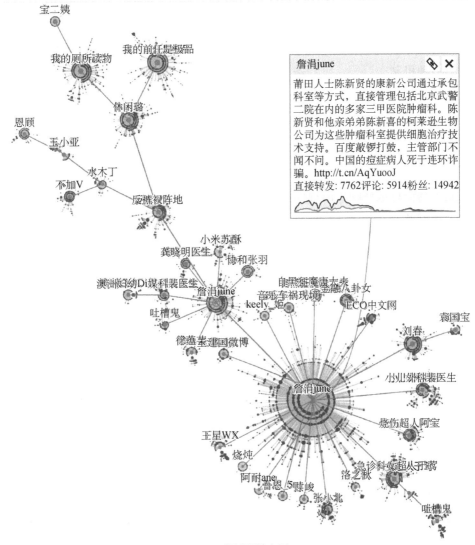

图4-8　微博扩散案例三

后来发展为获得广泛关注的"魏则西"事件。由于内容的重要性和显著性，以及其中蕴藏的愤怒情绪，该信息一经发出就获得了医疗领域的"大 V"如@急诊科女超人于莺、@烧伤超人阿宝、@龚晓明医生等的转发，随后扩散到@我的前任是极品这类千万粉丝级自媒体账号，进而被广泛的受众所知。该信息最终扩散 3 万多次，扩散深度达 14 层，助攻率达 75%。

六、互联网信息扩散的三个机制

通过对上面三种模式的进一步思考，我们可以提炼出关于互联网信息扩散的三种机制。

首先，我们认为最重要的机制是有"大 V"参与。本书中的"大 V"可以理解为 power+verified，即拥有超过十万粉丝的认证用户。在单变量必要性检验中，通过检验的三个变量（power、verified、help）均为影响传播者"势"的因素，说明了在微博网络中，传播者的"势"比信息内容的"质量"更能影响信息最终的扩散规模。

从网络科学的角度来说，信息的流动必须沿着网络节点间的连接来进行，因此信息流动本身受限于网络结构，在网络结构中，拥有较多连接的"强节点"和跨越不同圈层的"桥节点"都能够控制信息的流动。

从微博平台的自身来分析，微博的"关注"机制决定了信息流动的方向，信息从传播源扩散到关注者，拥有更高关注的传播主体发布的信息能够获得更多的曝光，被继续传播的可能性更高。因此，微博平台的特征使得信息势能的高低，更多取决于传播源的"势"和传播参与者的"势"。

微博平台的独特性造就了这种特征，但是在其他的信息传播网络中，尤其是那些节点异质性没那么高的平台，比如论坛、贴吧，除了像版主或吧主这样的管理者，其他用户在权力和影响力上差别不大，这时，信息的"质量"就比传播者的"势"更加重要。

因此我们可以总结出，信息网络的节点异质性，是节点间影响力差异产生的主要原因。网络节点异质性越高，节点间差异越大，这时信息势能的大小主要由节点的影响力来决定，比如本书研究的微博网络。网络节点异质性越低，表明节点影响力大小差异不大，这时信息势能的大小将主要受信息"质量"的影响。

其次，我们认为情绪传染也是促进信息快速大规模传播的另一个重要机制。在上面分析的三种模式中，每一种模式都提到了情感性对信息内容的重要性；而且在单变量必要性检验中，我们发现在拥有较高扩散的案例中，80%的案例传播的都是带有情感的信息内容。虽然不能说所有带情感的信息都能获得较好的扩散，但是至少可以证明，具有情感是高扩散信息内容的一个必要特征。

Berger 等通过实验证明情绪"唤起"在一定程度上可以促进人们的信息分享行为。[①]丁绪武等研究发现，相比于中立性的微博，带有情绪色彩的微博更容易得到转发和传播，并且情绪对于微博的转发数量和转发速度都有积极的影响。[②]产生这一现象的原因是情绪具有传染性，当信息内容被附着上某种社会情绪时，就获得了这种传染性，从而更容易在群体间扩散开来。

此外，新媒介技术为个人情绪的社会化传播创造了技术条件。[③]个体在参与社会化传播时，大多数时候是带有个体情绪的，当个体情绪背后的信息内容涉及公共利益的时候，就很容易上升为一种社会情绪，从而引发群聚传播。因此，我们可以认为，情绪的传染性是信息内容传染性的重要推动力，携带情感因素的信息更容易在节点间进行扩散。

综合上述两种机制，我们得出第三种机制——借势机制。这种机制可以用于解答个体议程如何上升为公共议程的可能性问题。

上面两种机制肯定了传播主体影响力和信息内容情感性在信息大规模扩散过程中的重要作用，因此，个体议程上升为公共议程需要依靠上述两种机制。通过观察近几年社会化媒体上个体事件上升为公共事件的案例，例如，和颐酒店女生遇袭事件、青岛大虾事件、魏则西事件、罗一笑事件等。这些

---

① Berger J, Milkman K L,"What Makes Online Content Viral? ", *Journal of Marketing Research*, Vol.49, No.8, 2009. pp.192–205.

② 丁绪武、吴忠、夏志杰：《社会媒体中情绪因素对用户转发行为影响的实证研究——以新浪微博为例》，《现代情报》2014 年第 11 期，第 147—155 页。

③ 隋岩、李燕：《论群体传播时代个人情绪的社会化传播》，《现代传播》2012 年第 12 期，第 10—15 页。

事件本身都带有一种公共情绪，比如和颐酒店事件中对公共安全的担忧、青岛大虾事件中对物价管理的不满、魏则西事件中对商业利益浸染医疗行业的愤怒、罗一笑事件中对网络募捐行为的质疑等。事件本身具有可以上升为公共事件的情绪属性，是此类事件可以得到广泛传播的一个原因；另一个原因是在这些事件的早期传播当中，具有影响力的"大 V"参与事件传播，将事件带入公众视野。

因此，个体议程上升为公共议程虽然取决于多方面的原因，但是有一些共同的特征，即事件本身具有发展成为公共情绪的情感属性，在事件传播过程中又有"大 V"作为帮手，综合两方面因素，事件信息便获得了足够的扩散势能，从而能够引起较广的扩散规模和较大的社会影响力。

第三节　群聚传播中的情感说服方式

进入群聚传播时代以来，网络叙事与传统的媒介叙事拉开很大距离，其中一个重要特征便是"情感转向"[①]的发生。情绪弥漫在互联网叙事文本中，无论是充满正能量的点赞行为，还是表情包中的娱乐式狂欢，抑或是群体参与下的情绪发泄，情感诉求成为网络表达的常态。甚至，情绪成为信息传播的助推剂。一些网络事件中，网民先受到强烈的情绪感染，然后才去寻找事件真相，而"真相却已远远滞后于情绪的蔓延"[②]。对于这种情绪影响舆论的"后真相"现象，人们更多关注情感带给叙事"真相"的危机和伤害，情感被直接视为理性的对立面。[③]然而，这种逻辑出发点并不能真正解释情绪弥漫的原因，更无法厘清情感以及情感策略如何在群聚传播中发挥作用。本节试图

---

① 参见彭增军：《新闻的情商：数码时代新闻的情感转向》，《新闻记者》2019 年第 4 期，第 38—42 页；凯伦·沃尔-乔根森：《数字新闻学的情感转向：迈向新的研究议程》，田浩译，《新闻界》2021 年第 7 期，第 25—32 页；常江、田浩：《介入与建设："情感转向"与数字新闻学话语革新》，《中国出版》2021 年第 10 期，第 9—16 页。

② 吴文瀚：《情绪消费与情感再造：互联网的情感空间治理》，《郑州大学学报（哲学社会科学版）》2020 年第 5 期，第 112—115 页。

③ 参见吴翠丽：《"后真相"时代网络空间中情感的负性转向及其防控策略》，《学习与实践》2019 年第 10 期，第 120—127 页。

重新梳理情感与理性的关系，并尝试回答情感如何在群聚传播中发挥理性角色？以及群体如何将情感说服策略运用到叙事文本中？在喧嚣的群体叙事中倡导理性和寻找价值共识，不应忽视情感的力量。

一、重新理解情感与理性的关系

（一）理性与情感的对立

理性与情感的对立根植于西方哲学观念中。无论是柏拉图的理欲对立论，还是亚里士多德的理性主张，都把情感和理性从人的本能欲望和思维能力中区分开来。情感，尤其是情欲，具有较低等的动物性特征，是应该接受理性规范和改造的对象。笛卡儿开创近代理性主义传统后，理性更被推崇到至高无上的地位，与其相对的情感处于劣势地位。理性是思维缜密的分析、判断和推理过程，情感是对环境条件反射般的回应，被视为非理性。在让-雅克·卢梭（Jean-Jacques Rousseau）看来，人是感性和理性的结合体，不过人首先是感性的、激情的、动物性的、本能的存在，在此基础上发展出高一级的理智、理性、自主、自制和自持的存在。[①]西方社会自启蒙运动之后，理性地位不断上升，在科学精神的照耀下，作为非理性的情感反应迅速滑落至边缘，受到排挤和压抑。尤其是经济理性人假说，更把情感当作控制的对象。后来人们对这种理性的极致推崇进行反思，尤其工具理性受到深刻批判。哈贝马斯认为现代社会陷入追求目的和控制冲动的工具理性，这是对理性的扭曲。[②]即便如此，人们仅从合理性角度对理性偏执进行矫正，理性与感性依然是二元对立的矛盾体。情感作为感性的典型表征，尤其在环境刺激下的情绪反应，始终处于非理性一端，被视作人的本能反应，缺乏逻辑性。

理性与情感的对立，以及对情感的非理性批判也反映在大众传播的说服研究中。无论说服目的、说服行为，还是说服策略，理性思维贯穿其中。说服是一个有目的的理性行为，"归根结底只有通过摆事实讲道理，通过'证

---

① 吴珊珊：《追问幸福：卢梭人性思想研究》，上海人民出版社，2017，第307页。

② 〔德〕哈贝马斯：《现代性的哲学话语》，曹卫东等译，译林出版社，2004，第128页。

明＇，才能得以实现"①。理性说服的背后逻辑是因果论证，通过传播者提供的合理原因解释，让受众接受顺理成章的结果推论。充足证据和合理论证是大众传播惯用的说服技巧，因此，数据、事实、细节等论据成为理性劝服的直接手段。论证过程中，通过阐述道理、晓之利害、提供建议等方式进行劝说。在新闻专业主义发展中，理性说服成为影响受众认知乃至态度改变的基本策略，从而导致抑制情感才能彰显客观、中立、公正的新闻理念。

（二）走出对情感的非理性批判

然而，大卫·休谟（David Hume）在解释道德行为的来源时，重新审视了情感与理性的关系。在休谟那里，情感不再是困扰心灵的非理性因素，反而是可以扮演积极作用的人性本质。"理性是、而且也应该是情感的奴隶，除了服务和服从情感之外，再不能有其他任何的职务。"②休谟认为理性服务于情感，多数情况二者保持一致，即使发生背离，道德的善恶也不是由理性决定的。理性对情感的依赖不仅重建哲学认识基础，还在美国神经外科专家和心理学家安东尼奥·达马西奥（Antonio Damasio）那里得到了临床验证。通过对脑损伤患者的治疗和研究，达马西奥发现缺乏情感会影响人们做出合理决策，他认为"理性决策并不仅仅是逻辑思维的产物，还需要情绪与感受的支持"③。在这里，理性与情感成为不可分割的整体，甚至理性是屈从于情感的，只有在情感的基础上才可能发挥理性的作用，理性的存在是为了实现情感的需求。

在玛丽亚·米切利（Maria Miceli）等人看来，理性与非理性相对，但理性并非与情感相对，不能把情感视为非理性。"'非理性'通常指'违背理性'，意味着从已知前提中得出了不应该的结论，或者与已知证据相反的结论。"④在对人工智能的研究中，克里斯汀·利塞特（Christine L. Lisetti）认为

---

① 刘亚猛：《西方修辞学史》，外语教学与研究出版社，2008，第58页。
② 〔英〕休谟：《人性论》（下册），关文运译，关之骧校，商务印书馆，1980，第453页。
③ 〔美〕大卫·科恩：《转角遇见心理学家》，李扬译，孔寅平审校，世界图书出版公司，2010，第82页。
④ Miceli M, de Rosis F, Poggi I, "Emotional and Non-emotional Persuasion", *Applied Artificial Intelligence*, Vol.20, No.10, 2006. pp.849-879.

理性表达和情感表达的两种划分是"虚假"的，态度评价实际上处于从"客观"到"情绪化"的一个连续谱系之中。①意见表达建立在绝对客观和彻底非理性之间。这里彻底非理性所指的情绪化，只是一种极端化的想象和描述，是现实中不可能实现的极致状态。利塞特的观点反映了理性与情感不可分割，在叙事文本中，客观描述与情感表达兼而有之，只是二者的比例并不平衡罢了。

由是观之，无论是理性与情感的不可分割，还是理性与非理性的划分，把情感直接等同于非理性是不可取的。非理性与情感并不具有天然纽带，情感说服更不是非理性的。相反，情感说服是一种理性行为，只是不同于一般的逻辑推理过程。米切利等人提出情感说服理论，认为说服可以分为论证式说服和非论证式说服。②论证式说服通过提供材料、证据进行，被普遍视为理性过程。非论证式说服也即情感说服，是一种与推理无关的过程，通过唤醒或激发受众潜藏的情绪需求，同样可以达到说服目的。情感说服与论证式说服使用的策略不同，但如果唤起公众情感本身就是说服目的，那么诉诸情感的说服策略也是一个理性过程。

情绪传播成为群聚传播的明显特征，与情感的这种说服逻辑密不可分。在传统的大众传播时代，媒体偏爱论证式说服，而今群体叙事转向了非论证式的情感说服。无论哪种说服过程，理性始终发挥作用。只有重新梳理情感和理性的关系，而不是一味以批判视角对待群聚传播中的情感现象，才可以解释大众传播和群聚传播的不同说服策略和叙事逻辑。

二、群聚传播中的情感说服路径

说服指通过信息、解释等方式改变人们的态度、观念或行为，是一种有明确目的的行为。换句话说，说服包括两个层面：一个是说服目的（即说服

---

① Lisetti C L, Gmytrasiewicz P, "Can a Rational Agent Afford to be Affectless? A Formal Approach", *Applied Artificial Intelligence,* Vol.16, No.7–8, 2002. pp.577–609.

② Miceli M, de Rosis F, Poggi I, "Emotional and Non-emotional Persuasion", *Applied Artificial Intelligence*, Vol.20, No.10, 2006. pp.849–879.

意图），另一个是对说服成功性（即态度改变）的期待。大众传播的媒介叙事是一种目的性很强的行为，试图以专门策略或计划来打动受众，从而实现成功说服。同时，大众传播是一种单向过程，很难收到受众的及时反馈，叙事中的说服意图便更加明显。因此，有意识的、具有明确目标的论证说服成为大众传播的主要策略。从本质看，说服本身就是一个理性行为。大众传播采取了论证式的说服策略，离不开大众传播模式特征与受众弱化地位影响，而随着群聚传播成为主流，说服策略发生情感化转向。

（一）叙事主体的情感化表达

互联网的多元传播主体结构特征决定了不同于大众传播的说服策略。对于非组织化的个体来说，表达自己和与人沟通是互联网传播的根本出发点。以观点、看法优先的表达，使得叙事文本的随意性增大，说服意图大为降低，论证说服让位于情感说服。与此同时，群聚传播的互动性增强，信息反馈及时，很容易评估意见是否被他人接纳，激发对说服成功性的追求，渴望与他人形成一致观点，情感化表达成为主要策略之一。这里的情感化表达并非指在情绪冲动下的应激反应，而是一种有意识的话语表达选择。互联网中，因事聚集的群体围绕特定事件或主题展开讨论，参与者之间处于身份相对匿名、话语权力相对平等的自由开放环境中。参与者既需要快速调动资源创建与他人对话交流的机会，同时也需要获得更多的观点共鸣。情感是非组织化个体引发共鸣的最佳手段，情感化表达也就成为理性支配下优先选择的说服路径。

群聚传播中的情感化表达主要体现在日常化语言和戏剧性表达两种话语形态中。用户生产内容（UGC）以个体叙事为核心，个人作为叙事主体，从"我"出发，解构了传统媒介的宏大叙事和整体叙事，颠覆了过去专业的、精英的、高门槛的自限性叙事。日常化语言占据个体叙事的主流。这种个人化、情感化叙事风格也影响了其他叙事文本，甚至新闻语言。各大主流媒体的明星记者或主持人纷纷开通视频博客（Vlog），用聊家常的亲切语言拉近与观众的情感距离。央视主持人康辉拍摄的第一条 Vlog 中，向观众展示他使用了二十多年的行李箱，并提到为国家领导人出访报道做的准备工作。这样一条不到三分钟的视频，在抖音平台播放了 2 千多万次。这种记录主观感受与个体情感的"小叙事"成为互联网时代大传播的典型叙事体。"小"指媒介信息以个人视角和经历为主，"大"指个体传播的影响和效果超过人际网络，尤其网红和流量明星的影响堪比大众媒体。从"我"出发的第一人称叙事视角，打破了大众媒体的第三人称客观化叙事风格，使情感直接登上媒介舞台。日常化语言中的情感表达，不完全是正面或负面的鲜明立场和态度展示，还包括融入情绪元素、情感温度的话语暗示。可以通过语气、助词、口头禅等多种方式传递不同用户的个性特征和情感色彩。

　　群聚传播的情感化表达还体现在戏剧化手法的运用。互联网用户接触信息不再依赖单一的传播渠道，平台应用、媒体订阅、社交推荐等多元化的信息传播渠道为用户提供海量信息。信息过载与有限注意力的矛盾促使戏剧化表达成为叙事主体用情感征服读者的又一利器。如何在叙事开头就能引起受众兴趣是实现成功说服的第一步。标题党的出现，正是借助叙事策略解决这种信息传播的内在矛盾。微博上常能看到这样的热搜标题："9 年前弃北大读技校，他现状如何？""太恶心！杨国福麻辣烫致歉！""不是有钱人，还真看不懂某导演的剧"。这些微叙事文本使用夸张对比、负面情绪调动、直接情绪表达、悬念设置等不同修辞技巧吸引受众阅读。作为新闻标题，这些文本并没有提供核心的信息价值，但话语张力却挑动着人们的情感反应。这种话语张力来自文学作品的戏剧性，指"那些强烈的、凝结成意志和行动的内心活动……也就是一个人从萌生一种感觉到发生激烈的欲望和行动所经历的内心过程"①。戏剧性能够迅速激发受众情绪，唤起受众的关注，从而诱使受众进入叙事文本的阅读中。换言之，能唤起强烈情感反应的叙事便具有戏剧性。社交媒体中反转事件大为流行，恰恰吻合了戏剧性表达的基本要素。一方面由于信息披露无法同时满足时效性和充分性两种诉求，需要随时间发展不断增补内容，这符合戏剧性对情节流动和发展的需求；另一方面，反转事件能

---

① 〔德〕古斯塔夫·弗莱塔克：《论戏剧情节》，张玉书译，上海译文出版社，1981，第 10 页。

够引发情节冲突，致使更多用户发生观点碰撞，激烈的情感张力把戏剧冲突带向高潮。

长叙事文本可以通过完整的故事情节刻画戏剧冲突，引发读者关注，但依赖微叙事的社交媒体文本，只能诉诸情感进行更直接的戏剧冲突表现。幽默、讽刺、吐槽是戏剧性，夸张、矛盾、冲突也是戏剧性。其中，极化是突出戏剧性的常见方式，通过简化叙事中的对立立场，快速唤醒公众情绪。突出故事的戏剧性实现一种认知捷径，让人直达故事的核心高潮，这是适应碎片化信息传播的情感化叙事手段。

在互联网群聚传播中，情感化表达有着更快、更广的传播力，这不仅是个体表达自由选择的结果，也离不开群聚传播内在结构导致传播主体采用更具说服效果的方式进行表达。在群聚传播中进行日常交流，信息本身承载的说服意图并不强烈，但人们对信息接收程度（反映一定程度的说服成功性）却有很大期盼，采用情感化表达进行情感说服转而成为主要手段。传播学早期的态度改变研究中，也发现诉诸恐惧、诉诸幽默等情感因素对态度转变有明显作用。日常化语言降低说服意图，戏剧性表达促进成功说服的可能性，群聚传播的情感化表达因此成为一种极为普遍的情感说服策略。情感化表达策略是互联网群体受传播主体、传播环境和传播方式变化后做出的理性选择，也是在群体互动中产生的有效传播途径，无论从说服目的、说服手段还是说服效果，理性始终掩藏在情感外衣下发挥着作用。

（二）叙事文本的情感传输

在更复杂的叙事文本中，仅利用情感化表达并不能完全实现说服目的，唤醒公众潜藏的情感或情绪需求才能实现更好的情感认同和价值认同，从而完成说服过程。在构建复杂文本时，故事成为说服的工具。"传统的信息影响理论倾向于强调非叙事性的说服信息，故事的说服力量一直以来都没有引起学术界的重视。"[①]实际上，阅读故事时的身心投入，甚至产生更强有力的说

---

① 李启毅、胡竹菁、王鑫强等：《叙事传输理论与说服机制：以叙事型公益广告为例》，《心理科学进展》2015 年第 11 期，第 2001—2008 页。

服效果。叙事传输理论解释了这种由情感参与带来的叙事说服功能。

心理学家梅勒妮·格林（Melanie C. Green）和蒂莫西·布鲁克（Timothy C. Brock）于 2000 年提出叙事传输（narrative transportation）理论，借用交通运输概念，指发生在叙事文本中的一种类似物理位置转移般的迁移过程。[①]在格林和布鲁克看来，叙事传输是个体沉浸在一个故事或迁移到一个叙事的程度，从而使其心智能力完全专注于叙事中所发生的事情。[②]换句话说，当人们接触叙事文本时，常常不同程度地陶醉在故事世界里，忘却他们所处的现实世界。故事中的情感体验，不同于个体叙事中的情感化表达，是依赖整个叙事结构实现阅读者的情感唤醒过程。叙事传输是个独特的心理过程，情感参与在其中扮演重要角色，并对读者的态度认知产生影响。格里格认为故事可以用情绪把读者带走[③]，也就意味着读者对故事立场的接纳。在实证研究中，研究者通过比较充满情感的叙事和不含情感的叙事发现，那些使用很多情绪化的形容词、表情符合情感体验描述的文本对人们行为意图有更强的影响。[④]罗宾·纳比（Robin L. Nabi）提出认知功能模型（CFM），认为信息承载的消极情绪，如恐惧、愤怒、悲伤、内疚和厌恶等会影响说服的方向及稳定性。[⑤]

故事中的情感传输产生与一般信息文本不同的说服功能。在阅读具有劝说性的媒体报道时，人们会暗自质疑和反驳文中观点，通过建立内在思考与媒体沟通和互动。只有报道能够经受住受众的拷问并解答心中困惑，才可能有效地说服受众。而用故事讲述内容时，通过精心设计的叙事情节，可以极大减少受众潜在的反驳动机。一个好的故事能打动受众，让他们被故事情节

---

① 笔者认为翻译成叙事迁移更为妥帖，但国内学者已经使用传输，故仍沿用此说法。

② Green M C, Brock T C, "The Role of Transportation in the Persuasiveness of Public Narratives", *Journal of Personality and Social Psychology*, Vol.79, No.5, 2000. pp.701-721.

③ Richard J G, *Experiencing Narrative Worlds: On the Psychological Activities of Reading*. New Haven: Yale University Press, 1993. p.17.

④ Betsch C, Ulshöfer C, Renkewitz F, et al., "The Influence of Narrative v Statistical Information on Perceiving Vaccination Risks", *Medical Decision Making*, Vol.31, No.5, 2011. pp.742-753.

⑤ Nabi R L, "A Cognitive-Functional Model for the Effects of Discrete Negative Emotions on Information Processing, Attitude Change, and Recall", *Communication Theory*, Vol.9, No.3, 1999. pp.292-320.

牢牢吸引，全情投入到叙事的逻辑框架中。在这个过程中，叙事说服得以产生，通过传递信息、意义、情感和行动让读者积极处理、解释和体验文本，从而得出与叙述者类似的结论。①情感说服在格林和布鲁克的叙事传输理论中发挥重要作用，人们被传输进叙事的程度越深，也即越陶醉在故事中，就越增加对叙事人物的情感认同，减少从批判性角度理解文本的可能性，从而更容易接受故事情节的合理性。

黑格尔在描述人类如何通过艺术打动心灵时说，"心灵并不停留于凭视听去从外在事物得到单纯的感性掌握，还要使这些事物成为心灵内在本质的对象，这心灵内在的本性于是被迫以相应的感性形式，在这些事物里实现它自己"②。用心理学的观点解释就是读者阅读叙事文本时产生了移情作用。在舒曼看来，"移情"可以拉近讲述者和听众的关系，故事的讲述最大限度地提供了移情和理解他人的可能性，"移情"提供了跨越不同经验的相互理解的方式，当故事远离它们的主人，在另一个地方被讲述时，人们仍然能够理解它们。③叙事传输的情感说服唤醒了文本阅读者的内在情感逻辑，并对叙事做出相应的解读。

读者在叙事中的情感解读起关键作用，但过去的媒介叙事由文本和作者主导，受众不是淹没在"乌合之众"的形象下，就是作为单独个体沉浸在自我体验中。群聚传播使用户的情感体验外在化，在个体体验基础上与其他网民发生互动，形成一种情感共振。这种情感共振进一步加强用户的情感认同，叙事的说服力量加深。在群聚传播中，故事还具有更广泛的社会意义，互动中形成的情感体验构成了集体记忆。互动不仅是通过言语上的双向传递增加更多信息量，更是背后观念、思想、意见的交流和碰撞，在经过多个回合之后的情感共振，有利于构建共识和认同。在共同书写的群体叙事中，故

---

① van Laer T, de Ruyter K, Visconti L M, et al., "The Extended Transportation-Imagery Model: A Meta-Analysis of the Antecedents and Consequences of Consumers' Narrative Transportation", *Journal of Consumer Research,* Vol.40, No.5, 2014. pp.797-817.

② 〔德〕黑格尔：《美学》（第一卷），朱光潜译，商务印书馆，1979，第45页。

③ 〔美〕艾米·舒曼：《个体叙事中的"资格"与"移情"》，赵洪娟译，《民俗研究》2016年第1期，第41页。

事的真相并不仅仅在于事件的准确性，还在于参与者的接受程度。当情感在更多人群中引起共鸣时，会推动叙事的广泛传播。

叙事传输揭示出网络用户对文本的接受需要经历认知、情感和互动的完整过程，故事的劝服不是一种非理性的盲从。情感在其中扮演了辅助认知、理解和态度变化的作用。如果没有认知上的注意，依据故事逻辑做出心中画像，就不会引发情感上的投入。叙事传输的情感是经过有意识的理性思维之后形成，区别于外在条件刺激下的情绪反应。在投入阅读故事文本时，人们的理性思维始终存在，情感反应也具有合理性存在。追求价值理性的同时离不开对情感的考量。不同于工具理性，"价值理性支持或确定目标所具有的终极价值，这种终极价值取决于人的情感认定和情感评价"[1]。因此，依靠情感说服的叙事传输并非一种全然的情绪感染或扩散，用户参与建立在理性思维和情感逻辑基础之上。这种从理性出发的情感认同甚至可以带来更大的传播影响力。

三、情感说服带来新的叙事逻辑

多元传播主体下的群体叙事，更多时候呈现一种碎片化特征，缺乏传统媒体建构的完整故事文本，但这并不代表群体叙事没有故事性，相反，一种群聚传播独有的叙事文本发展起来，那就是话题标签文本。

（一）群聚传播的独特叙事文本：话题标签

社交媒体从文字起家，流行的社交媒体平台如微博、Twitter 等都以文字信息为主，以符号"#"（hashtags）开头的话题标签成为社交媒体的独特叙事文本。这种标签文化创造了一种围绕主帖内容生成的副文本，或者更准确地说是元数据。[2]尽管传统叙事学研究者和社会语言学家大多不认可话题标签是一种叙事形式，但也有不同看法。佩奇（Page）认为应该对这种在一定规模

---

[1] 郭景萍：《情感社会学理论·历史·现实》，上海三联书店，2008，第 141 页。

[2] First Person Persuasion: Linguistic Properties of Personal Narratives in Persuasive Political Discourse on Medium.com, Conference Papers, International Communication Association, 2017. pp.1–23.

上产生叙事性的故事分享采取更宽容的态度，这些小故事缺乏传统结构中的叙事性，仅以戏剧性为核心，但却有大规模传播和引发公共参与的潜质，正是这种宏观社会功能为用户提供了共享的基础。①事实上，标签的功能不仅让受众快速找到主题相关的信息，而且提供了编织文本的机会。正是标签的使用，凸显群聚传播的叙事功能。

话题标签叙事常伴随争议性事件或话题展开，具有相当程度的随机性。其中的叙事要素并非由特定作者事先安排好，情节发展也有赖于事件进程的推动。话题标签整合的群体叙事文本数量惊人，尽管引发话题的事件具有突发性，但其中潜藏的情感需求却长期存在，尤其是由社会结构冲突积压的社会情绪，在遇到合适话题时迅速爆发，产生巨大的舆论反响。话题标签省去了对事件产生背景的重复，仅需传递和补充新的信息或意见。从单条微博内容看，甚至都构不成传统意义上的故事元素，但标签连接起碎片化信息，对整个话题情节发展起到推动作用。话题标签提供了一种可搜索的叙事文本，在众人的讲述中才能拼出完整故事面貌。

（二）话题标签中的情感说服

话题标签的情感说服整合了前述两种策略，既包括传播主体的情感化表达，也包含阅读叙事文本后通过传输方式唤醒或激发的公众内在情感。作为表达者，日常化语言和戏剧化语言都是情感表达的直接手段。作为参与者，可以认同故事文本传递的情感，但也可能排斥、否定或怀疑文本设定的情绪。叙事文本的情感传输在网民的参与中逐步搭建，能够产生与自身情感立场更为强烈的认同和接纳。

情感叙事在话题标签中通过三个层面得以呈现。

第一是用户的自我情感表达。有别于传统媒体的公正、客观、无情感投入的叙事视角，作为个体的网络用户大多讲述自己的故事。情感作为一种主观性的经验，是表达主体对外界客观事物的一种认知评价。对于讲述者，故

---

① Page R, *Narratives Online: Shared Stories in Social Media*. Cambridge: Cambridge University Press, 2018. p.206.

事首先是自我的心灵对话，是讲述者对生命体验的自我感悟，必然包含了讲述者理性思维下的价值判断。网民在参与话题讨论时，很多时候是对同一主题在不同个体认知和情感中的再现和重复，即便如此，人们也非常愿意讲述同一故事的不同版本。

　　第二是他者的情感投射。尽管社交媒体中的群体叙事多以个人经验为主，但个人叙事绝不仅仅关乎单独个体本身。如果个人经验叙事仅仅是叙述个人的事的话，那么它就不能像现在这样进入到集体记忆和公共话语当中了。①过去的读者阅读叙事文本，也会有情感上的参与，但这种参与仅限于单独个体，无法通过媒介外显。话题标签本身是一种媒介叙事，天然具有传播性，简单的点赞行为就可以表达读者对文本的认同和接受。共情是触发集体归属感的重要途径。标签叙事的热门回复和不断转发编织起共情的网络。当代社会，随着"差序格局"②中的传统大家族关系的式微，人们以契约关系建立行为准则，但情感上依然需要被认同的群体归属感。这种归属感能够引发人与人的彼此尊重，能够超越契约束缚建立类似亲属般的亲密关系。③在越来越疏离的邻里关系，在越来越重视的私人空间中，唯有互联网文本可以穿透这些界限，成为网民最亲密的伙伴。话题标签文本不仅是信息的传播源，更是人们体验关爱、愉悦、发泄、愤怒等情绪的场所。"进入公共传播领域讲述个体经验和故事的个体叙事，无疑也是具有超越个体经验的社会性与公共性叙事。"④在话题标签的叙事传播中，人们获得了他者的情感，并寻找可以得到认同的情感支持。

　　第三种情感参与是话题标签带来各种叙事文本的"互文性"。互文性并非群聚传播独有，茱莉娅·克里斯蒂娃（Julia Kristeva）把在不同媒介中讲述和

---

① 〔美〕艾米·舒曼：《个体叙事中的"资格"与"移情"》，赵洪娟译，《民俗研究》2016 年第 1 期，第 38 页。

② 参见费孝通：《乡土中国，生育制度》，北京大学出版社，1998，第 26—31 页。

③ 〔美〕比尔·尼科尔斯：《纪录片导论》（第 2 版），陈犀禾、刘宇清译，中国电影出版社，2016，第 217 页。

④ 陈刚：《作为竞争与疗法的叙事：疫情传播中个体叙事的生命书写、情感外化与叙事建构》，《南京社会科学》2020 年第 7 期，第 97—106 页。

传播的叙事文本称为"互文性"，也就是说任何文本都与其他文本关联，吸收并改编其他文本的内容。①有的叙事文本由于某种特性而形成快速传播，瑞安将其称为"雪球效应"。雪球效应里的某些故事备受欢迎，由下而上形成草根现象，或者成为一种文化现象，在文本上表现为不断地媒介重述或者跨媒介改编。②在互联网群聚传播中，不仅文本不断流转改编，大量用户卷入其中，使参与者的情感形成彼此连接，故事本身的情感也在互联网传播中被大量重复。

前两种话题标签的情感特征反映的是从积极用户角度出发的情感体验，第三种情感特征则根植于叙事文本之中。对于那些仅仅作为阅读者的互联网群体来说，话题标签文本的叙事逻辑也会唤起其内心的情感反应。话题标签文本通过讲述人、互动者的积极情感化表达把情感逻辑编织进叙事文本中，其他参与者通过文本的"互文性"寻找与自身立场和逻辑吻合的情感诉求，一种碎片化信息构建的独特叙事文本把情感说服功能推向前台。

不过值得注意的是，群体叙事并不完全由网民主动构建，在信息分发技术加持下，一旦叙事文本的转发数、播放量、点赞数、评论数超过一定算法阈值后，快速获得爆发力，引来更多人群的参与，在关注度和流量的推动下实现的情感共振，成为弥漫互联网的一种情绪效应，甚至情感绑架。在理性支配下的情感说服也可能滑向非理性行为。

（三）情感说服改变传统叙事逻辑

长期以来，叙事文本研究多从结构主义出发，旨在用一种客观方法，从文本符号和结构探究情感和意义的关系，没有关照到情感对于文本和读者的意义。然而，群聚传播叙事的情感转向，让人们对情感的关注不断升温。对群聚传播叙事分析不能仅从文本的角度进行修辞研究和话语分析，还应该注意到作为一种叙事策略，情感在其中扮演的说服作用。

---

① Kristeva J, "Word, Dialogue and Novel", In Moi T(Ed.), *The Kristeva Reader*, Oxford: Blackwell, 1986. p.36.

② 〔美〕玛丽-劳尔·瑞安:《跨媒体叙事:行业新词还是新叙事体验?》，赵香田、程丽蓉译，《北京电影学院学报》2019年第4期，第13—20页。

说服是有明确目的的行为，试图通过信息、解释等方式改变人们的态度、观念或行为。从古至今，人们都在寻找最有效的说服方式。古代哲人侧重言语上的策略和说服技巧，包括战国纵横家游说总结的《鬼谷子》和亚里士多德的修辞学均是如此。近代社会学则从心理、行为、效果上对说服进行了全方位研究，这种研究强调明确理性思维指导下的资料搜集和观点论证过程。而互联网群聚传播的情感转向揭示出情感说服的重要功能，不仅限于大众传播学和广告学研究中诉诸情感的策略研究，更是多元传播主体自发选择的一种有效说服手段。故事可以传递叙述者情感，也可以激发受众情感，还可以在社交媒体的互动过程中整合网民情感，经过反复碰撞交流之后的群体情绪，形成一定范围的共识和认同，推动互联网叙事的广泛传播。情绪在互联网群体中的快速蔓延，不能仅看作非理性和盲目意识下的行为模仿和复制，其背后更深藏理性思维下的情感说服逻辑。

从前述分析可以看出，情感与理性的二元对立只是一种人为划分，即便在进行客观式的逻辑论证中，也有实现情感需求的目标所在。群体叙事文本的情感策略实施更是绕过逻辑思维判断，直达信息接受者的心灵。实现说服意图是最有效的说服策略，无论是论证式说服还是情感说服，都充满了理性因素。摒弃对情感的非理性批判，才可能重新理解群聚传播中的情感现象。

群聚传播中的叙事多以"微""小"为特征，不同于传统媒介叙事文本的完整设计和结构，但却以另一种形式完成了群体叙事文本，即社交媒体叙事。一方面，社交媒体为多元传播主体展现、表达自我故事提供平台；另一方面，社交媒体鼓励展演者和观看者之间的互动。微博博主开放的评论区既可以呈现观众意见和情绪表达，也可以形成主帖和评论之间的呼应。群体叙事不是作者对情节的编排，而是掺杂着双向的情感互动。大众媒体代表"社会"，为社会整体利益伸张正义，以"公共利益"来对话公众。群聚传播则是一种沟通方式，沟通的目的总是试图影响他人看法，各说各话并不构成真正的交流。很多情感表达、宣泄、认同、主张在网民共建叙事中逐步搭建和形成。这种叙事文本在参与者之间生成一种心照不宣的情感认同，但也将其他人排除在外，众多网络隐语的出现与此不无关系，出现所谓"懂的自然懂"

的情绪蔓延。群聚传播赋予人人传播的权利，也使所有参与者卷入了对他人的态度影响之中。群聚传播不仅改变了传统大众媒介控制的传播权，也改变了传统叙事的说服逻辑。

总体来看，情感说服是一种非论证式的、与推理无关的过程，通过诉诸情感化表达和情感叙事传输两种策略实现说服意图。群聚传播中的叙事借助情感力量，把大量的碎片化信息组合进话题标签文本中，以叙事主体的情感化表达策略和叙事文本的情感传输功能实现信息的快速流动和广泛共鸣。情感充斥于互联网群体叙事文本中，情感说服掩藏的理性逻辑改变了群体的叙事框架。在话题标签这种群聚传播独有的叙事文本中，通过个体的情感表达、他者的情感投射和文本的情感互文等方式实现了情感的说服过程和叙事逻辑。因此，理解群聚传播叙事必须关照到理性支配下的情感说服功能。

第四节　群聚传播中的信息生产方式

我们赋予了这个时代很多称谓：互联网时代、新媒体时代、数字时代、移动互联网时代、社交媒体时代、社会化媒体时代、自媒体时代等，这些称谓无论怎样尽述这个时代的特征，都是从传播介质即媒介工具的角度去认知、定义的。而相较于工具来说，人的角度，即从传播主体的角度来理解这个时代，也许才能真正接近时代的本质。从这个意义上说，我们已经进入一个以互联网为传播介质的传播主体极端多元的时代，即互联网群聚传播（群体聚集传播的简称）时代。传播主体极端多元无疑改变了人类社会的信息生产方式：过去，生产信息的是人民日报、中央电视台、CNN、BBC 等大众媒体；今天，这些媒体与他们的读者、听众、观众一起生产信息，或者说是生存在这个世界的每一个普通人与媒体共同生产、传播着信息，因为每一个普通人都手握媒介，都可以进行广泛社会化的信息生产与传播。不仅如此，无论在数量、时效还是影响力等方面，非职业化的普通人所生产的信息，都强烈冲击着职业化的媒体。更为重要的是，信息生产方式的改变，如同经济生产方式改变一样，给社会带来的影响是全方位的：无论是政治生态、社会关系、经济形式，还是社会情绪、社会心理的变化多端，都与传播主体极端多元的信息生产方式密切相关。这一传播特性以及由其引发的时代特征均凸显于当代中国社会，但又不局限于中国社会，所以本书聚焦中国社会，却又难与全球社会分离孤立而论，这是因为互联网群聚传播本身就是全球化的现象。

一、群聚传播时代的来临及原因

一个"人人生产信息、传播无处不在"的后大众传播[①]时代的群聚传播时代已经来临。[②]究其原因，产能过剩带来的消费者主体性的凸显，是群聚传播得以彰显的时代语境，同时媒介技术的快速发展是其直接诱因，其结果必然引发工具理性与价值理性悖论的升级，即现代性的悖论充分体现在互联网群聚传播中。

产能过剩提升消费者主体性是群聚传播时代莅临的社会土壤。在古典经济学中，生产居于核心地位，消费被视为生产的逻辑结果，屈居次要地位。随着工业革命的深化和市场经济的繁荣，产品供应大大地超过了消费者的需求，社会产品总体上显得相对过剩和饱和。[③]社会学者齐格蒙特·鲍曼早已敏锐地察觉到这一社会现象，把现代社会分为"生产社会"和"消费社会"。[④]消费社会的莅临不仅是经济结构和经济形式的转变，同时也是一种整体性的文化转变。有学者认为，就其给人类生活带来的深刻影响而言，这场转变的历史重要性甚至超过了 20 世纪一些最重要的历史事件：如两次世界大战、东西方之间持续数十年的冷战，等等。[⑤]这个转变带来的直接影响就是消费者的主体地位不断上升。或者说在物质不断丰盈、产能愈发过剩、财富持续剧

---

① 大众传播的传播主体即为广播电台、电视台、报社等传统大众媒体，所以本书后面所述的大众传播和大众媒体两个概念，是传播形态与传播主体的对应。

② 隋岩、曹飞：《论群体传播时代的莅临》，《北京大学学报（哲学社会科学版）》2012 年第 5 期，第 139—147 页。

③ 张卫良：《20 世纪西方社会关于"消费社会"的讨论》，《国外社会科学》2004 年第 5 期，第 34—40 页。

④ 〔波兰〕齐格蒙特·鲍曼：《全球化——人类的后果》，郭国良、徐建华译，商务印书馆，2001，第 76 页。

⑤ 罗钢、王中忱：《消费文化读本》，中国社会科学出版社，2003，第 2 页。

增、服务无处不在的过程中，消费者取代生产者成为物质生产过程的主体，占有主导性地位。对于中国社会来说，伴随着改革开放四十多年来的经济高速发展，众多行业生产能力不断提高，相较于全社会的消费需求，产能过剩现象非常凸显。尤其是近年来，产能扩大加上需求放缓，导致产能过剩现象进一步加剧。不仅钢铁、建材、冶金等传统行业的产能过剩程度进一步加深，许多新兴产业也出现了严重的产能过剩现象①，以消费拉动生产成为生产与消费的新型逻辑。这一现象的直接后果就是提升了消费者的主体地位。

产能过剩的现象从实体经济领域蔓延至虚拟经济领域，尤其在信息传播领域泛滥。大众传播时代的后期就已然形成了成熟的流水线信息生产模式，呈现出信息产品产能过剩的趋势。生产媒介产品的重要性，已经让位于对媒介产品的推销和对受众资源的争夺。从信息生产链条来看，被生产出的海量信息只有成功抵达受众才算完成流水线的最终环节。广告业的发达也折射出受众（消费者）已成为传媒产业完整信息传播过程中最为重要的对象。因此，大众传媒时代后期，消费者已经成为信息生产者争夺的重要资源，收视率、收听率、订阅数已经成为衡量传媒机构效益与影响力的重要指标。这些现象都说明，在信息交换的买方市场中，消费者的地位和主体性大为提高，取代了内容生产者成为了传播活动的中心。这一变化在理论研究领域也早有直接反映，麦奎尔等人提出的"受众中心模式"②虽一度受到冷落，终究取代了传统的"传者中心"论，个体的使用满足需求、信息需求等从受众需求出发的研究比重不断增加。

互联网技术的发展，使人类社会从以大众传媒为传播主体的大众传播时代，进入到传播主体极端多元的互联网群聚传播时代，上述信息产品过剩的现象更为严重，带来的直观感受就是海量信息的涌现，带来的最深刻影响就是信息淹没新闻及其信息生产方式本身的变革。依赖搜索引擎查询信息已是

---

① 赵昌文等：《当前我国产能过剩的特征、风险及对策研究——基于实地调研及微观数据的分析》，《管理世界》2015 年第 4 期，第 1—10 页。

② 〔英〕丹尼斯·麦奎尔、〔瑞典〕斯文·温德尔：《大众传播模式论》，祝建华、武伟译，上海译文出版社，1987，第 102—114 页。

人人在做的平常之事，而信息推送、定制个性化服务等，则使用户（消费者）时时刻刻面对着铺天盖地而来的信息潮的选择。在随之而来的"互联网思维"转型中，最深刻的变化是传播活动从大众传播时代晚期的"受众中心"，转向市场思维导向的"用户驱动"。整个产业环境和传播模式都以用户（消费者）的需求为主导，用户的访问量成为传播链条中至关重要的一环。这一趋势加剧了受众（消费者）获取信息的主导性和主体性，受众（消费者）的主体地位得到进一步凸显。

互联网群聚传播时代，消费者已经取代生产者成为新的传播主体，充分地体现在信息获取、转发、交流、扩散等多个环节。得益于互联网媒介的便捷、高效，互联网用户越来越积极主动地参与信息的生产与传播，以往单向的线性传播模式变成平等互动的网状传播模式。这使得生产者和消费者的角色定位日渐模糊，每个人都能成为群聚传播中的传播主体和信息中转站。同时，正如阿尔都塞的文化对主体性的建构论[1]所示，今天受众（消费者）的主体性也被互联网的传播特性重构着。"随着社会媒介化程度的空前提高，无论在认识论上还是在实践论上，都对人类的主体性进行了重构。"[2]可见，产能过剩带来了从生产者到消费者主体地位的变化，这一变化随着互联网在媒介传播领域的扩张得到了进一步放大，从而为群聚传播的即时化、常态化发展奠定了坚实的社会基础。移动互联网技术使群聚传播即时化、常态化是互联网群聚传播时代莅临的外在直接表现。互联网传播活动中虽同时具有人际传播、群聚传播（传播学四种社会传播形态中的群体传播，经常被误解为具体的、特定的某类群体展开的传播实践行为，如教师群体、学生群体、医生群体、警察群体、农民工群体等次属群体的传播活动，故本书以群聚传播来表达这种因事聚集的集合行为中的传播活动，替代易于引发歧义的群体传播的表述）、组织传播、大众传播这四种传播形态的属性和特征，但其本质属性和本质特征是群聚传播。对于传播活动来说，传播效果是最重要的，而信源无

---

① 隋岩：《媒介文化与传播》，中国广播影视出版社，2015，第203—219页。

② 夏德元：《个体传播地位的历史变迁与传育的时代命题》，《复旦学报（社会科学版）》2012年第6期，第76—83页。

疑是影响传播效果的诸多因素中最重要的一项，信源是否明确显然比参与传播人数的多寡对传播效果的影响更为重要，因此，群聚传播（群体传播）中信源的不确定性才是它与人际传播的根本区别，较之经典传播学理论以人数多少来区分群聚传播（群体传播）与人际传播的判断，显然更具有说服力。有些学者将组织传播与群聚传播（群体传播）混为一谈，其实二者之间的根本区别一眼可见：组织传播有着明确的管理主体，如企业文化、学校教育中的企业和校方，而群聚传播（群体传播）最显著的特征之一就是没有管理主体。而大众传播的专业化、职业化、高度组织化、制度化、中心化更是与群聚传播（群体传播）泾渭分明。可见，群聚传播（群体传播）的非制度化、非中心化、缺乏管理主体性、自发性、平等性、交互性，尤其是信源不确定性及由此引发的集合行为中的群体盲从性、群体感染性，成为其区别于其他传播形态的凸显特征。但是因事聚集的"聚"，及其直接带来的群体参与主体的高度不确定性才是产生上述特征的根源，一切传播皆因"聚"而来，也可因下一次"聚"而阶段性结束上一次"聚"带来的传播。也即因下一个事件的"聚"的传播，结束着因上一个事件的"聚"的传播，成为互联网的本质特征。因"薇娅逃税被罚13亿"的群聚传播，可以结束"范冰冰获国家精神奖"的群聚传播；因"国足失力"的群聚传播也可以结束"邓伦逃税被罚1.06亿"的群聚传播。

群聚传播原本是长久以来固有的一种社会传播形态，不过需要因事聚集的缘由和因事聚集的物理空间这两个条件才能发生。换句话说，在互联网技术普及之前，也会缘于楼倒桥塌等突发事件导致人群聚集于事发地而产生传播活动。只是在今天，加速社会且百年未有之大变局无疑提供了更多因事聚集的缘由，互联网则替代了以往因事聚集所需的物理空间，较之现实物理空间的聚集更为低成本、高效率。至此，群聚传播所需的两个条件被随时随地、时时刻刻地满足着甚至日益常态化，也即传统社会中非常态的集合行为（collective behavior）在互联网传播中常态化了。也就是说，移动互联网使社会处于网络无处不在的传播环境中，虚拟空间与现实世界不再有楚河汉界之分，反而彼此渗透、深度融合，时时发生的网络互动成为人们真实社会生活中的重要组成部分。以微信①为例，每天超过 10 亿的活跃用户通过微信群进行大量的信息传播活动，包括不断更新的朋友圈、不停流转的资讯信息等，已经成为跨越各个年龄层和覆盖各个领域的生活常态，成为人们日常获取信息、交流信息的重要方式之一。

多年前，互联网的出现开启了信息传播的新方式，今天移动互联网的应用进一步加深了人们与网络的连接强度，突破了空间位置对传播行为的束缚，尤其无线通信技术的不断提升和智能手机的普及，使得网络信息传播从定点连接跨越到了移动互联阶段。从 PC 互联网到移动互联网，几年前的"人随网走"已经变为今天的"网随人动"，用户真正随时随地可以与网络、信息、他人保持连接与交流。手机的移动性、便携性和智能性，使得人们的日常生活随之发生巨大改变：出门可以不带报纸、不带地图、不带相机、不带通讯录甚至不带钱包，只要确保手机时刻在手。人们的生活已经与移动互联智能手机的传播功能深度"绑定"。移动互联网在提供大量信息与服务的同时，也极大改变了时间和空间的原本意义，打翻了人类几千年来的时空感知与生活经验。时间的划分不再按照自然变化、时区分割，而只有使用互联网和不使用互联网两种区别。空间在移动互联网时代失去了物理意义，只要条件允许，任何地点都可以接入互联网，位置在互联网交流中失去了意义。移动互联网使人类彻底处在了一个可以随时随地参与传播、建立关系、沟通情感的环境中，处在一个以群聚传播为核心特征的互动连接网络中。这些都为以互联网为"物理空间"的群聚传播常态化提供了技术保证。

二、群聚传播改变了媒介格局

媒介格局的改变或可归因于互联网传播主体的极端多元。互联网普及之前，社会传播主体主要是广播、电视、报纸、书刊等大众传媒，即大众传播

---

① 本书认为，对于微信这种信源较为确定的传播形态，有管理主体的微信群为组织传播，没有管理主体的微信群则为群聚传播（群体传播）。如有班主任在其内的微信群即为组织传播，发通知是常见功能；没有班主任在其内的微信群就是群聚传播（群体传播），其聊天功能并非本质特征，因事争论进而"撕裂"则更彰显了其群聚传播的特性。而微博的传播形态则更为充分地体现了群聚传播的特点。

是信息生产的主要甚至唯一方式。互联网的普及使传播主体极端多元庞杂，有观点将传播主体划分为 UGC、PGC 和 OGC（occupationally-generated content，职业生产内容）三类。也即传统大众媒体、社会化媒体、自媒体、营销组织、兴趣小组、个人等各类主体，共同杂糅地参与互联网的信息传播活动，共同构成社会传播主体，从而构成了媒介格局演变的根本诱因。

互联网传播主体的极端多元，带来密切的信息交换、认知互动、社会交往、情绪影响，成为新的信息生产和传播方式，是媒介格局改变的外在表现，而从传播形态来看，则是群聚传播与其他传播形态之间关系的演变。

（一）媒介格局的演变体现在大众传播与群聚传播既博弈又合作的关系

互联网技术助力下新型群聚传播的强势登场，增加了新的信息生产与传播方式，颠覆了大众传播的主导地位，蚕食了大众传播的受众市场，使传统大众媒体在信息垄断、市场占有和公信力等方面受到多重冲击。两种传播形态的不同属性也决定了博弈的必然性：其一，大众传播作为一种专业化的权威传播、垄断传播，必然希望大众作顺从式的解读；群聚传播作为一种自发聚集的传播形态，参与者之间的解读交流或许是协商式或许是对抗式，即两种传播形态的受众解读方式天然不容。其二，大众传播是一种中心化的单向传播，传播与接受过程中的个体是"缺场"和被动的；群聚传播是一种去中心化、去结构化的扩散式传播，传播与接受过程中的个体是"在场"和主动的，即个体在两种传播形态中的地位截然不同。其三，大众传播是居高临下的，常常给信息接受者带来审美疲劳；群聚传播在信息分享中思考质疑，且不乏戏谑化的快感，即受众在两种传播形态中的感受相异。其四，大众传播追求绝对的权威性；群聚传播需要一个被颠覆的权威对象，甚至预设颠覆性立场，即两种传播形态的主观出发点大相径庭。由此可见，二者的博弈在所难免。

在博弈的同时，传统媒体普遍运营的官方微博和微信公众号，是大众传播借助群聚传播增强自身传播效果的主要目的，也是两种传播形态合作的明显表现。根据微博发布的《微博 2020 年用户发展报告》显示，2020 年微博认证的政务机构账号数量已超过 14 万个，粉丝总数突破 30 亿，所发布微博的总阅读量超过 4500 亿次。尤其主持的热点话题及正能量议题，由于具备权威性，因而具备很高的关注度。①借力互联网群聚传播已是大众传播扩大影响的重要手段。整体上看，大众传播在以下四个层面使自身的影响力、关注度和传播效率得到大幅度提升。第一，就传播模式与渠道而言，大众传播依托微博、微信搭建起一个可与用户自由交流的互动平台，激发了民众参与其中的积极性。在这个平台上发布的信息、形成的观点都可以通过"转发"功能在社交网络中扩散蔓延，借助活跃的群聚传播发酵为微博上的热门话题或微信群、朋友圈中的热门事件。第二，就传播姿态而言，大众媒体在"两微一端"上不再居高临下地传播信息，而是通过活泼、亲切、接地气的"人格化"表达方式淡化其在民众心中的刻板印象（如《环球时报》自称"耿直哥"，《新京报》自称"新君"），并尽可能及时、积极地与民众展开互动协商，促进了官方舆论场与民间舆论场的交融。第三，就传播形式而言，传统媒体利用图、文、音频、视频、3D 动画等多媒体功能和 VR、H5 等新兴技术将信息传播变得新奇有趣。2016 年两会期间，《光明日报》微信、微博通过全景技术对两会新闻中心进行立体展示，《人民日报》微信公众号推出了 5 条基于 H5 技术的可视化新闻，都有效增强了两会报道的生动性与传播力，在社交媒体上被大规模转发。第四，就传播的时效与频率而言，大众媒体每日在官微多次发布信息，在微信公众号至少推送一次，具有及时、灵活、高频次的特点。"微传播"既帮助传统大众媒体突破了报刊印销时间、节目播出时间的限制，又契合了现代人快节奏的生活方式和碎片化的信息获取方式。

传播效果分为认知改变、态度改变、行为改变三个递进的层面。大众传播虽然覆盖面广、更为专业化，但常常只限于认知层面的传播效果。群聚传播是社会成员主动参与的传播活动，在态度改变和行为改变两个层面的传播效果往往比大众传播更为成功。所以说，群聚传播与大众传播在不同层面发

---

① 微报告：《微博 2020 年用户发展报告》，2021 年 3 月 12 日，https://data.weibo.com/report/reportDetail?id，2022 年 2 月 13 日。

挥传播效果，是大众传播寻求与群聚传播合作的根本原因，为网民提供关注、解读、评论、转发的参与机会，则是大众传播借助群聚传播寻求传播效果不得已而为之抑或说寻求积极传播效果的手段。

不过，群聚传播的凸显并非意味着大众传播的绝对式微，在网络化的传播结构中，大众传播依然占据重要的节点位置，在多个领域与社会化媒体展开博弈，包括对自身传播渠道的建设、对消息源的控制等。互联网带来的传播渠道和方式的不断创新和变革，也使得传统媒介组织的信息加工过程不断发生变化。"美国在线"的生产模式就是每位编辑根据四个因素来确定应该报道什么内容，即流量潜力、收益潜力、交稿时间和编辑质量，编辑的工作就是以最低成本在最短时间内完成最有可能流行的内容。①传统媒介组织的高质量产出在一定程度上依然影响着互联网群聚传播的内容生产，依然实施着议程设置功能。由于互联网群聚传播中传播主体的极端多元，无论个体还是组织等不同类型的主体都具有成为信源的可能，使把关的功能极大弱化，众多网络谣言、网络诈骗、虚假低俗信息的广泛流传，使得真实、准确、正面的信息内容弥足珍贵。尽管网络具有一定的自我净化功能和信息多维验证能力，但仍然需要专业化负责任的媒介组织的新闻资讯报道。尤其是在突发事件发生的情况下，在社会恐慌情绪扩散的情况下，大众媒体权威、专业、及时的信息披露能力是其他信息传播节点无法比拟的。信息传播不完全属于经济行为，不能完全依赖市场自身的调节，大众媒介组织在舆论扩散和价值引导方面依然不乏自身优势。

由此可见，互联网群聚传播离不开大众媒介组织提供准确、负责任的信息报道。相对于有限的注意力资源和信息处理能力，海量信息仍然需要专业媒介的加工和处理。同时，大量碎片化、零散化、真伪不明的信息也需要权威媒介的系统把关、整理和输出。互联网传播需要大众传播和群聚传播的相互补充，才能构建起信息互补的传播生态环境。

---

① Clay A. Johnson：《信息节食》，刘静译，人民邮电出版社，2014，第4页。

（二）媒介格局的改变体现在组织传播对群聚传播的巧妙利用

2012 年 3 月 8 日，莫高窟壁画上古代仕女图与电影《七年之痒》的海报"玛丽莲梦露捂裙"被拼贴到一起，中国古代仕女的捂裙与梦露的捂裙形神兼备，引发了网友强烈的好奇，"到敦煌看'梦露'"的网络传播力使敦煌在接下来的五一、十一假期中游人爆满，据中国中央电视台《新闻联播》节目报道，由于到敦煌鸣沙山骑骆驼的游人太多，竟然把骆驼累死了。①之后的 31 日，"杜甫很忙"的漫画恶搞蹿红互联网，又使得成都杜甫草堂宾客盈门。②如果杜甫草堂以网民纪念杜甫诞辰 1300 年的偶然性遮掩丰厚的门票收入，让我们无法确证这不过是一次巧妙的网络营销的话，那么，累死鸣沙山骆驼的游客集中而至，显然也不是大众传媒广告所能轻而易举为之的，因为当你第一百次、一千次听到敦煌壁画、莫高窟艺术的宣传时，一定是熟视无睹，倒是"到敦煌看'梦露'"的陌生化传播更能牵动游人的心。互联网群聚传播中包含了人际传播、群体传播（群聚传播）、组织传播、大众传播四种传播形态，但不是这些传播形态的简单叠加。从各种网络营销事件中，我们可以透视组织传播对群聚传播的巧妙利用。

理解组织传播与群聚传播（群体传播）两种传播形态的差异，应该先从"组织"与"群体"两个概念的不同入手。组织虽然也是一种群体形式，但马克斯·韦伯认为，是否存在"管理主体"是区别群体和组织的标准。与一般群体相比，组织具有成员各安其位、各司其职和各负其责的三大特点。③费孝通主持编写的《社会学概论》一书认为，构成组织的五个条件分别是：经过挑选的人员组成的互相依赖、彼此合作的集体，固定的目标，具有规范性的

① 到敦煌看梦露，最先出自网友"扬眉舞剑"于 2012 年 3 月创建的相册《敦煌无厘头》，其以无厘头的风格对敦煌仕女图和梦露的捂裙动作进行类比，参见 https://www.douban.com/photos/album/66352266/。无独有偶，2012 年 3 月 31 日，天涯帖子《来看一下一些画风滑稽的敦煌壁画和藏经洞遗画吧》再次展出包括"梦露"在内的大量敦煌画作，加上网友善意幽默的曲解，场面无比爆笑。参见 http://bbs.tianya.cn/post-funinfo-3223770-1.shtml.

② 2012 年 3 月 21 日，有网友贴出几张中学课本中杜甫画像被恶搞的图片，引发网友热转几百次。22 日，微话题组重点跟进，并确认将之打造成一个激励网友原创的互动话题。当年，成都杜甫草堂宾客盈门。

③ 〔德〕马克斯·韦伯：《经济与社会》（下），林荣远译，商务印书馆，1997，第 246 页。

组织章程，一个权威的领导体系，一定的物质基础和技术设备。[①]具体到传播形态上，组织传播是有共同目标、有指挥管理、有责任分工的团体协作行为，信息多为指令性、宣教性和劝服性内容，沿着从组织核心到内部成员的路径进行传播。而群聚传播中信息内容、信息流向、群体中成员的关系都更为复杂多元，更不存在统一的领导与管理。

　　企业是最典型的一种组织，企业最典型的传播行为就是市场营销。得益于领导和管理主体的存在，组织传播在组织内或许能够达成颇为理想的传播效果，如企业文化。但组织传播的强管理、强链接模式无法作用于组织边界以外，一旦企业有了面向外部的传播需求，就必然要借助其他的传播模式以达成传播效力的扩大化。在大众传播称霸的时代，企业营销主要通过大众媒体向市场投放广告，在大众视野中展示和推销商品。随着以互联网为平台的社会化媒体的兴起和各类移动终端的普及，企业在大众媒体上投放广告的效果明显下降，广告数量自然连续下滑。近年来全球报纸、广播、电视等传统媒体的广告投放量增长放缓，甚至出现相当程度下滑的趋势。CTR 媒介智讯2022 年 1—11 月的数据显示，中国广告市场同比减少 10.4%，且预计全年广告市场降幅将在 12%左右。其中，电视广告刊例花费同比下跌 13.8%；传统户外广告同比减少 28.6%；广播广告刊例花费同比下跌 11.6%。[②]而根据《2022 中国互联网广告数据报告》显示，2017—2021 年中国市场互联网广告总体收入呈递增趋势，虽然 2022 年有所回调，但仍高于传统媒体广告。[③]足见，在互联网传播环境下网络营销已成大势，对大众传媒广告形成强烈冲击，并有逐步取代之势。而从本质上讲，网络营销就是组织传播对群聚传播的利用。

　　网红推动是网络营销的一个代表，如"犀利哥"的迅速走红、"帮汪峰上头条"的全民调侃、"良辰奉陪到底"成为流行语等，这些引发社会关注的事

---

　　① 参见《社会学概论》编写组：《社会学概论（试讲本）》，天津人民出版社，1984，第 102—103 页。

　　②《2016 中国广告市场及传播趋势》，2017 年 3 月 10 日，http://www.cnad.com/html/Article/2017/0310/2017 03101418461120476.shtml，2018 年 4 月 6 日。

　　③ 中关村互动营销实验室：《2022 中国互联网广告数据报告》，2023 年 1 月 12 日。

件背后都有网络推手的影子。隐藏在暗处的网络公关公司雇佣专职或兼职的网络人员，形成一支庞大的网络水军力量，利用网络的媒介特性与传播规律，为委托人策划、实施并推动营销活动。网络推手通过集中的发声、评论和转发积累人气，并带有倾向性和目的性地引导舆论风向，获得大量网民的关注和跟进，引发群聚传播，最终在短期内炒热网红，引爆话题。从网络营销的内容设计来看，网络推手充分利用了网民猎奇、从众、寻求娱乐与刺激的心理，瞄准大众的兴趣点将营销内容装扮得出新出奇；从传播形式来看，则是组织传播有意利用群聚传播的自发扩散功能，达到组织传播隐藏在幕后、秘而不宣的传播效果。虽然大众传播已经不乏娱乐化，但毕竟缺少一个可供受众自由交流与互动参与的平台，传播效果止于受众接受而无互动。而形形色色的网络营销事件就是凭借组织传播与群聚传播的合力，让网友处在一种群体聚集化的戏谑、调侃，甚至嘲弄与亵渎中，分享着巴赫金所谓的"狂欢节般的世界感受"。从网络营销的内容、方式、影响都可以看出，融合了组织传播与群聚传播的新型营销模式已经与大众传播时代广而告之的产品宣传有了明显区别，群聚化的受众参与在其中、乐趣在其中、作为在其中。

　　网络营销事件的发源地一般是用户活跃度高的论坛、贴吧和微博。2009年7月16日，仅"贾君鹏你妈妈喊你回家吃饭"这样内容简单的一条帖子，在百度魔兽贴吧发出不到24小时内就有30多万条网民回复，随后的20多天内，回复继续攀升至1500多万条。[1]该事件的策划人黄亮华接受媒体采访时披露，此次营销经过两个月的设计，总共动员800余位营销人员，注册2万余个ID，营销人员回复10万余条[2]，目的是保持用户对《魔兽世界》游戏的持续关注。在这个营销事件中，策划者巧妙地利用了组织传播和群聚传播的互补特性进行网络事件和目标产品的推广。具体地说，营销团队运用组织化的方式管理了一个因商业目的聚集的临时群体，源于利用群聚传播中人人可

---

　　① 参见百度百科词条"贾君鹏"中的数据整理 http://baike.baidu.com/link?url=vE3pa13RqL4F70IGPZ45cr OlNzSRJN92TQTrEPLnfapVN3pOvSudC0hbTf6u1bZtFwl2YERwV-5_VKaR0yUOM-hlfCrlidohebbw8JQBfZ8Rf084 wXGZq45FEF2wCql1.

　　② 刘慧：《贾君鹏事件炒作内幕曝光 策划者招 800 人顶贴》，《华商报》，2009 年 8 月 2 日。

以发声、人人可以传播信息的特点。这样的利用无论从目标还是行动上都有了一致性，产生远超组织传播的影响力。网络营销借助群聚传播中的从众心理和羊群效应，短期内迅速升温的帖子很容易引起网民的好奇心与关注度，带来不可估量的社会传播力、影响力。关键是这种传播力、影响力的获取是低成本高回报的，因为借助了聚集群体中不了解真相的各类主体的自发传播。可见，组织化的网络营销在一定程度上实现了群聚传播环境中的议程设置功能，也被冠之以"病毒式传播"。

值得注意的是，在利用群聚传播给市场营销带来巨大收益的同时，组织传播也引发不少新问题。网络营销以经济利润为终极目标，功利色彩极强。推手们在实现利益最大化的过程中，时有无视公序良俗与主流价值观，或以无底线的炒作迎合大众趣味中庸俗粗鄙的一面，或借热点事件、突发事件之力散布谣言，游走于法律和道德的灰色地带。网络营销本是有策划、有组织的统一行动，却需要借助无组织、无管理主体的群聚传播的网络关系达成最佳的传播效果，其中人为的操纵一直掩藏在看似自主、自发的个体化信息生产背后，极具隐蔽性，有时甚至带有误导性和欺骗性。实际上在大部分网络营销事件中，除了组织管理者和水军了解真相，围观或参与其中的网民很难辨别真伪，却充当了传播者和信息中转站。"芙蓉姐姐""天仙妹妹""犀利哥""约瑟翰·庞麦郎"等人横空出世，表面上看起来是因网民猎奇、求异的群体心理引发的媒介事件，实际上是资本策动、团队策划、水军执行的"钓鱼行为"，钓取的是互联网群聚传播时代最稀缺的注意力资源。这些网红在一扭、一照、一曲、一为成名后，迅速有包装公司跟进，持续打造他们的品牌效应，继续商业行为。不过也应当认识到，网络营销的作用在该信息传播的早期——即吸引广大网民群聚的阶段——最为明显，而群聚传播的交流自由平等、缺乏管理主体、不受制度约束等特性也使得事件一旦大规模扩散，信息的内容、传播的流向、网民的心态就不是组织团体能够操控的了。就拿"贾君鹏事件"来看，网民后期"跟的不是贴，是寂寞"，即更多表现出无厘头式的调侃和寂寞空虚的情感宣泄，所关注的已经不是"魔兽世界"这个游戏，很多在魔兽贴吧以外场合引用这句话的人甚至不知道它的来源与出处。

从最初散乱的独立推手、小规模组织到专业化、产业化的经营机构，网络营销也在不断更新发展，已经涉及人物炒作、事件营销、口碑营销、危机公关等多个领域。组织传播和群聚传播共同作用才能使传播效果迅速放大。在群聚传播无管理、去中心、泛娱乐的消解性重构解读中，组织传播对群聚传播隐蔽的商业化利用目的或许已悄然实现。

（三）媒介格局的变化还体现在群聚传播和人际传播的交织是信息有效传播的根源

一方面，群聚传播的致命弱点就是信源不确定从而导致信息可信度低，借助人际传播使信源确定下来，从而因信源明确而产生影响力，成为群聚传播突破自身局限的关键所在，使传播效果进一步加强。

大众传播的信息来自专业媒介机构，组织传播的信源来自组织的管理主体，人际传播的信源是彼此交流的对方，这三种情形下传播的信息信源明确且可信度高。群聚传播是非组织化因事聚集性群体进行的信息传播活动，具有随机性、非组织化、无管理主体等特征，信源往往不明确或可信度低，没有责任主体，不明确的信源会严重影响传播效果的发挥。

以微博、微信为代表的社会化媒体传播前所未有地整合了群聚传播和人际传播两种形态，通过人际信任关系增强了原本来自群聚传播的信源的可信度，让群聚传播的不明消息顺理成章地"合法化"，或者说人际传播为群聚传播中信源不明确的"黑户信息"上了"户口"，大大提高了群聚传播的传播效果。2016 年 11 月，一篇《罗一笑，你给我站住》的文章刷爆微信朋友圈，文中表达了父亲为治疗女儿的白血病带给家庭巨大经济压力。短短 5 天内，在微信构筑的传播网络中，得到超过 10 万次的转发和点赞，超过 11 万人次打赏，募集到数百万善款。这样的传播效果，在一定程度上依靠人际传播的信任关系使消息在群聚传播中快速扩散。尽管多数打赏的人和当事人没有任何关系，但当中却有一连串人际朋友的信用背书，让人们倾向于对网络信息不做甄别地接受并采取行动，直到后来有消息进一步披露其家庭财产才大呼上当。互联网传播，尤其是社会化媒体传播，不仅有环环相扣的人际链接，还有覆盖面广的粉丝群、微信群传播，通过关注、点赞、评论、转发等方式使大量的信息处在不断的流通中，产生了群聚传播和人际传播两种模式叠加后的强大传播效果。

美国学者琼斯（Jones S. G）曾指出："虚拟社群最关键的不是构建者，也不是使用者，而应该是在使用过程中所发展的网络互动的整体现象。"①这种"网络互动的整体现象"就是本书所讨论的互联网群聚传播，就是人际传播和群聚传播的互相利用和彼此结合，它深刻地影响着使用者之间的传播模式与社会关系。例如，当前引发热议的各种事件，基本都是从微博引爆，并经由各社交媒体平台转发后迅速成为舆论热点。这样的传播效果和影响力过去只有大众传播才能实现，但类似的现象却已经成为互联网群聚传播的常态。

群聚传播虽然滋生、扩散信息的功能强大，但滋生于群聚传播的信息因信源不确定而公信力、影响力有限。不过，当信息从群聚传播流向人际传播后，人际传播的"信源美化"作用就启动了，接续而来的影响力就产生了。如楼倒桥塌因事聚集时一位老大爷的爆料或是一个小姑娘提供的内部消息，因无法确定老大爷或小姑娘的社会身份而影响力有限。但是当"听说者"把老大爷或小姑娘的爆料或内部消息再转述给同学、同事、亲朋好友时，也就使楼倒桥塌的现场群聚传播演变成了非现场的人际传播，而人际传播因其信源明确的特性无疑使老大爷的爆料或小姑娘的内部消息获得更大传播力、影响力，因为"听说者"演变为信源了，"听说者"之于同学、同事、亲朋好友等稳定的社会关系就为信源不确定的爆料或"内部消息"明确了信源，给"黑户信息"上了"户口"。由是观之，互联网群聚传播不只是一种临时性因事聚集状态，也是一种由人际关系连接与群体自由聚集共同形成的整体稳定和长期存在，并形成持续的信息流动，从而带来前所未有的强大传播效果。

另一方面，人际传播依靠群聚传播拓展了人际交往的具体形式，借助聚集群体的扩散速度和范围增强了传播效果。人际传播是人类最古老、最持久

---

① 转引自黄彪文、殷美香：《在个体与集体间流动：论虚拟社群的参与动机与交往基础》，《国际新闻界》2014 年第 9 期，第 6—19 页。

的传播形态，历经口语传播时代、文字传播时代、电子传播时代以及如今的互联网传播时代，成为贯穿整个人类活动的基本传播方式。在前三种传播形态社会中，人际传播都是具有明确地理属性的一对一信息交流活动。互联网传播中的人际传播已经与农业文明、工业文明时代的人际传播明显不同。互联网以其独特的传播方式使人类社会的交往行为超越了具体的时空场景，达成了随时随地的互动和分享。如今的人际传播已经带有互联网时代媒介化社交的鲜明烙印，"在线"变得比"在场"更加重要，互联网群聚传播比现实生活中的人际传播更加积极、活跃。熟人聚餐时经常在等待上菜时各自沉浸于移动终端的社交媒体而非侃侃而谈，就说明了相较于物理空间中面对面的人际交往，人们已经更习惯于在网络媒介的虚拟环境中进行互动。

　　脱离了物理空间束缚的人际传播，结合群聚传播途径，进一步延伸了人际交往的具体形式。社交软件中的人际互动不仅保持随时在线、信息不停流转、快速传播等特点，还极大拓展了传统人际传播的范围。熟人社交能因发言、点赞、评论、私信聊天以及收发红包、转账等小型经济活动得以强化，而陌生人社交则因趣味和话题等个性化因素得以聚合和延展。[1]微信朋友圈本是以强关系为主、弱关系为辅、信源相对明确的人际传播平台，在微信空间功能的拓展下，拥有了多对多的群聚传播功能。其中，在朋友圈向好友展示自我的"晒"文化，是社交媒体时代最重要的个体传播行为之一。"晒""炫""秀"同是英文单词"show"（表演）的表达，这个词直接反映出个体的表演欲望。用戈夫曼的拟剧论观点看，这种"晒"行为完美实现了人们的"前台表演"功能。朋友圈提供了表演舞台，微信中的人际关系提供了切实存在的具体观众。企鹅智酷2016年3月21日发布的《微信影响力报告》显示，朋友圈信息流中，用户更关心好友发布的生活状态，关注度占61.4%。[2]也就是说，相较于其他转发的一般信息，人们更在意他人的"表演"信息。在这个

　　① 范红霞：《移动互联网时代的信息传播与社交模式变革——以微信传播为例》，《新闻爱好者》2016年第8期，第9—12页。
　　② 《企鹅智酷|微信报告：47页PPT看懂微信五大业务》，2016年3月21日，http://tech.qq.com/a/20160321/007049.htm#p=4，2018年4月6日。

由亲密关系组成的首属群体环境下，演员和观众合力完成了互联网独特的人际传播模式。"晒"的行为是表演者主动发出的有意识、有目的的表演活动，这种表演不是大众传播中对广大陌生观众的演员式表演，而是在真实的环境中向熟人展现出理想化的自我。人们既将经过筛选和美化打造出的个人形象展现给明确、熟知的人际所属群体，利用社交媒体进行"印象管理"，又密切关注着朋友圈中他人展示出的生活动向，通过点赞与评论行为保持着互动关系，积累人脉与社会资本。点赞和评论功能很好地实现了剧场的观众效果，促进了这种表演欲望的展现。当人们明确、直接、真切地感受到来自"观众"的赞扬和点评时，对个体的身份建构和自我认同又得到进一步加深。同时，朋友圈的好友分组、不让他人看、提醒他人看等功能，使表演者可以划定人际交往的不同圈子，相当于圈定了个人信息的共享系统和展示平台，极大方便了用户对某个圈子的观众进行定向表演，使网络社交表演的内容、方式和目标观众都极为灵活多样、自由可控。朋友圈上演的不是个体的独角戏，而是表演者与观众之间渗透着双方情绪与情感的互动式"晒"与"赞"的行为，完美实现了人生的戏剧表演，搭建起一个由亲密关系组成的小剧场环境。这一切皆因微信对传播空间的功能拓展，遮蔽了人际传播与群聚传播的界限，使互联网群聚传播环境在强化人际传播行为的同时，也进一步丰富了人际传播的内容与形式，满足着用户人际交往与自我展示的社会心理需求，从而使用户对"社交网络服务"（SNS）产生黏性。

从社会学研究角度看，首属群体和次属群体对人的社会化起决定性作用，微信好友是从首属群体出发连接起次属群体，兼具私密与开放双重属性，把个人在社会中最重要的群体关系和交往行为全部纳入其中。里德定律（Read's law）认为，互联网的价值绝大多数来自它作为群体构建工具的作用。实际上，互联网既构建群体也打通群体，能够跨越兴趣、阶层、地域的隔阂将全部的群体关系整合起来，形成群体内部、群体之间的互动，从而产生了堪比大众传播覆盖面的影响效果。同时，便捷的传播方式使人际传播的传播链条拉得更长。过去人际传播更多的是在确定人数的有限范围内进行，之后再经过人际传播的二次传播、多次传播。互联网群聚传播环境使信息沿人际传播网络不断进行共时性裂变，人们的交际内容、形式、范围和速度都发生巨大的变化，由此产生的传播效果也是传统人际传播无法比拟的。

所以说，在人际传播和群聚传播交织嫁接的作用下，互联网传播产生了各自单独形态无法实现的传播效果，这两种非组织化的传播形态的结合对社会信息生产方式的变革影响深远。

三、群聚传播推动了普通个体认知和情绪的社会化传播

社交媒体普及之前，任何思想认知、价值判断、情感情绪进行社会化传播的唯一渠道只能是大众传媒——报纸书刊、广播电视，而能够借助大众传媒进行社会化传播的只有社会精英。对于普通人来说，社会化传播的范围仅仅局限于亲朋好友、同事邻里。互联网群聚传播不仅外在地形塑了竞争与合作并存的媒介格局，也内在地触发了人类感知模式、情感模式、交往行为与传播机制的颠覆性变革。这场变革的重要特征之一，就是普通个体的认知与情绪的社会化传播，即在媒介化社会中，普通个体的思想认知、价值判断、情感情绪可以通过互联网群聚传播表达出来，影响甚至演化为整个社会的普遍认知与情绪。

社交媒体带来的普通个体情绪的广泛社会化传播，已得到学界关注，近年来逐渐被联系到与个体认知的关系上。[1]个体信息所承载的认知与情绪是紧密联系的递进关系，如美国心理学家阿诺德提出的"兴奋-评定"理论所言，人类的情绪不会在客观环境的刺激下直接产生，而是经过认知评价才能够确定，即认知对情绪体验有着决定性作用。[2]因此，研究者应该充分考虑到两者之间的有机关联，以更宽广的视野将不同的研究领域统合起来。此外，个体认知、情绪的社会化传播是个变动不居的动态过程，静态的特征分析和宏观的理论构建都难以把握其全貌。基于此，本书更注重从信息生产方式入手，结合群聚传播的特性对普通个体认知与情绪的社会化传播做出诠释。

---

① 有学者从认知传播学中寻找理论资源，意欲结合神经科学等自然科学探索人类认知传播的基本规律，构建本土化的学科框架，但尚未具体触及个体认知的群聚传播问题。

② 乔建中：《情绪研究：理论与方法》，南京师范大学出版社，2003，第 23—25 页。

（一）认知与情绪是信息本体的一部分

从结构主义符号学的观点来看，在人类的传播活动中，信息是一种由能指和所指联合构成的符号。[①]能指是信息的外在样态和物质载体，而所指是信息背后约定俗成的概念或者被广泛认可的意义。经典符号学最为关切的，就是被信息符号携带的意义如何在传播活动中生成。这种研究取向有意无意地将信息符号的所指过度理论化和抽象化了。

实际上，作为符号的信息是极其复杂的表意系统，系统背后的"所指布局"恰似一个多层次的"冰山结构"。首先，所指中包含着消息类、常识性的既成事实，这是最表面、最直观的部分。人们收听、收看新闻主要就是在这个层面上获取信息，从而达成对客观世界的认识和了解。其次，除去这些相对客观、理性的部分，信息所指还承载着个体认知、观念、态度、情绪等主观感受和体验，即信息的所指不仅包括共识性的制度规范，也包括个性化的精神内涵，它们在特定的历史文化结构中、在理性和智性的观念中——而不仅是在具体事实的层面上——被传播和接受。它们既向外连接着客观世界，也深受个体信仰、意志、立场的影响；既可能是经过个体理性的分析、推演、提炼而形成的成熟观点，也可能是未经缜密思考而粗率表达的临时看法。最后，在最深层的所指结构中，还沉淀着个体无意识的原始冲动和本能欲望。

整体上看，针对这种"冰山"构型，有两点值得强调。第一，"冰山"愈深层的部分愈加私人化、主观化、感性化。第二，这些主观化的部分并非信息符号的装饰与点缀，而是在本体论的意义上从属于信息符号。因此，信息的传播绝不仅仅是事实、意义的传播，还是个体认知、思想、情感、情绪、无意识的扩张。人类在对客观世界进行认知的基础上产生情绪，二者都会随着个体信息的表达传递出去。只不过有些主观认知与情感通过信息符号的外

---

① 参见〔瑞士〕费尔迪南·德·索绪尔：《普通语言学教程》，高名凯译，商务印书馆，1980，第100—102页。索绪尔提出，语言是由能指（音响形象）与所指（概念）相联结而构成的符号。这不仅成为索绪尔语言学的逻辑起点与根本看法，也将解构主义符号学作为一种认识论和方法论引入人文社会科学中的诸多领域。

在形式（音响、文字、图像等）得到了明确、直接的表达，而另一些则隐藏在形式的间隙或文字的沉默之处，等待着人们的发掘和解读。相较于信息符号的事实内容和意义内涵，这些或显或隐的主观部分兼具理性和非理性的特征，且处在纷繁复杂、变幻莫测的状态中，虽然难以量化，却潜在地具有强大的感染力与传播力。

（二）前互联网时代的才能偏倚与话语垄断

任何信息符号都必然带有传播者主观感知与情绪的底色，认知与情绪的传播应该是传播学研究的题中应有之义，更是当下互联网群聚传播语境下的重大议题。但是在以往的历史环境和传播渠道中，普通个体没有取得面向社会大众生产与传播信息的权力或能力。

在工业社会来临之前，受到交通条件与传媒条件的双重限制，人类的传播活动以口语传播和文字传播为主，以传统人际传播、群体传播（群聚传播）、组织传播为具体传播模式。在这个阶段，绝大多数人只能在小范围内实现信息共享与情感互动，只有两类人群能够以个人名义进行信息生产与社会化传播。第一类是君主、教皇等领袖人物，他们凭借政治、宗教特权实现个体信息的社会化传播，这种传播模式在本质上属于一种强力组织传播。此类信息以诏令等公文形式发布，制度化的行文规范基本过滤了信息的主观感情色彩，所表达的是统治者基于其个人理性认知的治国理念与方略。只不过在特殊情况下，统治者会在诏书中注入强烈的个人情感与情绪，以达成安抚民心、稳固统治的政治效果，最典型的例子是中国古代帝王引咎自责的"罪己诏"。第二类是辩士、学者等精英知识分子。无论是古希腊、古罗马的哲学家、演说家在城市广场上的公开演讲、辩论，还是我国春秋战国时期以稷下学派为中心的诸子百家争鸣，传播者都是凭借高超的演说技巧与出色的辩论才华将自身的政治、思想学说传播出去的，这种公众演讲、学术沙龙在本质上属于特定物理时空内的群聚传播。口才、辩才不足者，如果文字能力足够出众，也能够名扬于时、名垂于世。如晋代文学家左思长相平平，不善言辞，但文采斐然，潜心十年著就的《三都赋》被洛阳的名门望族竞相传抄

（彼时印刷术尚未普及），导致"洛阳纸贵"，这属于依托于文字形式与物质介质的群聚传播。值得注意的是，以上两种形式的传播都属于传统的群聚传播范畴，主要在学术精英、社会名流的圈子中进行，媒介载体的落后、传播时空的限定、信息内容的深奥都使得个体认知难以实现更大范围的社会化传播。

大众媒介将人类社会引入以印刷传播和电子传播为主的机械复制时代，报纸、杂志、书籍、广播、电视等专业媒体将海量的信息送入"寻常百姓家"。然而，"寻常百姓"只能在传播链条的终端被动接收信息，无法绕过自上而下的大众传播进行社会化的信息生产。在大众传播中，个体认知的表达仅限于具备与大众媒介特质相契合的表达能力的少数社会精英。随着各类大众媒介的兴衰更替，少数传播个体的表达才能向不同方面偏移。与此相应，信息生产方式和艺术表现形态也在发生变化。

在以报刊、书籍等印刷媒介为主导的时代，必须以文字为符号、印刷媒介为载体进行社会化传播，这就给传播者提出了"擅写"的要求，即运用语言文字阐明观点、抒发感情的能力。如新文化运动以《新青年》月刊为思想宣传的主要阵地，陈独秀、鲁迅、李大钊、钱玄同等一大批"擅写"的知识分子利用政论、小说、新体诗等文体鞭挞封建礼教、倡导科学民主，对社会起到了思想启蒙的作用。又如政治领袖毛泽东也是文章大家，言志雄健豪迈，析理透彻精当，抒情真挚激昂，雅俗共赏、极具感染力的文辞在战争年代动员并团结了广大人民群众。除了这些与政治宣传、思想宣传紧密联系的例子，中国现当代作家莫不以"擅写"文字角逐人生，实现个体信息的社会化传播。

广播与印刷媒介的不同之处主要在于两点：一是相较于讲求理性、逻辑的文字符号，以声音为介质的播音艺术直接诉诸人类的听觉，更具音韵美与亲切感；二是相较于纸质载体，通过无线电信号传播的广播更具有即时性与特定时空的现场感。这种媒介条件给传播者提出了"擅说"的要求，即"擅说者"要能够运用清晰、流畅、准确、生动的有声语言给听者以音韵美与亲切感，把听众带到某一特定时空的现场。传统曲艺的评书就曾借助广播媒介重焕活力，刘兰芳、单田芳、袁阔成等评书表演艺术家就是借助广播使朝代更迭、古雄纷争在现代社会中荡气回肠。而就广播技术的现代应用而言，宋世雄等主持人对体育比赛的实况解说甚至比赛事本身还激烈、还精彩，让听众有如亲临现场。再如中央人民广播电台"小喇叭"节目中的"故事爷爷"孙敬修，以亲切和蔼、细腻唯美的讲述陪伴了几代人的成长。

电视相较于广播，电视不仅能听，更凸显"看"的媒介特点，对传播者提出的要求或是形象出众，靓丽冷艳、英俊帅气本身就是影像符号的重要组成部分，这是与以往文字传播、声音传播最为不同之处；或是声音、口才、镜头感、应变能力不乏个人风格，幽默滑稽亦是荧幕上的一道风景，外貌并非传统意义上的出众，却极具辨识度，诙谐的风格备受观众青睐。

从印刷媒介要求"擅写"，到广播媒介要求"擅说"，再到电视媒介要求一种综合了相貌、口才、镜头感的整体表现力，大众传媒对传播者表达能力的需求脉络清晰可见。在一定程度上甚至可以说，主导媒体造成了某类人对表达权的垄断——"擅写者"垄断了书刊，"擅说者"垄断了广播，"擅演者"垄断了电视。从个体的角度来看，只有具备与传媒特性紧密相关的特定才能，才能借助大众传播实现个体信息社会化传播，而不具备相应才能的普通人则难以跨入大众传播的门槛。

但是，值得注意的是，大众传播中的个体表达存在着主体性与社会化的悖论：当个体以某种才华站到了大众传播的平台上，他的表达就开始受到大众传播生产机制、意识形态、商业运营法则等多方面因素的制约，一切言行都必须建立在对大众传媒顺从、与大众传媒合作的基础上，这在不同程度上导致了传播者思想的主体性和情感的鲜活性的丧失。如果说"擅写者"在报刊、杂志上的表达余地还相对宽裕，那么"擅说者""擅演者"在广播、电视中的个人展示已经是戴着"镣铐"的舞蹈。特别是作为播音员、主持人的个体，实际上已经是电台、电视台的代言人，看似个体化的传播行为要在所属机构的引导、监督和把关下进行。因此，大众传播作为个体认知与情绪社会化传播的唯一途径，将能够借助大众传媒进行社会化表达的人群止于"擅写""擅说""擅演"的少数精英群体，而互联网群聚传播则打破了这一法则。

（三）互联网群聚传播时代普通个体认知与情绪的社会化传播

首先，互联网群聚传播赋予普通个体表达权与传播权。

传统的人际传播、群聚传播信息扩散的广度有限，时效性不强。大众传播覆盖面广，时效性强，但受专业性的限制，止于少数专业人士从事生产信息，才是信源。而互联网提供了普通个体作为传播主体自由、自主生产信息的权利，并提供了社会化的生产平台和多样化的传播渠道。

第一，随着互联网技术的迅猛发展和移动互联网的广泛普及，网络使用已经是绝大多数人的日常生活方式，而非少数精英人群的特权。互联网群聚传播使长期被动充当"受众"的平民草根获得了自由生产与传播信息的权利，实现了传播权、话语权的再分配。与此同时，网络媒介并不必然要求参与者具有某种特定的、出众的才能，即不设立"擅写""擅说""相貌好""学识广""地位高"之类的准入门槛。这就意味着"才能偏倚""话语垄断"的局面被打破，普通个体成为这个时代的传播主体。如果说大众传播时代强调的是"才能偏倚""地位偏倚"，那么群聚传播时代追求的就是"特质多元"。只要掌握了网络使用的基本方法，任何人都可以利用社交媒体和自媒体发布消息、表达意见、抒发情感。

第二，互联网群聚传播具有无管理、弱把关、去中心化的特征，在这个相对自由化的网络场域中，传播者的自主性、能动性得到提升，畅所欲言、直抒胸臆乃至情绪宣泄成为可能。整体上看，只要传播者不触碰法律、法规的底线，普通个体信息生产就不受表达规范等约束。个体诉诸迂回、隐蔽的网络语言，将自身立场、观点、情绪通过网络场域进行特殊的逻辑表意，巧妙地争取了更大的话语空间。①

第三，互联网将人类置于超时空、泛传播的媒介环境中，打通了普通个体信息社会化传播的渠道。在网络中，每个传播者都是一个重要节点，可以点对点、点对面地进行信息传播，由此节点延伸出无限传递的链接方式和四

---

① 隋岩、罗瑜：《网络语言：舆论场博弈的策略选择》，《中国社会科学报》2016 年 4 月 29 日，第 5 版。

通八达的传播路径，将与传播者相关的首属群体、次属群体、陌生人群体全部统合起来，并将无数个个体信息因某一热点事件聚集起来，形成互联网群聚传播。因此，传播主体在此时此地输出的认知、情绪，可以通过"六度空间"模型抵达现在或未来"地球村"上此时彼地的任何角落。不仅如此，正如前文所论，群聚传播还与大众传播、人际传播、组织传播彼此渗透、互相借力，再度强化了普通个体信息的传播效果。

其次，社会心理失衡是普通个体认知与情绪传播泛滥的原因之一。

从信息生产方式来看，普通个体认知和情绪的社会化传播近年呈现井喷效应，与互联网群聚传播的特性密切相关。第一，互联网传播具有即时性、碎片化特征，各类信息——尤其是突发事件——的即时传播也在无形中逼迫着用户迅速作出反应，而人在短时间内对碎片化信息作出的反应难免片面、粗率、感性多于理性。第二，群聚传播使海量信息处于永不止息的全时性流动中，恰恰充分迎合了情绪的活跃性和传染性特征，满足了个体情绪的传播条件。第三，互联网是一种多媒体介质，网络中信息符号的能指由文本、图像、动画、音频、视频等多种形式综合构成，比单一的文字、声音、画面更生动直观，相得益彰，更易于情绪的多样化表现和传播。第四，得益于互联网提供的互动性平台，大量志趣相投、价值相关的用户或组建网络社群，或集结在社交媒体的意见领袖周围，信息茧房①催化了网络中的群体极化。在群体的暗示、感染等心理作用下，个体观点和态度在群聚传播的互动过程中会得到强化和加固，奔向更加激进或保守的非理性极端。

互联网群聚传播不仅仅出现于、作用于中国社会，而是一种全球化的传播现象。对于走过 300 多年工业化之路的西方国家，社会阶层和社会文化的嬗变都经历了相对较长时间，嬗变节奏相对舒缓，人们业已习惯于祖代相承、与生俱来的出身差异，社会结构相对稳定，并形成了各自的生活习惯、阶层认同和心理逻辑，攀比心和失衡感相对较少。而改革开放至今 40 多年间

---

① 美国哈佛大学法学院教授桑斯坦在其 2006 年出版的著作《信息乌托邦——众人如何生产知识》中提出的"信息茧房"现象，其实并非新的发现，拉扎斯菲尔德等人 1944 年出版的《人民的选择》中提出的"政治既有倾向"假说和"选择性接触"假说，才是对桑斯坦所谓"信息茧房"现象的更早描述。

的中国社会，工业化、现代化进程被急剧压缩，可谓名副其实的加速社会，巨变发生在两三代人之间，人们在互相比较中难免产生落差感、不公感、被剥夺感，导致了社会心理的失衡。普通个体认知与情绪的社会化传播郁积为社会心理的痼疾。

由上文可知，互联网群聚传播的革命性意义在于，将普通人从大众传播的科层化控制中解放出来，与政治精英、经济精英、文化精英共享表达权与传播权。因此当面对同一个热点事件时，平民出身的凤姐、papi酱与政府官员、地产大亨、知名学者一样，都可以通过社交媒体、自媒体发表看法。这些个体信息中主观化、个性化甚至极端化的认知和情绪非但不会被忽略，反而更加鲜明地得到凸显，在网络中不断蔓延。

互联网群聚传播虽然为普通个体信息的社会化传播提供了可能，但并非所有个体信息都能迅速实现社会化传播。纵览当前的网络环境，以下四类认知与情绪在传播过程中更具传染性和辐射力。其一，针对突发事件、热点事件的个体表达，能够借助事件的热度而不断蔓延；其二，针对大众在一段时间内普遍关心或深受困扰的问题发言，通过讽刺、诉苦、泄愤等方式分担焦虑、引发共鸣；其三，以夸张、耸动的形式发表与主流叙事、公序良俗、大众认知相悖的另类观点，通过迎合网民的猎奇心态而博取关注；其四，对某个小圈子内人或事进行揭秘与爆料，通过满足大众的窥视欲而迅速传播。由此可见，虽然普通个体认知与情绪的社会化传播是个动态过程，不直接等同于社会整体的认知和情绪，但迎合时事热点、社会心态与大众趣味的个体表达更容易与网民形成互动与对话，从而在跨越阶层与群体的热议中实现社会化传播。在这些个性化表述中，既有戳中大众心理痛点、引发情绪共振的犀利"吐槽"，又有幽默的调侃诉诸搞怪、谄媚等博出位的网红炒作手段。

值得警惕的是，每个传播主体的认知都受限于自身的经验、经历、立场、价值观，具有主观化、私人化的特征，有时难免盲目、偏狭。因此，即使个体表述在事实层面的可信程度、作为个案的参考价值值得怀疑，但因呼应了某种大众情绪而实现社会化传播，难免会加剧整个社会浮躁、焦虑、功利甚至反智主义的认知和情绪。这些情绪经由群聚传播已经在互联网中构建起当代人生存处境的"拟态认知"，不仅加剧了自我迷失与心理失衡，也将焦灼不安、痛苦迷茫的情绪弥散于整个社会，郁积为社会心理的痼疾。

四、群聚传播改变了信息生产者的地位

在大众传播时代的信息传播活动中，"新闻传播者处于信息传播链条的第一个环节，是传播活动的发起人，是传播内容的发出者，决定着传播过程的存在与发展"[①]，无论作为个体的编辑、记者，还是作为组织的媒介机构，传播者都牢牢地掌握着传播资源和信息发布的主动权，拥有"把关"权力和"议程设置"能力。1948 年，哈罗德·拉斯韦尔提出著名的"5W"传播模式，即传播者通过传播渠道把信息传递给受众并产生传播效果的传播过程。拉氏提出的这一线性传播模式尽管过于简单，却深入人心，几乎成为经典大众传播研究的铁律，正是基于大众传播中信息的单向流动和传播者的起点位置、传统媒体信息生产者的绝对优势及地位。即使受众地位逐渐提高，不再是完全受媒体摆布的对象，信息接受者的能动性开始受到重视，对于大众传播、传统媒体来说，传统媒体信息生产者也依然占据着传播过程中的制高点，内容和渠道都被传播者牢牢控制着，整个传播活动遵循从传播者出发的单向、线性传播规律。

互联网媒体的发展、多元主体共同参与的群聚传播打破了这一规律，使传统媒体信息生产者的地位发生了巨大变化。首先，新的信息技术使参与传播的主体极端多元而动摇了传统媒体信息生产者的垄断地位，传统媒体不再是唯一的信息生产者，无法再垄断传播内容，曾经作为消费者的受众的主体性地位得以进一步凸显。托马斯·弗里德曼在《世界是平的》一书中提到，网络时代，"上传正在成为合作中最具有革命性的形式之一。我们比以往更能成为生产者，而不仅仅是消费者"[②]，社交媒体使曾经被动的受众站到舞台中央，主动积极地传播信息，打破线性传播中传受二者的主体客体关系，机

[①] 邵培仁：《新闻传播者的特点、权利和责任》，《新闻知识》1996 年第 8 期，第 4—5 页。

[②] 〔美〕托马斯·弗里德曼：《世界是平的：21 世纪简史》，何帆、肖莹莹、郝正非译，湖南科学技术出版社，2006，第 73 页。

构、组织、群体、个人都可以找到合适的平台传递信息。新的媒介技术与传播模式赋予独立的个体以能动性，以往匿名的受众和沉默的大多数绕开传统主流媒体的把关，绕开传统媒体垄断的信息传播权力，变成了新的信息生产者，掌握了信息生产过程的主动权。其次，传统媒体信息生产者对传播渠道和传播行为的控制能力也在减弱。传播者"被多重化和去中心化"导致在时间和空间上脱离了原位。①大量信息来自非制度化、非中心化、缺乏管理主体的群聚传播媒介，如自媒体、社交媒体、UGC 等平台。便捷的电子书写"使文化客体的即时性接受、转换和再传播成为可能"②，不断的转发行为构建了新的传播渠道，使信息通过社交媒体的关系网络进行快速传播，甚至带来信息生产者完全意料不到的影响范围和结果。最后，信息解读的方式从趋向于顺从演变为趋向于协商甚至颠覆。网络中的信息文本每时每刻都暴露在开放性的解读、解构与重构中，上演着后现代语境中罗兰·巴特断言的"作者已死"场景。"作者已死"，即信息生产者权威地位的消解意味着传统媒体被迫把信息生产的权力部分地让渡给整个互联网的参与者，从而出现了传统媒体信息生产者话语权削弱、信息把关能力下降、议程设置能力转移等现象，这也进一步导致网络中多元化观点、情绪化传播、戏谑性语言俯拾皆是。由此看来，群聚传播带来与大众传播截然不同的信息生产方式，导致传统媒体不再是唯一的信息生产者，传统信息生产者对传播渠道和传播行为控制力减弱，信息的顺从式解读模式也被打破。

对于互联网群聚传播引发的信息生产方式改变，从信息生产者地位演变的角度来理解不乏为一个认知途径。有学者依然使用传者和受众的分割方式来解析互联网传播现象；有学者察觉出这些称谓已不再适用，转而使用网民、用户、消费者等，但这些词汇及其角度仍然不能充分说明互联网时代信息传播嬗变的根本之处；还有学者以"传受者"的称谓来强调传播者和受众的界限模糊，依然没有脱离线性传播的思维。互联网群聚传播是通过多元信

---

① 参见〔美〕马克·波斯特:《第二媒介时代》，范静哗译，南京大学出版社，2000，第 123 页。

② 〔美〕马克·波斯特:《互联网怎么了?》，易容译，河南大学出版社，2010，第 16 页。

息生产者的关系链接而形成的网络传播，是社会关系的网络重铸，抑或说是互联网重构了人们的社会关系，"社会化媒体拓展了人们与其他节点连接的可能性，使人们有可能与身处世界任何角落、从未见过或从不认识的人进行互动"①。因此在这个基于互联网形成的新的社会关系中，信息生产者、信息和连接关系成为最关键的要素。大众传播时代的媒体传播者转变成了多元主体参与的互联网群聚传播中信息生产者中的一元。

由信息生产者、信息和连接关系构成的群聚传播，赋予多元信息生产者与大众传播媒体截然不同的特性。首先，信息传播主体既包括主动发送信息的传播者，也包括对内容添加评论或转发的参与者，他们既执行信息的创作生产，也参与信息的修改制作，同时完成信息的传播过程。每个信息生产者都是信息网络中的一个节点，不存在线性传播两端的传与受两种身份的截然对立。其次，非专业媒体平台对信息生产贡献巨大，从微博、微信，到视频网站、短视频平台、直播平台、网红 IP，多元信息生产者借助不断更新的技术手段进行大量的内容生产。社交属性极强的自媒体利用风趣犀利的语言对时下最流行、人们最关心的话题进行描述和议论，通过迎合大众心理赢得最广泛的情感共鸣，从而建立起以自身网红身份为依托的品牌效应、粉丝效应，打造出具有话题度高、用户黏度高、输出频率高的媒体品牌。再次，多元信息生产者所处的网络节点位置对传播效果的影响巨大。虽然这是个人人可以发声的时代，但音量并不相等，得到的关注程度严重不均衡。在相对平等、开放的网络空间中，不存在一个集权式的中心点或科层式的最高点，不同节点的可见度与连接数、话语权与影响力都大不相同。这也正是互联网传播活动中意见领袖的作用更加明显的原因所在。最后，多元信息生产者在网络中所处的地位不同，带来的连接关系和传递能力不同。这种不同节点之间的连接关系，即信息的传播路径，是互联网传播中不可忽视的要素。1971年，美国经济社会学家格兰诺维特在《美国社会学杂志》上发表了《弱关系

---

① 谢湖伟：《"互联网+"时代：传播融合的嵌入性反思》，红旗出版社，2016，第119页。

的力量》一文，提出弱关系力量假设。①强关系维系着群体、组织内部的关系，弱关系在群体、组织之间建立纽带联系。弱连接更容易在不同群体间传递信息，能够跨越不同的社会团体和阶层，形成更广泛的社会关系网络。互联网群聚传播是杂糅着强关系与弱关系的复合式传播，"三度影响力"体现了强关系连接对传播效果的影响，"六度空间"则反映出弱关系连接甚至可以把整个地球连接起来，这两个概念都说明连接关系在信息传播中的重要性。网红现象就是互联网群聚传播的典型特征之一，博出位是网红发展互联网关系的重要手段，但不是所有的"出丑""夸张""低俗"的出位内容都会受到追捧。究其原因，信息的传播路径在其中起到关键作用，这个传播路径就是粉丝间的复杂关系路径，不同关系路径导致传递性差异巨大，这也说明不是所有离奇内容和戏剧化表达都能催生网红的原因。网红现象是在多元信息生产者、信息和连接关系共同作用下形成的群聚传播效果。总之，群聚传播对大众传播的最大改变是打破了线性信息生产链条，改变传统媒体信息生产者的话语垄断地位及其社会身份、社会权力，在催生出多元的信息生产者的同时，在新的网络结构中，人与人的连接关系成为信息生产方式中的关键因素。这也是近年传统媒体从业人员，即传统媒体信息生产者流失的根本原因之一。

五、新的信息生产方式带来社会资源配置新途径

2016年2月，不足30条的微博小视频让自称"集美貌与才华于一身的女子"papi酱迅速走红，是年3月，她又获得包括著名自媒体罗辑思维等投资人1200万人民币的融资，从而成为万众瞩目的"2016年第一网红"。同年9月，浙江小伙子叶良辰替女友"出头"，恶语中伤女友同学而引来广大网民关注和批驳，不想，一周后竟因臭名昭著而被一家文化传播公司签约成为品牌歌手，"成功"实现了"低成本高回报"的商业行为。

近年，papi酱和叶良辰这样借助互联网群聚传播引发的新型信息生产方

---

① Granovetter M S, "The Strength of Weak Ties", *American Journal of Sociology*, Vol.78, No.6, 1973. pp.1360–1380.

式一夜成名的网红远非个案，已成为时有发生的社会现象。较早出现的"芙蓉姐姐""凤姐""犀利哥"等人多以外表的丑态、媚态吸引眼球，借助当时的论坛、贴吧、网站等渠道成为"原生态网红"，而 papi 酱和叶良辰则逐步脱离了过去较简陋的传播形式，运用多媒体手段或社会关注的卖点延伸网红效果，但依然不乏狂欢化、戏剧性的恶搞成分，刻意表现出的率真、接地气、无厘头等所谓草根气质难以遮掩企图吸引网民获得自然感受的策划性。表面上看，这些网红多以僭越主流、正统、传统的"博出位"手段聚拢粉丝和人气，极大缩短了草根阶层获得名声和财富的时间成本和努力成本。而从信息生产方式的角度考察，正是具有典型群聚传播属性的社交媒体为他们的"成名"提供了便捷的传播渠道。即问题的关键是，互联网群聚传播使普通人能够以低成本付出迅速实现高收益回报，催生了网红现象，关键是拓展了社会资源配置的新路径。

传统经济学视域下的资源通常指有形的物质资源，包括自然资源、劳动力资源和其他生产创造的物质资源。长久以来，家族继承、市场竞争和政府行政干预是资源配置的主要方式。传统社会以土地资源为核心，依附在土地资源之上的人际关系成为社会关系的核心，因此家族继承和宗族决策成为社会资源的主要配置方式。卡尔·波兰尼指出，在传统社会中，经济体系并不是一个独立体，而是附属于总的社会关系之下，经济资源和财富分配嵌入其他的如政治、宗教、文化等社会关系中。①工业革命之后，离开土地的大量自由人促进了城市化的迅速发展，市场在经济中的重要性也随之凸显，甚至独立出来形成与文化、政治等相并列的社会关系，并逐渐成为社会资源的主导配置方式。在以市场和计划经济两种混合体制主导的社会中，政府行政手段和市场调节就成为主要的资源配置方式，与之相应，多数资源配置理论集中在政府和市场两种手段对物质资源的调控能力和分配作用上。不过，市场和政府配置资源并非总能绝对达到效率最大化，两种手段都可能失灵。资源配

---

① 〔匈牙利〕卡尔·波兰尼：《巨变：当代政治与经济的起源》，黄树民译，社会科学文献出版社，2013，第 113 页。

置的手段因社会发展而不断丰富，教育、文化、媒介等在一定程度上都有资源配置的能力，主导的社会资源配置方式也因社会核心资源的变化而改变。

　　社会结构的改变正是基于生产力发展后稀缺资源类型的变化。随着媒介对社会生活参与度的加深，无论是作为媒介产品还是作为资源本身的信息，都使注意力成为新型的社会资源。在土地、煤炭、矿藏、石油等轮流成为稀缺资源后的信息爆炸时代，信息的过度泛滥使注意力由资源晋升为稀缺资源，正如诺贝尔奖获得者赫伯特·西蒙（Herbert A. Simon）所说："随着信息的发展，有价值的不是信息而是注意力"①，随之，媒介参与配置和管理资源的能力也进一步提升。在单位时间注意力总量有限的情况下，获得更多关注的个体，可以将注意力作为换取物质财富、金钱、社会地位等社会资源的筹码，也即媒介参与资源配置的手段主要是通过分配社会注意力来进行的。乔治·法兰克（Georg Franck）在《注意力经济》一书中指出："媒介是注意力经济的金融机构，具有强大的聚集和分配注意力的能力。"②的确，媒介正如金融机构——银行不过是低息吸储、高息放贷，而媒介也无非是低成本聚拢受众的注意力、高收益将注意力分配给广告主。

　　值得注意的是，大众媒介施行的注意力资源配置止于会写、会说、会唱、会演的少数人群，而互联网媒介则因其广泛参与的群聚传播本质使资源配置转向每一个普通个体、普通网民。当互联网群聚传播取代了传统的大众媒体，成为分配注意力经济的"金融机构"时，网红自然就成为社会资源配置的新途径。

　　网红现象反映出，在新的信息生产方式中社交媒体将资源配置的能力深入到普通个体。"博出位"手段并不新鲜，但社交媒体凭借广泛参与的群聚传播却使过去完全不可能参与传播的内容和主体被推送到舞台中心。互联网群聚传播突破了大众媒介自上而下、线性链条的传播模式，通过广泛的网络连

---

①　转引自人民网：《解放日报："注意力经济"要提供有价值的内容》，2019 年 11 月 13 日，https://baijiahao.baidu.com/s?id=1650042162808968753&wfr=spider&for=pc，2023 年 2 月 13 日

②　转引自张雷：《经济和传媒联姻：西方注意力经济学派及其理论贡献》，《当代传播》2008 年第 1 期，第 22—25 页。

接关系，使普通个体超越现实社会中的身份壁垒和资源壁垒来进行信息传递。在貌似松散的各个群体聚集圈层的互动中，社交媒体产生了强大的传播能力，拓展了传播主体的社会范围，使普通的个体也能拥有前所未有的影响力。互联网技术带来了以节点连接方式的网络，扁平化的互联网媒介权力关系改变了自上而下的金字塔式的传统媒介权力关系。这种节点连接方式带来的信息生产新方式改变了社会权力的分布，参与了对社会资源的重新分配。在这种关系结构中，信息的病毒化传播方式能够快速聚拢网民关注，赋予奇异的网红现象以注意力资源，使其社会关注度迅速得到提升，进而从"吸睛"的传播手段至"吸金"的社会目的。借助博出位手段，"网红们"迅速改变了原先的社会地位，获得大量的社会资源甚至经济收益。总之，在技术赋权、传播赋权的互联网场域中，普通个体能够通过特异的传播活动交换重构资源分配关系，进而再生产社会结构。

互联网媒介资源配置能力的提升是通过传播主体多元化的群聚传播带来新的信息生产方式而实现的。互联网以前所未有的广度重新构建人们的社会网络关系，使以往松散的社会联系变得可以经常分享信息、观点和兴趣。[①]这不仅仅改变了人们的日常生活行为方式，更构建了全新的社会关系。这种关系不是简单的人际互动关系，不是松散的群体关系，不是系统的组织关系，更不是处于对立和被动的传受关系，而是成为重要的社会资本关系。波茨认为，社会资本是个人通过他们的成员身份在网络中或者在更宽泛的社会结构中获取稀缺资源的能力。[②]大众传播时代的普通个体无法通过大众媒介实现个人社会资本的扩张，但互联网传播尤其是具有典型群聚传播特征的社交媒体，为个体提供了再分配稀缺资源的新途径。网红们能够吸引大量关注，就是借助从庞大的粉丝关系网中获得社会资本的力量。截至 2016 年末，"芙蓉姐姐"微博粉丝数 432 万，"凤姐" 702 万，"papi 酱"更高达 2102 万。这些曾经靠"博出位"方式走红的网络名人，实际上是通过"博"取互联网的注

① Wellman B, "Physical Place and Cyberplace: The Rise of Personalized Networking", *International Urban and Regional Research*, Vol.25, No.2, 2001. pp.227–252.

② 张文宏：《社会资本：理论争辩与经验研究》，《社会学研究》2003 年第 4 期，第 23—35 页。

意力资源来增加社会资本，从而实现资源的重新配置。在完成对注意力资源的抢占后，再进一步和经济资源相结合，获取真正的名利双收的巨额回报。如今网红们"人气变现的途径也大大增加（广告代言、会费缴纳、产品销售、版权许可、受众打赏、社群众筹、平台分账等）"①，建立起将信息、消遣与消费、营销紧密结合的运营模式，使网红经济成为互联网产业中一个重要的利润增长点，而互联网又是共享经济进行资源配置与优化的依托平台。一句话，互联网通过重新构建人们的社会关系网络所带来的社会资本对稀缺资源进行分配，使社交媒体成为除家族继承、政府分配、市场竞争之外新的、重要的资源配置方式，也成为共享经济这种最具活力的新型经济形态中的一种模式。

当然，网红现象折射出的互联网群聚传播引发新的信息生产方式参与资源配置，虽然丰富了资源配置手段，但并不意味着互联网媒介权力的完全平等，所有普通个体都可以经由互联网随意实现资源再分配。普通网民对网络资源的占有程度依然呈现等级化差异分布，大众仍然处于互联网社会资本等级梯度的底部，网民在传统社会中拥有的先在条件、网络传播中的节点位置，依然决定了网络社会的资本差异，互联网传播中社会资本分布不均的现象依然突出，新的结构和模式中的霸权问题、资源不均问题依然存在，网络乌托邦神话的背后依然隐藏着多重不平等。

不过，互联网群聚传播引发的新型信息生产方式作为注意力稀缺资源的聚集和分配载体，助力普通个体在社会传播活动中获取关注度，引发经济资源、职业和社交圈的变化，成为个体交换社会资源的筹码和在短时间内改变社会地位、所属群体的重要砝码，进而再生产社会结构，也是不争的事实。网红、博出位通过提升个体知名度进行资源配置，虽然是互联网群聚传播参与资源配置的怪胎，但已成为链接物质资源、文化资源和社会资源的配置路径。

---

① 张跣：《重建主体性：对"网红"奇观的审视与反思》，《中国青年社会科学》2015 年第 6 期，第 1—7 页。

产能过剩和互联网技术引发群聚传播，进而推动信息生产方式的改变是历史的选择，不以个人的意志为转移。互联网群聚传播是人类文明史上最大规模人群参与的信息生产和传播活动，引发人类信息生产方式的改变是必然的。信息生产方式的嬗变改变了媒介格局也是必然的。在人人生产信息的信息生产方式中，网红参与社会资源配置，进而参与社会结构的再生产，亦是必然的因果关系。如果这几方面的历史必然性足以说明人类信息生产方式的重要性的话，那么互联网群聚传播带来的信息生产方式的变革将如何影响人类的经济生产方式、文化关系模式、社会结构模式乃至制度模式等问题，就值得我们去进一步关注甚至警惕。

第五节　加速社会与群聚传播：信息现代性的张力

信息传播技术的加持，使人类社会迈入从工业现代化向信息现代化加速转换的历史进程。加速贯穿于工业化到信息化[①]的不同历史时期，不同时期也赋予加速各异的动力。信息化驱动的现代化较之工业化驱动而言，其产生的加速体验更为强烈：不仅重塑着个体的存在方式、经验范式与认同模式，也重构着社会的生活形式、组织模式与权力范式。信息现代化阶段，互联网，特别是移动互联网迅速发展，普通个体获得传播主体地位，成为信息生产者，在一定程度上促进了社会民主。个体经验、认知、情绪及价值判断等，随之在互联网场域中实现社会化传播，形成群聚传播之势，也带来了舆论难调、叙事解构、认同撕裂、价值失序等问题。这种比工业现代化更为激烈的矛盾冲突，与信息流动速度的加快、传播程度的加深、通信广度的延展密不可分。

一、工业现代性与信息现代性

1. 现代化与现代性

现代化是一个变迁过程。它以工业文明为标识，既包含着经济制度、社

---

① 信息现代化是现代化发展的新时代引擎，以工业现代化为物质基础。与大型机器制造业技术推动的工业现代化相较，信息现代化以互联网通信为技术支撑，以信息流通与知识共享为目标，推动经济社会发展。

会生活的转型，又包含着政治体制、文化观念的转变。它一方面重视工具理性，以实现工业发展、经济增长、物质繁荣、科技进步为目标；另一方面又强调价值理性，以生活方式重塑、行为规则再造、价值理念更新为追求。理性精神贯穿于现代化过程的方方面面，因此现代化也被视为一种"合理化"过程。现代性是"现代这个时间概念和现代化这个社会历史过程的总体性特征"①。现代性既标志着"量"，体现为时间范畴的累积界划与历史延续，又表征着"质"，体现为社会形态和价值理念上的转型、激变与断裂。如果说现代化是本体与事实，那么现代性则是特征和属性。

2. 工业现代性与信息现代性的各自张力

以工业革命为标识的现代化进程，发展至今包含两大历史阶段：工业现代化和信息现代化，也即蒸汽机开启的机械工业社会和互联网普及带来的信息社会。如果说现代化进程必然伴随着现代性特征的呈现，那么现代性也包含着呈现工业社会发展特征的工业现代性和呈现信息社会发展特征的信息现代性。换言之，信息传播的现代化也包含两个阶段：工业化推动的信息传播的现代化与信息化推动的信息传播的现代化。信息传播的现代化肇始于工业社会，与整个现代化发展并行。电报的发明开启了信息传播的现代化进程，它以电力为能源，与以蒸汽机为动力的铁路运输并驾齐驱，同为19世纪具有里程碑意义的现代传播（交通运输与信息通信）工具，工业现代性的张力与悖论集中体现在这一阶段。信息化不同于信息传播的现代化，而是相较于工业现代化的高级阶段。它以电子计算技术为标识，以信息化为动力，推动信息传播的现代化发展。信息现代性的张力与悖论也集中体现在这一阶段。

信息现代性是信息方式在现代化进程演变中所呈现的总体性特征，它突出体现在信息化的信息社会阶段。从传播的历史考察中可以发现，信息方式的变革与现代性的发展密切相关，信息传播始终伴随并参与着现代性的持续

---

① 〔德〕乌尔里希·贝克、〔英〕安东尼·吉登斯、〔英〕斯科特·拉什：《自反性现代化：现代社会秩序中的政治、传统与美学》，赵文书译，商务印书馆，2001，总序。

变动与扩张。在以生产为导向的早期工业化阶段，工业现代性的张力是工业技术、生产方式、分配机制、交换方式等各要素与社会关系之间的矛盾冲突，现代性的审视体现为对这一系列要素中人的主体性与生存境遇的现实观照。信息现代性则将目光投射到媒介技术、信息方式、传播过程与传播关系等各要素之间，考察媒介技术、信息生产方式、传播模式的变革所引发的传播关系乃至社会关系的变迁，以及由此导致的社会结构变迁。换言之，信息现代性的张力，集中表现为信息社会化与社会信息化、媒介社会化与社会媒介化过程中，媒介技术、信息方式与人的信息化生存境遇之间的矛盾关系。信息现代性孕育于现代性之中，天然带有现代性的基因。与现代性相应，信息现代性不仅意味着对工具理性（主要是媒介技术）的进一步强调，也饱含着对价值理性的更多期待。如果说工业现代化阶段，信息现代性内隐于现代性之中，是现代性内容指向的一个侧面。那么，信息现代化阶段，信息现代性则愈发外显。它不断加速扩张自身版图，企图渗透和囊括现代化的所有过程，成为信息社会的全部原则与内在尺度。

二、加速社会与信息现代性

时间观之于现代性，是不同历史阶段现代性精神发挥作用的结构形式和深层枢纽，由此，现代制造业生产方式确立的线性发展与持续进步，使得"未来"较之"现在"总是意味着更进步、更文明的线性矢量时间观成为工业社会的主导逻辑，即工业化时代秉持的时间性原则。然而，移动互联网普及带来的非线性传播和空间重组，使得信息性原则跃迁为信息社会的主导逻辑，即信息化时代尊奉的信息性原则。

1. 工业化时代的加速：时间性原则

工业制造业生产方式的确立与科技实践上的探索发现，确证着线性矢量时间观的合法性，强化了人们追求未来无限进步的信念。线性、连续的时间流产生了过去、现在与未来之别。工业现代性的文化意义和价值取向正在于"未来"。这种潜移默化的规定性使人们始终处于走向未来、向未来无限靠近的动态"现在"之中，也使这种时间观成为工业现代性价值诉求的开端。

现代主体的对象化活动遵循着线性矢量时间观。它在推动现代化进程持续发展的同时，也不断规制与生产着现代性。在这一过程中，技术变革驱动生产方式转变，既保障了人们在连续生产活动中实现从"现在"到"未来"的可能性，也在周期性再生产实践中生成着"过去"。线性时间观的方向规定性与技术的不可逆性，共同构成现代性的意指线索，推动着现代主体的对象化活动，指引着现代化进入持续加速的进程之中。工业制造业生产方式大大缩短了生产周期，也为机器生产的时间计量提供了原型。机械钟表的诞生，强化了这一点。如同哈桑所指出："当工业革命和时间意识的钟表化转变肇始之时，由竞争所驱动的这一系统的不断发展意味着技术逻辑在地理空间之内——以及跨越地理空间——的不断扩散。"①也就是说，机械钟表的诞生及其规定的时间意识，不仅成为了以机器制造业为生产方式的社会运行模式和制度运行结构，也成为了现代人日常生活的参照标准与实践规则，甚至成为了衡量工业化时间状态下现代性价值的尺度。并由此孕育出工业现代性的文化精神。如同马克思指出："每一历史时代主要的经济生产方式和交换方式以及必然由此产生的社会结构，是该时代政治的和精神的历史所赖以确立的基础，并且只有从这一基础出发，这一历史才能得到说明。"②

机械钟表的出现决定性地实现了时空分离，建立了脱离于自然时间的抽象时间体系，提供了虚化时间（empty time）的统一尺度，形成了不同于前现代的工业社会时间结构。这种结构既呈现出跨越地区的标准化特点，又呈现出世界范围的统一性特点，使每一个"现代人"的日常生活都被划归到同一计时体系下，遵循着大体相同的节奏与步调。电影《摩登时代》中卓别林饰演的工人查理，就是一个受制于工业流水线，依循皮带传送节奏的"现代人"。也正是"查理们"的工作和生活维持着大型机器的正常运转，满足着抽象时间体系中商品交换的需求。通过皮带传送机打造的工业流水线是工业社

<hr/>

① 〔澳〕罗伯特·哈桑：《注意力分散时代：高速网络经济中的阅读、书写与政治》，张宁译，复旦大学出版社，2020，第53页。
② 《马克思恩格斯选集》（第一卷），人民出版社，2012，第385页。

会时间结构的典型表征，它使身体的每一分钟都从属于流水线。这种时间结构以一种全然不同于前现代时间秩序的方式，将人们卷入更为广阔的生产与交换体系（使个体成为这个庞大的生产与交换体系中的一个螺丝钉）。

工业现代性价值的实现，并非停留在流水线上生产的物质产品，更在于产品交换的完成。只有更广阔范围内社会交换、交往的地方性实现，才能转换成为包含着物质与文化双重意义上的现代性价值。以线性矢量时间观为基石的机械时间，作为统一现代时间体系的确立，为跨地域传播提供了参照标准和沟通条件，提出了加速传播的新要求。作为控制空间的基础，统一的现代时间体系为压缩时间从而征服空间、战胜空间、实现现代性价值提供了可能。也是这一原因，工业现代性价值的实现被聚焦在时间价值上，使时间范畴长期以来被视为具有超越空间因果的优越性。同时，通过加速来缩短传播时间，即交换、交往、运输与流通的时间，提高传播效率，成为了现代性的制度经验。现代性内生着一种加速逻辑，这种加速逻辑支配并形塑着现代社会的时间结构。罗萨曾指出，现代性与加速逻辑无论在概念上还是本质上，均具有内在关联。[①]可以说，现代性的经验史正是一部不断"用时间消灭空间"[②]的加速经验史。

机械时间规定下的工业现代性价值实现推动着工业现代化的历史进程，催生出现代社会的时间结构与文化精神，并最终赋予格林威治时间（GMT）以世界性标准。这种世界属性，彰显了现代性无限扩张的本质，也揭示了现代性文化的全球化内涵。

尽管这一时期的信息传播处于经济发展的附属地位，辅助商品交换完成。但作为信息传播技术的电报的发明，不仅"成为配合铁路发展的通信工具"[③]，更强有力地促进了现代商业、金融与贸易，使人们意识到信息交往的重要性。当第一条跨大西洋海底电缆成功铺设，人们更表现出了对信息传播

---

① 〔德〕哈特穆特·罗萨：《新异化的诞生：社会加速批判理论大纲》，郑作彧译，上海人民出版社，2018，第4页。

② 《马克思恩格斯全集》（第四十六卷·下），人民出版社，1980，第33页。

③ 项翔：《划时代的传播革命——有线电报的发明及其对社会历史的作用》，《历史教学问题》1996年第1期，第8—13页。

技术的兴奋、喜悦与期待。如同马克思、恩格斯所比喻的那样，"各种电报像雪片一般飞来"①，"电讯立即闪电般地传遍整个大不列颠"②，"整个欧洲变成了一个证券交易所"③。20 世纪中后期，电子计算技术的发明与互联网技术的出现，使数字技术超越了模式技术，离散数字信号替代了连续电信号，并最终使信息得以通过一组通用协议瞬间传遍全球。可以说，信息传播技术的变革再一次兑现了"进步"与"解放"的现代性承诺，使人类对传播技术实现美好生活的希冀与期待延伸到信息时代。

2. 信息时代的加速：信息性原则

当人类迈入信息社会时，信息性原则取代了时间性原则成为新的支配逻辑，信息社会现代性价值的实现也转而依托于信息价值。这一支配逻辑的转变看似是一种"断裂"，实质上是对时间性原则的"延续"。这是因为，信息性原则正是"时间征服空间"，进而征服、超越自身的结果。同时，"时间征服空间"进而加速征服、超越自身，也是"信息现代性"的根本特征。

从蒸汽机作为社会加速引擎开启蒸汽交往时代，到电力作为加速引擎推动电力交往革命，再到信息技术作为加速引擎构建信息网络交往系统，信息与知识逐渐替代了物质与能源成为生产力要素，推动人类社会从工业现代化向信息现代化迈进。在这一过程中，工业逻辑逐渐让位于信息逻辑，整个社会无论从生产方式还是文化经验上来看都具有了信息性特点。

如果说工业现代化阶段，现代性"解放"与"进步"承诺的兑现来源于对机器加速动力的汲取。那么信息现代化阶段，兑现现代性承诺则通过汲取信息技术的加速动量。可以说现代性是在加速动力的变革中，强化着自身的合法性。如同罗萨所言，现代性的承诺"之所以能获得正当性和吸引力，也正是因为社会出现了与日俱增的'动力能量'，亦即社会变迁速度的增加。"④信息性助力的现代化发展不仅实现了从远程终端局域连接到全球互联网链

---

① 《马克思恩格斯全集》（第三十一卷），人民出版社，1998，第 154 页。
② 《马克思恩格斯全集》（第十五卷），人民出版社，1963，第 408 页。
③ 《马克思恩格斯全集》（第十卷），人民出版社，1962，第 653 页。
④ 〔德〕哈特穆特·罗萨：《新异化的诞生：社会加速批判理论大纲》，郑作彧译，上海人民出版社，2018，第 108 页。

接，还实现了从 Web1.0 到 Web3.0、从 1G 到 5G 的跨越式发展。信息不仅实现了全球流动，信息传播技术的更迭周期也不断缩短。信息性之所以具有超越机器性的加速动力，是因为信息既不是物质的，也不是能量的，而是比特的。信息抛开了物质的量的沉重，脱离了能量的质的密集，以优于原子和电子的轻灵与流动，穿梭于全球互联网世界。信息技术构建的全球互联网体系重制了生产与交往方式，也重塑了信息社会的现代性价值，使整个社会呈现出可以被称为"信息现代性"的特征。

当信息成为社会运行机制和生产动力时无论生产工具、生产过程还是生产产品，都越来越具有信息属性。微电子元件带来了生产工具的信息化，生产过程从劳动密集向信息密集或知识密集转向。同时，生产工具与生产过程的信息化，又直接导致了生产方式、生产关系以及组织方式的信息化，进而使人们的工作与生活均带有信息属性。当信息逻辑作用于生产方式，生产便依赖信息流动而组建，形成了地理形式上并不连续的区位生产复合体，分散又汇聚着地方性空间。而当生产方式从生产者渗透到使用者时，信息逻辑便随之扩张为一种普遍的社会属性，最终形成整体性的信息文化。

所谓信息文化，本质上是一种"流"文化。拉什在具体指认时将它解释为信息流、通信流、影像流、观念流、货币流、物流、人流等内容范畴。卡斯特也认为，当社会逐步信息化后，"社会是环绕着流动而建构起来的：资本流动、信息流动、技术流动、组织性互动的流动、影像、声音和象征的流动"[1]。在整体性的信息文化中，流动不再只是社会组织方式中的构成要素，而是具有了支配经济、政治、日常生活之过程的功能属性，并最终以"流动空间"（space of flows）的形式加以呈现。在这里，"流动空间"并非抽象、玄虚的物理空间，而是包含着共享时间（time-sharing）下具体、丰富的信息化传播实践。"流动在同时性的时间中接合"[2]，多重"立即瞬间"的交叠，

---

① 〔美〕曼纽尔·卡斯特：《网络社会的崛起》，夏铸九、王志弘等译，社会科学文献出版社，2001，第 505 页。

② 〔美〕曼纽尔·卡斯特：《网络社会的崛起》，夏铸九、王志弘等译，社会科学文献出版社，2001，第 505 页。

压缩了流动发生的过程性，导致时间在一个可以囊括一切的沟通与传播系统里被消除，而时间之于现代性的意义也再次发生改变。卡斯特用"无时间之时间"（timeless time）指称这一沟通与传播系统在空间流动不居状态下的时间性特征。在他看来，这种"立即瞬间"造成了莱布尼茨（Leibniz）所谓的"事物先后次序"的消除。而事物序列秩序消除带来的随机性与不连续性，实质上再造了一种未分化的时间系统。①流动空间里带有信息属性的时间碎片混合了"过去"、"现在"与"未来"的各种时态，这种新系统中的时空关系状态便是由数字信息技术构建的全球互联网的信息化范式。

互联网传播作为信息传播现代化发展的新阶段，使传播不再拘泥于工业现代化时期社会发展之一隅，而是将一切卷入信息性构建的"流"文化之中。从而产生了由互联网技术建构的媒介时间系统，即互联网时间系统。互联网时间打破了与工业社会相匹配的线性时间结构的规定性，生成了非线性、不连续、弹性化的媒介时间结构，不仅颠覆了工业社会条件下的主体实践方式，提高了主体实践的灵活性，也创造了主体实践的多维空间，改变着主体的时间体验与经验建构。

大众传播时代，广播电视节目的生产流程、制作周期、排播时间与广告时段等作为工业生产方式的组成部分，均围绕着线性时间结构展开。作为人们日常生活实践的观看方式、观看时间等，也与节目系统呈现出协同性和一致性。不同地域空间被赋予统一的时间参照，成为主体实践的时间尺度，也成为嵌入个体生活实践和生命体验的时间秩序，与社会规范一并内化于身体之中。这种由现代工业技术所创生的时间体验与个体建构，被技术哲学家斯蒂格勒称为"现代主义大众接受"的社会化过程。它使置身于工业社会中的人们"与内置于技术制成品中的时间秩序形成了动态的依存关系"②。可见，技术、时间与现代性的发展并行不悖。基于此，斯蒂格勒将工业现代性视为

---

① 〔美〕曼纽尔·卡斯特：《网络社会的崛起》，夏铸九、王志弘等译，社会科学文献出版社，2001，第564页。

② 〔奥〕赫尔嘉·诺沃特尼：《时间：现代与后现代经验》，金梦兰、张网成译，北京师范大学出版社，2011，第72页。

通过社会时间结构的改变而引发的传播与接受的革命。

互联网时代的到来使社会运行越发取决于网络技术范式规定的节奏与速度。互联网建构的全新时空秩序再次"改变了社会生活的空间和时间的知觉与组织"①，为人们提供了虚拟与现实融合交织的多维时空。使原本处于相对静止状态的物理空间也流动了起来。②在互联网架构的一体化空间里，信息化后的一切均得以摆脱原有地域、社会乃至民族国家边界，主体实践也不再囿于地方性的物理空间。同时，信息化的生产方式制造了不同以往的远距离工作（teleworking）状态，形成了卡斯特所谓的"电子别墅里的日常生活"③，使家庭场景足以替代办公室场景。然而这种状态的存在，带来了工作时间与私人时间相互交叠，在一定意义上造成了工作时间对私人时间的侵入和挤占。当代西方加速理论研究者朱迪·瓦克曼（Judy Wajcman）也认为："信息与通讯技术的变革创造了新的时间实践形式，它改变了交往的质……创造了一种模糊的'在场与非在场'意义上的'联结关系'。"④这种联结关系的出现，恰恰来源于互联网技术对既有时空序列的颠覆。它"造成了'时间变位'（timeshifting），进而使日常生活和工作中出现多重任务叠加的非组织性状态"⑤。

信息技术革命催生出一种新的媒介时间。它以全球互联网为技术支撑，重新规制了现代生产与交往的方式，重构了人与时间的关系，并推动信息现代化进程加速发展。在互联网建构的媒介时间体系里，信息性原则主导的非线性传播范式，颠覆了工业化时代由大型机器主导和建构的线性传播范式，使机械时间系统赋予的组织方式、结构秩序与实践规则被逐一打破，工业现

① 〔德〕哈特穆特·罗萨：《新异化的诞生：社会加速批判理论大纲》，郑作彧译，上海人民出版社，2018，第 14 页。

② 刘少杰：《网络化时代的社会结构变迁》，《学术月刊》2012 年第 10 期，第 14—23 页。

③ 〔美〕曼纽尔·卡斯特：《网络社会的崛起》，夏铸九、王志弘等译，社会科学文献出版社，2001，第 485—486 页。

④ Wajcman J, "Life in the Fast Lane Towards a Sociology of Technology and Time", *The British Journal of Sociology*, Vol.59, No.1, 2008, pp.59-77, 转引自代刚：《当代社会加速度理论的源流、理路与批判》，《社会科学》2019 年第 2 期，第 130—137 页。

⑤ Wajcman J, "Life in the Fast Lane Towards a Sociology of Technology and Time", *The British Journal of Sociology*, Vol.59, No.1, 2008, pp.59-77, 转引自代刚：《当代社会加速度理论的源流、理路与批判》，《社会科学》2019 年第 2 期，第 130—137 页。

代性所遵循的"通过统一时间来控制空间"的价值准则失去了合法性，人类社会从隶属于流水线转向隶属于互联网，加速动量从取决于时间性转向取决于信息性。

三、互联网群聚传播与信息现代性

互联网群聚传播以"非线性流动"与"无组织聚集"为特点，是非线性时间催生出的传播新范式，也是社会加速的传播后果。它遵循着信息逻辑，生成脉冲式的文化，成为信息现代性的传播表征。

1. 作为加速后果的互联网群聚传播

从时间性来看，加速导致了非线性。由于线性系统并不能承载运动的持续加速，便造成了现代性在加速运动状态下与线性系统的分离，转向与非线性系统的媾和。从传播层面来看，从线性到非线性的转变，既涉及媒介技术的加速变革，也包含着加速条件下因信息传播需求扩大而带来的传播主体极端多元化的转变。

媒介即"人的延伸"①。所谓媒介既包含了对人的感官延伸的媒介，即信息传播媒介；也包含了对人的身体延伸的媒介，即交通运输媒介。谷登堡（Gutenberg）时代，字母表系统和拼音文字建立了线性句法和抽象逻辑的信息方式，延伸了人的视听感官，强化了线性思维的意识系统。而贯通于城市间的平直的罗马大道，则构筑了修长且连续的线性交通系统，宛如文艺复兴时期的透视法，诠释着地点与空间的关系，完成点与点的线性汇聚，通过公路运输实现着人的身体的延伸。

电的发明，开启了信息传播的现代化发展，实现了从"烽火连三月，家书抵万金"到"海内存知己，天涯若比邻"的转变，带来了"事物倏忽而来，转瞬即去"②的知觉体验。这种知觉体验意味着自然序列的打破，线性逻辑的产生。人们开始认识到即便两个事物在自然时间中接连发生，也并不意味着它们之间存在因果关系。蒸汽机的发明，加速庞大线性传播体系的社会

---

① 〔加〕马歇尔·麦克卢汉：《理解媒介：论人的延伸》，何道宽译，译林出版社，2011，第18页。
② 〔加〕马歇尔·麦克卢汉：《理解媒介：论人的延伸》，何道宽译，译林出版社，2011，第22页。

化构建。其中，蒸汽机车作为线性传播加速社会化的标志，不仅掀开了工业文明的崭新篇章，也使人的身体得以跨过地域空间，将时间甩在身后。信息传播的工业化发展，使现代报纸借助大规模机械生产与批量复制实现着大众传播，也为信息的记录和存储提供了便利，保障了经验与文化、过去与传统持续稳定地向未来传递。

广播、电视等电子媒介的相继出现，进一步强化着工业文明的线性传播逻辑，使信息传播呈现出一种"有序共时性"不同于互联网传播的"无序共时性"，这种"共时性"的信息传播方式因大规模集中化而产生，从工业组织结构中衍生而来。由于工业"组织上的集中制建立在连续的、视觉的线性结构基础上，这种结构是从使用拼音文字的文化衍生出来的。因此，电力媒介最初遵循着文字结构的既定模式"①。尽管如此，广播、电视的问世仍然不同以往地重启了视听表意系统，实现了人的视听感官延伸。在蒸汽和电力共同推动的大工业时代，交通运输和信息通信领域的大规模、集中化发展，加速构建了一种社会化的线性传播体系。这种线性传播体系遵循着机械时间逻辑，通过统一时间来实现对空间的征服。然而，当大规模的集中化、组织化成为加速现代性的掣肘时，线性传播与机械时间便在加速现代性的过程中失去了合法性。

如果说工业现代化的加速，依赖于大型制造业机器以及与之相伴的线性传播体系，那么信息现代化的加速，则离不开精密的数字芯片以及随之而来的非线性传播系统。尽管连续的、高度组织化的线性传播模式，助力了工业现代化的高速度。但持续的加速唯有打破固定、僵化的线性传播体系才能进一步实现。如此，非连续、非线性传播模式应运而生。在交通运输中，飞机通过非线性与不连续的空间迁移，完成空港之间的起飞与降落。在信息通信中，两点之间不连续且非线性的信息流通，则由手机、私人电脑等信息终端实现。当机械时代的线性传播逻辑被信息时代的非线性传播逻辑取代，当信息性成为了社会加速的主导原则，一切便都力图以信息方式呈现。借助钢筋

---

① 〔加〕马歇尔·麦克卢汉：《理解媒介：论人的延伸》，何道宽译，译林出版社，2011，第349页。

与水泥构筑的"越大越好的""沉重的现代性",逐步向光纤网络与路由器联结的"小的是美好的"①"流动的现代性"②转变,线性传播的刚性体系逐步向非线性传播的柔性系统转变。

当持续的加速运动伴随着互联网技术的普遍渗透与底层嵌入而成为了一种社会逻辑,拉什所谓的"非线性的社会-科技群聚"③便随之产生。这种"社会-科技群聚"正是加速现代性驱动下传播主体的多元化转变。它是一种在无限延伸与扩张的网络时空中发生的群体性、社会性的加速传播的后果。也即基于互联网技术而催生的"群体传播时代的莅临"④。这里的群体并非社会学意义上的首属与次属群体的分类,而是心理学意义上因事聚集的群体(collective action)⑤;这里的群体传播也非传统意义上的基于物理空间的群体传播,而是脱离于地域空间的因事聚集和网络互动。⑥随着互联网的普及,"虚拟空间与现实世界不再有楚河汉界之分,反而彼此渗透、深度融合",促使"网络互动成为人们真实社会生活中的重要组成部分"⑦。这种通过网络群聚而引发的群体传播活动日益常态化,甚至成为了一种"非制度化的传播制度"。然而,这种"无人不传播、无处不传播"的传播现象和社会状态,并不局限于传播领域,也存在于经济、政治、社会与文化等其他方面,深刻影响着经济形势、政治生态、社会关系、社会心理以及文化样态。⑧这种规模空前的互联网群聚传播及其所激发的普遍的社会影响,恰恰来源于互联网技术的

---

① 英国经济学家舒马赫在其同名著作《小的是美好的》一书中表达了此观点。

② 〔英〕齐格蒙特·鲍曼:《流动的现代性》,欧阳景根译,中国人民大学出版社,2018,第202页。

③ 〔英〕斯各特·拉什:《信息批判》,杨德睿译,北京大学出版社,2009,第181页。

④ 隋岩、曹飞:《论群体传播时代的莅临》,《北京大学学报(哲学社会科学版)》2012年第5期,第139—147页。

⑤ 本书所谓的"互联网群聚传播"即笔者此前提出的"互联网群体传播",之所以改变表述,正是因为群体传播这一概念如正文中所述,常被误解为次属群体的互联网传播,而非聚集群体的互联网传播。

⑥ 参见隋岩:《群体传播时代:信息生产方式的变革与影响》,《中国社会科学》2018年第11期,第114—134,204—205页。

⑦ 参见隋岩:《群体传播时代:信息生产方式的变革与影响》,《中国社会科学》2018年第11期,第114—134,204—205页。

⑧ 参见隋岩:《群体传播时代:信息生产方式的变革与影响》,《中国社会科学》2018年第11期,第114—134,204—205页。

加速动能。它不仅是加速流动的信息社会的重要表征，也是信息现代性的传播后果。

互联网群聚传播之所以能够产生，在于网络技术带来的时间的非线性、碎片化与空间的流动性、非组织化。在线性机械时间系统下，虚化的时间尺度既带来了自然时间与地方空间的分离，又在时空重组机制下再嵌入地方空间，重组为符合大型机器运转速度与节奏的新型时空。而在非线性的互联网时间系统下，虚化的多维、非线性时间不再具有统一的标准，不仅造成了空间与地点的分离，也不再企图完成与地域空间的再重组，而是随机嵌入不同的流动空间之中，形成了流动时空中持续运动的节点。这些流动的时空节点是个体化的，它们附着于一个个移动互联网终端，其背后是参与或卷入互联网的多元传播主体。它们中有些虽然可能代表着组织机构、社会团体，但仍然以个体化的方式存在，而更多流动时空中的节点则属于网民个人。显然，在信息现代性机制构筑的重组时空中，机器逻辑需要的线性时间序列在高速运动的状态下被打散，取而代之的互联网逻辑，在保障现代性持续加速的需求下，最终导致了时间的碎片化和时空关系的个人化，这也是互联网群聚传播生成的时空条件。在由个人化的时空关系节点拼贴的互联网场景里，多元传播主体通过松散、临时、非线性的网络群聚展开信息传播活动。这种"拼贴时间"作为信息现代性的时间制度，随着互联网群聚传播的常态化，逐渐生成了新型传播秩序与文化样态。

2. 作为信息现代性传播制度的互联网群聚传播

以信息化为动力的加速现代性，生成了拼贴的时间和流动的空间。这种灵活重组的时空关系结构，赋予普通个人以传播主体的地位。同时，信息逻辑不断推动着以个人为传播主体的网络群聚活动的日常化、常态化和生活化，也使互联网群聚传播最终成为了信息现代性框架下的一种非制度化的传播制度。

互联网群聚传播作为信息现代性的传播制度，通过持续生产并传播信息，使网络时空中时刻存在着海量信息流，很大程度上满足了人们不断增长的知识和信息需求。这种灵活、弹性、非组织化的信息传播模式，也使个体在一定程度上拥有了自主性和主体性，它通过赋予个人传播者以主体地位，不断激活人们的自我呈现与表达欲望，增强了个体的自我存在感与社会参与感，实践着信息现代性所秉承的"解放"承诺。

然而，加速的现代性又违背了它的承诺。当信息逻辑以轻灵、流动的特质成为加速动力，互联网技术又以其开放、包容、自由、共享精神成为加速引擎时，看似繁荣的互联网群聚传播景观，却也潜藏着信息风险。互联网技术将人们卷入信息海洋之中，信息化生存不再是一种时尚，而成为了实在的生活方式与交往方式。尽管信息性的交往方式提供了便捷，即便如今的社交关系可以轻而易举被构建，它也只是信息性的，甚至是去实质性的。它使传播中本应生成的"立体"关系变得"扁平化"了。这种扁平化关系的产生，遵循着信息逻辑，构建着流动的、脱域的实时关系。它让参与互联网群聚传播的"触网"者们，以拼贴化的方式嵌入网群之中，在非正式的网络通属空间中自发且无组织地进行传播活动。无组织化与流动性，使网络聚集性群体呈现出持续生成、变形、分离，又再次生成、汇聚之特点。互联网群聚传播之所以在某种程度上能够打破社会阶层之间的区隔与边界，展开临时性的沟通与对话，正因为它生成于流动中，存在于流动中，也终将在流动中消散。从这个意义上来说，互联网群聚传播是反建制性的（anti-institutional），它是对组织化传播制度的一种反叛，也是信息现代性框架下一种非制度化的传播制度。

自发而非制度化的信息生产，既是互联网群聚传播的行动方式，也让它潜隐着极大的社会风险。所谓风险，首先意味着自然与传统的终结，人为性的凸显。如同贝克（Ulrich Beck）所说："在自然和传统失去它们的无限效力并依赖于人的决定的地方，才谈得上风险。"[①]也即，风险意味着更多的人为性。显然，自发性与非制度化增强了人为性，提高了风险性。同时，去地方性削弱了自然与传统的效力。时间从空间中脱域、空间与地点的分离，不仅是现代性的动力机制，也将原本由自然导致的危险转变成了人为造成的风险。特别是在脱离了地方空间的互联网传播场域，传统的、先赋性的束缚与

---

① 〔德〕乌尔里希·贝克、约翰内斯·威尔姆斯：《自由与资本主义：与著名社会学家乌尔里希·贝克对话》，路国林译，浙江人民出版社，2001，第121页。

规约被打破。个体获得了能动性和一定程度的选择性不仅包含了有意的人为制造，也包含着人们在面对不可预测未来时，借助估计与选择决策而无意造成的风险。在信息现代性框架下，流动空间与碎片化时间生成了充满不确定性的实践场域，意味着信息现代性需求下诞生的人造物，互联网技术本身，也隐含着风险。在这种风险传播环境下，"因事聚集"的互联网群聚传播中的"事"，往往是具有风险的突发事件，而规模庞大的个人传播者的涌入，以及针对突发事件展开的极具主观性的信息生产与传播行动，更使非制度化的互联网群聚传播增添了风险性。

　　非线性传播是互联网群聚传播的行动表征。它在赋予个人传播者极大自由的同时，也因脱离了时间秩序的约束而滋生风险。工业现代化以来的"高效"追求，导致了现代社会的高度分化，结果造成了时间结构的复杂性和非线性。这种复杂的、非线性的时间结构不仅意味着同一时间状态下发生着多重行动，也导致了偶然性与不确定性并存。如果说在线性时间建构的体系里，通过立足"现在"，比较"过去"与"未来"之间的差异，能够最大限度地规避风险；那么在非线性时间建构的系统里，不同子系统同一时间状态下发生的多重行动，则意味着"现在"本身也存在差异。因此，与线性时间遵循的因果逻辑与必然性不同，非线性时间抛开了因果律，强化着偶然性与不确定性。互联网群聚传播便是同一时间状态下多元传播主体非线性的聚集传播活动，它产生于"过去"、"现在"与"未来"不断生成且相互交织的非线性系统里。在这里，建立在线性矢量时间观上的"过去"、"现在"与"未来"的序列性与方向性被消解，由时间延宕而产生的三者之间的差异性被抹去，于是"过去""现在""未来"消失了。韩炳哲将此称作原子化的时间危机。在他看来，时间危机摧毁了"过往的和将来的东西聚合到现时之中去的时间引力"[①]，并导致了叙事的终结。在互联网群聚传播制造的无序的、非线性的信息洪流中，这种"叙事的终结"表现在因与果时常处于不确定甚至倒置状态。这种在信息现代性加速逻辑中生成的媒介时间，导致了线性时间的

---

① 〔德〕韩炳哲：《时间的味道》，包向飞、徐基太译，重庆大学出版社，2017，第107页。

崩解、因果逻辑的失灵，将人类"丢进了不可预期的后果逻辑里"①，这就是加速逻辑驱动下的信息现代性的悖论，也是信息性原则在传播制度上的现代性体现。

3. 作为信息现代性文化表征的互联网群聚传播

互联网群聚传播产生了"速度的社群"，它一方面在同时性（synchrony）中发生，在同时性中行动，又在同时性中消亡。这种网络传播行动类似于短暂行为艺术的"快闪"，迅速聚集，在行动之后又迅速消散；而又不同于"快闪"，因为它的同时性来源于自发的不约而同，而非预设的时间与地点之内。另一方面，这种瞬时情境中诞生的"速度的社群"不同于传统意义上的社群，甚至不能被称为社群。因为传统社群通常具有强大的内部凝聚力与价值认同感。而凝聚与认同或者来源于日常经验累积中的约定俗成，或者形成于相对稳定的文化积淀。显然，这种速度制造下的网络群聚，并非发生于经验累积与文化过程之中。或许因为速度太快，消解了它们本该拥有的经验时间与文化过程。抑或说，这种刹那间聚集的传播行动与被消解了时间性的行动经验本身也是一种文化，一种脉冲式的文化，一种消解了时间性而又极具信息性的文化。

"速度的社群"生产的脉冲式文化，是一种呈现而非再现的文化。呈现与再现的区别在于它们各自蕴含着不同的时间性。诗歌、小说、绘画、摄影、戏剧、电影等是再现的文化，它们依循着节律、叙事、描摹、构图、表演与蒙太奇等方式，将"过去"的事与物在时间的延宕中阐释给受众品味，在时间的持续与累积中创造价值。而热搜榜、流行语、网络直播等则是呈现的文化，它们或借助感官刺激、或利用制造轰动、或凭借博出位、或依靠标题党等方式，将"现在"的事与物在即时的散播中填塞给受众消遣，企图在时间的迅即与消费中创造价值，一种来自"震惊（shock）体验"的价值。

"速度的社群"存在于呈现之中。同时，他们又参与着呈现的生产，追逐着短暂而必须新奇的震惊体验。这种极具信息属性的脉冲式的呈现文化，也

---

① 〔英〕斯各特·拉什：《信息批判》，杨德睿译，北京大学出版社，2009，第71页。

是一种放弃了物的时间意义和社会意义而只留有信息价值的文化。如果说使用价值存在于作为商品的物之中，交换价值从物的实质性中抽离出来又附着于物之上，那么通过震惊体验带来的信息价值则弱化了物的实质性，甚至抛弃了物。这一点也导致了信息价值通常产生于瞬息间，也被遗忘于瞬息间。

当交换不是为了获取使用而成为了目的时，符号价值就此产生。符号价值的产生，意味着交换的过程性与价值实现的时间性也一同被视为阻碍。因为用于交换的商品，总是在未来的交换过程中实现价值。因此交换价值是未来导向的，拥有着未来价值。与之相较，使用价值在商品生产过程中，其价值就已经固定。因此，使用价值是过去导向的，包含着过去价值。同时，使用价值还包含着记忆，在某种程度上建构着人们的身份认同。而符号价值则不同，它厌倦了消磨与等待，抛弃了或凝结于过去、或寄托于未来的时间价值，倾向于价值的立即实现，力图以最直接的方式将价值呈现于当下之中。符号价值的产生离不开技术现代性推动下物质生产的丰盈，离不开产能过剩的消费社会语境。在这里，物的生产周期被缩短，规模化与同质性被提高，单个物品的迭代周期也迅速压缩。交换的加速、流通的加速、消费的加速，都在逐渐缩短物对人的陪伴时间。

鲍德里亚在面对工业社会图景时曾说："我们生活在物的时代，我们根据它们的节奏和不断替代的现实而生活着。在以往的所有文明中，能够在一代一代人之后存在下来的是物，是经久不衰的工具或建筑物，而今天，看到物的产生、完善与消亡的却是我们自己。"[1]对加速现代性的期待使人们把对符号价值更为迫不及待的追逐，最终寄托于信息技术。如果说符号价值的生成过程还蕴含着过去与历史，具有事物的象征属性，那么信息技术哄抬的信息逻辑及其所支配的现在图景，则只剩下了对事与物的想象。信息逻辑使"无限延伸的均质的时间图景被打破，取而代之的是一种以现在取代过去和未来的时间图景"[2]。现在图景中的信息价值生成于断裂的时间碎片之中，既剥去

---

[1]〔法〕让·鲍德里亚:《消费社会》，刘成富、全志钢译，南京大学出版社，2014，第2页。

[2] 杨向荣、雷云茜:《速度：现代性叙事话语的三重建构》，《浙江社会科学》2020年第8期，第118—126页。

了过去，也不确信未来，以一种直接、粗暴的方式呈现，没有阐释、没有逻辑、没有因果，甚至没有为推理和反思留下任何空间。互联网技术打破了原有"理解'现实'的生物和环境时间基础"，使知识形式、经验表达"变得超级中介化"。①信息只能停留在呈现层面，难以经由充足的反思时间而转变为知识。作为一种呈现文化，信息价值的实现并非通过固定与积累而增殖，而是借助持续的流动和扩散而增殖。因此，信息价值及其附着物通常具有转瞬即逝的特点。它使信息本身越发以一种朝生暮死的姿态呈现，也带来了文化的快餐式消费，使"一切还来不及体验和反思就已经消失了"②。

"速度的社群"生产着信息价值，也消费着信息价值。在网络媒介与社会深度同构的条件下，信息逻辑配合着市场机制完成资源配置，以期实现资本的扩张本质和增殖诉求。身处加速社会中，个体的情感诉求很容易被信息资本乘虚而入，成为赚取"眼球效应"、迎合快感消费、吸引"注意力"的手段。缺少了反思的时间与态度，"速度的社群"中的个体也时常被情绪所裹胁，表现出价值失范的心理现象，导致网络谣言、道德绑架、戏谑恶搞、无厘头狂欢等网络群聚行为轮番上演。"速度的社群"是信息现代性的技术拥趸，信息现代性也赋予"速度的社群"以一种前所未有的远距的文化，使参与其中的个体生命、生活经验既被外化到无限延伸的时空范围，又被远距离时空中的经验所建构。由于熟悉不再通过地域特殊性而派生，熟悉与地域的关联性解体。因此，"远距离的事件"总是被嵌入而非生成于个体生命、生活经验之中。而"速度的社群"所存在的网络时空不仅改变了组织空间的形式，甚至颠覆了组织性，使组织方式以变动不居、转瞬即逝的非组织形式呈现。于是，企图以时间性为标尺衡量近与远、熟悉与陌生的可能性被消解，近与远、熟悉与陌生同时被悬置，个体的生命叙事从此与速度体验深度捆绑、交织交融。速度体验以牺牲现实经验为代价，而信息现代性的加速度不断制造着"在场"与"缺场"、速度体验与现实经验的冲突。它既提供了时间

---

① 〔澳〕罗伯特·哈桑：《注意力分散时代：高速网络经济中的阅读、书写与政治》，张宁译，复旦大学出版社，2020，第83页。

② 但海剑：《简论现代性背景下网络传播的时空困境》，《理论月刊》2011年第1期，第103—105页。

的盈余，又不给反思与调和剩下毫厘的时间。

当加速不断压缩物所存在的时间尺度，物所蕴含的文化价值便逐渐丧失。当文化也一同被化约为信息流，文化的再生产便因"即时的霸权"而陷入危机，失去它所具有的经验与认同价值。当信息社会的加速试图通过信息传播技术的普泛化释放传播权力时，信息逻辑与媒介权力不仅没有丰富个体的生命经验，反而压缩了个体的生命叙事，使个体、他人、公众与社会之间的关系变得无根且扁平化了。正如米歇尔·福柯（Michel Foucault）在体察到社会形态的后工业转向时所指出，"我们处于同时的时代，处于并列的时代，邻近和遥远的时代，并肩的时代，被传播的时代。我们处于这样一个时刻，在这个时刻，我相信，世界更多的是能感觉到自己像一个连接一些点和它的线束交织在一起的网，而非像一个经过时间成长起来的伟大生命"[1]。不仅如此，信息逻辑与媒介权力也在一定程度上束缚着理性人的主体性发挥，使工具理性与价值理性之间的张力失衡时有发生，工具理性主导着价值理性，理性甚至被非理性所钳制和裹胁。

从现代性发展的历史经验来看，技术作为人类在物质生产实践中的创造物，不仅催生了现代性，也直接推动着现代性的多向演化。它不仅将人类带出刀耕火种的历史源头，赋予人类启蒙理性之光与主体地位，也在时间的持续与空间的广延中，将人类社会置于生成与再生、断裂与连续的动态语境中。作为一种更高级、更文明的现代化阶段，信息现代化推动人类社会从机械生产向互联网生产、从物质生产向精神生产、从现实交往向虚拟交往转向。在这一过程中，对技术工具理性的过度信任与依赖，使得人们误将对价值理性的实现、对美好生活的期待完全寄托于工具理性的发展，忽视了技术现代性与文化现代性的非同步性，从而导致信息性原则不仅存在于经济社会领域，也渗透到了思想文化范畴。这种技术性胜过现代性的境况，实际上是实用主义对现代文明成果的抢夺，它加深了工具理性与价值理性之间的鸿沟，甚至带来了技术对文明的僭越和反噬。这种僭越与反噬的后果，恰恰彰显着信息现代性的悖论。

---

① 〔法〕米歇尔·福柯：《另类空间》，王喆译，《世界哲学》2006 年第 6 期，第 52—57 页。

参考文献

〔美〕C.S.霍尔、V.J.诺德贝：《荣格心理学入门》，冯川译，陈维政校，生活·读书·新知三联书店，1987。

〔美〕E. M. 罗杰斯：《传播学史：一种传记式的方法》，殷晓蓉译，上海译文出版社，2012。

〔美〕N.维纳：《人有人的用处——控制论和社会》，陈步译，商务印书馆，1978。

〔法〕埃米尔·涂尔干：《社会分工论》，渠东译，生活·读书·新知三联书店，2000。

〔美〕埃瑟·戴森：《2.0版数字化时代的生活设计》，胡泳、范海燕译，海南出版社，1998。

〔美〕艾米·舒曼：《个体叙事中的"资格"与"移情"》，赵洪娟译，《民俗研究》2016年第1期。

〔意〕安贝托·艾柯等著，〔英〕斯特凡·柯里尼编：《诠释与过度诠释》，王宇根译，生活·读书·新知三联书店，1997。

〔英〕安东尼·吉登斯：《社会的构成：结构化理论大纲》，李康、李猛译，王铭铭校，生活·读书·新知三联书店，1998。

〔英〕安东尼·吉登斯：《现代性的后果》，田禾译，黄平校，译林出版社，2000。

〔英〕安东尼·吉登斯：《现代性与自我认同：现代晚期的自我与社会》，

赵旭东、方文译，生活·读书·新知三联书店，1998。

〔古希腊〕柏拉图：《柏拉图文艺对话集》，朱光潜译，译林出版社，2020。

〔美〕比尔·尼科尔斯：《纪录片导论》（第 2 版），陈犀禾、刘宇清译，中国电影出版社，2016。

陈成文、孙嘉悦：《社会融入：一个概念的社会学意义》，《湖南师范大学社会科学学报》2012 年第 6 期。

陈楚汉：《知乎 CEO 周源：文火熬汤》，《名人传记（财富人物）》2017 年第 1 期。

陈慧娟、郑啸、陈欣：《微博网络信息传播研究综述》，《计算机应用研究》2014 年第 2 期。

〔法〕茨维坦·托多罗夫：《俄苏形式主义文论选》，蔡鸿滨译，中国社会科学出版社，1989。

〔美〕大卫·科恩：《转角遇见心理学家》，李扬译，孔寅平审校，世界图书出版公司，2010。

〔英〕戴维·莫利、凯文·罗宾斯：《认同的空间——全球媒介、电子世界景观与文化边界》，司艳译，南京大学出版社，2001。

〔美〕戴维·温伯格：《新数字秩序的革命》，张岩译，中信出版社，2008。

〔美〕戴维·温伯格：《知识的边界》，胡泳、高美译，山西人民出版社，2014。

〔美〕丹·希勒：《数字资本主义》，杨立平译，江西人民出版社，2001。

〔英〕丹尼斯·麦奎尔、〔瑞典〕斯文·温德尔：《大众传播模式论》，祝建华、武伟译，上海译文出版社，1987。

〔英〕丹尼斯·麦奎尔：《麦奎尔大众传播理论》（第五版），崔保国、李琨译，清华大学出版社，2010。

邓青、马晔风、刘艺等：《基于 BP 神经网络的微博转发量的预测》，《清华大学学报（自然科学版）》2015 年第 12 期。

段建军：《阐释、对话、分享：文本阐释本质论》，《社会科学辑刊》2018 年第 3 期。

段永朝：《互联网：碎片化生存》，中信出版社，2009。

〔德〕恩斯特·卡西尔：《人论》，甘阳译，上海译文出版社，2003。

〔美〕凡勃伦：《有闲阶级论：关于制度的经济研究》，蔡受百译，商务印书馆，1964。

方学梅：《不平等归因、社会比较对社会公平感的影响》，《华东理工大学学报（社会科学版）》2017 年第 2 期。

费孝通：《乡土社会，生育制度》，北京大学出版社，1998。

〔奥〕弗洛伊德：《弗洛伊德文集 6：自我与本我》，车文博主编，长春出版社，2004。

〔德〕古斯塔夫·弗莱塔克：《论戏剧情节》，张玉书译，上海译文出版社，1981。

〔法〕古斯塔夫·勒庞：《乌合之众：大众心理研究》，戴光年译，新世界出版社，2011。

〔法〕古斯塔夫·勒庞：《乌合之众——大众心理研究》，冯克利译，中央编译出版社，2005 年。

谷传华、张文新：《情境的心理学内涵探微》，《山东师范大学学报（人文社会科学版）》2003 年第 5 期。

郭景萍：《情感社会学理论·历史·现实》，上海三联书店，2008。

郭世泽、陆哲明：《复杂网络基础理论》，科学出版社，2012。

郭玉锦、王欢：《网络社会学》（第三版），中国人民大学出版社，2017。

郭湛：《主体性哲学：人的存在及其意义》，云南人民出版社，2002。

〔德〕哈贝马斯：《现代性的哲学话语》，曹卫东等译，译林出版社，2004。

〔加〕哈罗德·伊尼斯：《传播的偏向》，何道宽译，中国传媒大学出版社，2015。

海沫、郭庆：《在线社交网络信息传播模型研究》，《小型微型计算机系统》2016 年第 8 期。

〔荷〕何塞·范·迪克：《连接：社交媒体批评史》，晏青、陈光凤译，中国人民大学出版社，2021。

何显明、吴兴智：《大转型：开放社会秩序的生成逻辑》，学林出版社，2012。

〔德〕黑格尔：《美学》（第一卷），朱光潜译，商务印书馆，1979。

胡适：《胡适学术文集·中国哲学史》，中华书局，1991。

胡颖、胡长军、傅树深等：《流行度演化分析与预测综述》，《电子与信息学报》2017 年第 4 期。

〔意〕吉奥乔·阿甘本：《神圣人：至高权力与赤裸生命》，吴冠军译，中央编译出版社，2016。

贾春增：《外国社会学史》，中国人民大学出版社，2005。

〔荷〕简·梵·迪克：《网络社会：新媒体的社会层面》，蔡静译，清华大学出版社，2014。

景天魁等：《时空社会学：拓展和创新》，北京师范大学出版社，2017。

〔匈牙利〕卡尔·波兰尼：《巨变：当代政治与经济的起源》，黄树民译，社会科学文献出版社，2013。

〔美〕凯斯·桑斯坦：《极端的人群：群体行为的心理学》，尹宏毅、郭彬彬译，新华出版社，2010。

〔美〕凯斯·桑斯坦：《网络共和国：网络社会中的民主问题》，黄维明译，上海人民出版社，2003。

〔美〕克莱·A.约翰逊：《信息节食》，刘静译，人民邮电出版社，2014。

〔奥〕克里斯蒂娜·沙赫纳：《数字空间中的主体建构——网络的各个侧面》，樊柯译，《文艺研究》2014 年第 6 期。

〔德〕库尔特·勒温：《人格的动力理论》，王思明、叶鸣铉译，北京理工大学出版社，2014。

蓝江：《从赤裸生命到荣耀政治——浅论阿甘本 homo sacer 思想的发展谱系》，《黑龙江社会科学》2014 年第 4 期。

〔英〕雷蒙德·威廉斯：《漫长的革命》，赵国新导读，外语教学与研究出版社，2019。

李栋、徐志明、李生等：《在线社会网络中信息扩散》，《计算机学报》2014 年第 1 期。

李培林、陈光金、张翼：《社会蓝皮书：2017 年中国社会形势分析与预测》，社会科学文献出版社，2017。

李素霞：《交往手段革命与交往方式革命》，人民出版社，2005。

李洋、陈毅恒、刘挺：《微博信息传播预测研究综述》，《软件学报》2016 年第 2 期。

李泽厚：《人类学历史本体论》，天津社会科学院出版社，2008。

梁漱溟：《中国文化要义》，上海人民出版社，2003。

刘京林：《大众传播心理学》，中国传媒大学出版社，2005。

刘少杰：《感性意识的选择性》，《学海》2005 年第 5 期。

刘少杰：《后现代西方社会学理论》（第二版），北京大学出版社，2014。

刘少杰：《网络社会的感性化趋势》，《天津社会科学》2016 年第 3 期。

刘少杰等：《社会学理性选择理论研究》，中国人民大学出版社，2012。

刘亚猛：《西方修辞学史》，外语教学与研究出版社，2008。

刘拥华：《论社会关联的形式：社会、宗教、政治——兼论中国社会的社会关联》，《江苏行政学院学报》2016 年第 5 期。

〔德〕马丁·布伯：《我与你》，陈维纲译，生活·读书·新知三联书店，2002。

〔德〕马丁·海德格尔：《存在与时间》，陈嘉映、王庆节译，熊伟校，生活·读书·新知三联书店，1987。

〔美〕马克·波斯特：《第二媒介时代》，范静哗译，南京大学出版社，2000。

〔美〕马克·波斯特：《互联网怎么了？》，易容译，河南大学出版社，2010。

〔美〕马克·波斯特：《信息方式：后结构主义与社会语境》，范静哗译，商务印书馆，2000。

〔德〕马克思·舍勒：《资本主义的未来》，罗悌伦、李伯杰等译，北京师范大学出版社，2017。

〔德〕马克斯·韦伯：《经济与社会》（下），林荣远译，商务印书馆，1997。

〔美〕玛丽-劳尔·瑞安：《故事的变身》，张新军译，译林出版社，2014。

〔美〕玛丽-劳尔·瑞安：《跨媒体叙事：行业新词还是新叙事体验？》，赵香田、程丽蓉译，《北京电影学院学报》2019 年第 4 期。

〔美〕曼纽尔·卡斯特：《网络社会的崛起》，夏铸九、王志弘等译，社会科学文献出版社，2001。

〔美〕曼纽尔·卡斯特：《网络星河：对互联网、商业和社会的反思》，郑波、武炜译，社会科学文献出版社，2007。

孟繁华：《"游牧文化"与网络乌托邦》，《北京邮电大学学报（社会科学版）》2003 年第 4 期。

〔荷〕米克·巴尔：《叙述学：叙事理论导论》，谭君强译，北京师范大学出版社，2015。

〔法〕莫里斯·哈布瓦赫：《论集体记忆》，毕然、郭金华译，上海人民出版社，2002。

莫伟民：《阿甘本的"生命政治"及其与福柯思想的歧异》，《复旦学报（社会科学版）》2017 年第 4 期。

〔美〕尼尔·波兹曼：《娱乐至死：童年的消逝》，章艳、吴燕莛译，广西师范大学出版社，2009。

〔美〕尼古拉·尼葛洛庞帝：《数字化生存》，胡泳、范海燕译，海南出版社，1997。

〔美〕尼古拉斯·卡尔：《浅薄：互联网如何毒化了我们的大脑》，刘纯毅译，中信出版社，2010。

〔英〕尼克·库尔德里：《媒介仪式：一种批判的视角》，崔玺译，中国人民大学出版社，2016。

〔英〕尼克·库尔德利：《媒介、社会与世界：社会理论与数字媒介实践》，何道宽译，复旦大学出版社，2014。

〔美〕欧文·戈夫曼：《日常生活中的自我呈现》，黄爱华、冯钢译，浙江人民出版社，1989。

潘光旦：《儒家的社会思想》，北京大学出版社，2010。

〔法〕皮埃尔·布迪厄、〔美〕华康德：《实践与反思——反思社会学导引》，李猛、李康译，邓正来校，中央编译出版社，1998。

〔美〕蒲安迪：《中国叙事学》，陈珏整理，北京大学出版社，1996。

〔波兰〕齐格蒙特·鲍曼：《全球化——人类的后果》，郭国良、徐建华译，商务印书馆，2001。

乔建中：《情绪研究：理论与方法》，南京师范大学出版社，2003。

〔美〕乔治·赫伯特·米德：《心灵、自我与社会》，霍桂桓译，华夏出版社，1999。

〔法〕热拉尔·热奈特等：《热奈特论文集》，史忠义译，百花文艺出版社，2001。

〔瑞士〕荣格：《心理学与文学》，冯川、苏克译，生活·读书·新知三联书店，1987。

〔美〕桑斯坦：《信息乌托邦：众人如何生产知识》，毕竞悦译，法律出版社，2008。

沙莲香：《社会心理学》，中国人民大学出版社，2006。

申丹：《文体学和叙事学：互补与借鉴》，《江汉论坛》2006 年第 3 期。

〔丹〕施蒂格·夏瓦：《媒介化：社会变迁中媒介的角色》，刘君、范伊馨译，《山西大学学报（哲学社会科学版）》2015 年第 5 期。

宋爱忠：《自组织与他组织概念的商榷辨析》，《江汉论坛》2015 年第 12 期。

隋岩：《媒介文化与传播》，中国广播影视出版社，2015。

孙立平：《社会学导论》（第五版），首都经济贸易大学出版社，2020。

孙庆川、山石、兰田田：《一个新的信息传播模型及其模拟》，《图书情报工作》2010 年第 6 期。

孙时进：《社会心理学导论》，复旦大学出版社，2011。

〔英〕汤姆·斯丹迪奇：《社交媒体简史：从莎草纸到互联网》，林华译，中信出版社，2019。

唐睿、唐世平：《历史遗产与原苏东国家的民主转型——基于 26 个国家的模糊集与多值QCA 的双重检测》，《世界经济与政治》2013 年第 2 期。

〔法〕托克维尔：《论美国的民主》（上卷），董果良译，商务印书馆，

1988。

〔美〕托马斯·弗里德曼：《世界是平的：21世纪简史》，何帆、肖莹莹、郝正非译，湖南科学技术出版社，2006。

汪传雷、陈娇、叶凤云：《国外社交媒体及其信息沟通模式研究》，《现代情报》2016年第5期。

汪民安：《身体、空间与后现代性》，江苏人民出版社，2006。

王金风：《网络群体的心理分析》，《社会心理科学》2010年第5期。

〔美〕威廉·J.米切尔：《比特之城：空间、场所、信息高速公路》，范海燕、胡泳译，生活·读书·新知三联书店，1999。

吴冠军：《生命政治：在福柯与阿甘本之间》，《马克思主义与现实》2015年第1期。

吴珊珊：《追问幸福：卢梭人性思想研究》，上海人民出版社，2017。

吴玉军、顾豪迈：《国家认同建构中的历史记忆问题》，《中国特色社会主义研究》2018年第3期。

吴越、陈晓亮、蒋忠远：《微博信息流行度预测研究综述》，《西华大学学报（自然科学版）》2017年第1期。

〔美〕西奥多·罗斯扎克：《信息崇拜——计算机神话与真正的思维艺术》，苗华健、陈体仁译，中国对外翻译出版公司，1994。

〔美〕西摩·查特曼：《故事与话语：小说和电影的叙事结构》，徐强译，中国人民大学出版社，2013。

夏德元：《电子媒介人的崛起：社会的媒介化及人与媒介关系的嬗变》，复旦大学出版社，2011。

肖滨：《公民认同国家的逻辑进路与现实图景——兼答对"匹配论"的若干质疑》，《中山大学学报（社会科学版）》2011年第4期。

新浪微博数据中心：《微博2020用户发展报告》，http://www.199it.com/

archives/1217783.html.

〔英〕休谟：《人性论》（下册），关文运译，关之骧校，商务印书馆，1980。

徐丽敏：《"社会融入"概念辨析》，《学术界》2014 年第 7 期。

杨宜音、王俊秀：《当代中国社会心态研究》，社会科学文献出版社，2013。

姚云帆：《生命与政治的悖论：阿甘本"赤裸生命"概念的三个源头》，《安徽大学学报（哲学社会科学版）》2017 年第 2 期。

叶浩生：《心理学史》，华东师范大学出版社，2009。

〔苏〕伊·谢·科恩：《自我论：个人与个人自我意识》，佟景韩、范国恩、许宏治译，生活·读书·新知三联书店，1986。

〔德〕伊曼努尔·康德：《纯粹理性批判》，李秋零译，中国人民大学出版社，2004。

殷海光：《中国文化的展望》，中国和平出版社，1988。

〔美〕约书亚·梅罗维茨：《消失的地域：电子媒介对社会行为的影响》，肖志军译，清华大学出版社，2002。

乐安国：《社会心理学》，广东高等教育出版社，2006。

乐国安、薛婷：《网络集群行为的理论解释模型探索》，《南开学报（哲学社会科学版）》2011 年第 5 期。

昝玉林：《网络群体研究》，人民出版社，2014。

曾国屏：《自组织的自然观》，北京大学出版社，1996。

〔美〕詹姆斯·W. 凯瑞：《作为文化的传播："媒介与社会"论文集》（修订版），丁未译，中国人民大学出版社，2019。

张江：《强制阐释论》，《文学评论》2014 年第 6 期。

张世富：《冯特的〈民族心理学〉：体系、理念及本土意义》，《西北师大学报（社会科学版）》2004 年第 1 期。

张卫良：《20 世纪西方社会关于"消费社会"的讨论》，《国外社会科学》2004 年第 5 期。

张文宏：《社会资本：理论争辩与经验研究》，《社会学研究》2003 年第 4 期。

赵菊、佐斌：《情境与互动：人际互倚及其模式》，《心理科学进展》2005 年第 6 期。

赵蓉英、曾宪琴：《微博信息传播的影响因素研究分析》，《情报理论与实践》2014 年第 3 期。

赵毅衡：《论底本：叙述如何分层》，《文艺研究》2013 年第 1 期。

中国互联网络信息中心：《2016 年中国社交应用用户行为研究报告》，2017 年 12 月 27 日，http://www.cnnic.net.cn/hlwfzyj/hlwxzbg/sqbg/201712/P020180103485975797840.pdf.

周启超：《现代斯拉夫文论导引》，河南大学出版社，2011。

周宪：《福柯话语理论批判》，《文艺理论研究》2013 年第 1 期。

周晓红：《现代社会心理学：多维视野中的社会行为研究》，上海人民出版社，1997。

周志山：《马克思社会关系理论及其当代意义》，齐鲁书社，2004。

〔日〕佐佐木俊尚：《策展时代：点赞、签到，信息整合的未来》，沈泱、沈美华译，中信出版社，2015。

Alstott J, Bullmore E, Plenz D, "Powerlaw: A Python Package for Analysis of Heavy-Tailed Distributions", *PLoS One,* Vol.9, No.1, 2014.

Bakshy E, Hofman J M, Mason W A, et al, "Everyone's an Influencer: Quantifying Influence on Twitter", In Association for Computing Machinery, *Proceedings of the Fourth ACM International Conference on Web Search and*

Data Mining. New York: ACM, 2011.

Berger J, Milkman K L, "What Makes Online Content Viral?", *Journal of Marketing Research,* Vol.49, No.8, 2009.

Betsch C, Ulshöfer C, Renkewitz F, et al., "The Influence of Narrative v Statistical Information on Perceiving Vaccination Risks", *Medical Decision Making,* Vol.31, No.5, 2011.

Foucault M, "The Subject and Power", *Critical Inquiry,* Vol.8, No.4, 1982.

Fries P H, Cummings M, Lockwood D，et al., *Relations and Functions Within and Around Language,* London/New York: Continuum, 2002.

Granovetter M S, "The Strength of Weak Ties", *American Journal of Sociology,* Vol.78, No.6, 1973.

Green M C, Brock T C. "The Role of Transportation in the Persuasiveness of Public Narratives", *Journal of Personality and Social Psychology,* Vol.79, No.5, 2000.

Kristeva J, "Word, Dialogue and Novel", In Moi T(Ed.), The Kristeva Reader，Oxford：Blackwell, 1986. p.36.

Lisetti C L, Gmytrasiewicz P, "Can a Rational Agent Afford to be Affectless? A Formal Approach", *Applied Artificial Intelligence,* Vol.16, No.7-8, 2002.

Miceli M, de Rosis F, Poggi I, "Emotional and Non-emotional Persuasion", *Applied Artificial Intelligence*, Vol.20, No.10, 2006.

Nabi R L, "A Cognitive-Functional Model for the Effects of Discrete Negative Emotions on Information Processing, Attitude Change, and Recall", *Communication Theory*, Vol.9, No.3, 1999.

Page R, *Narratives Online: Shared Stories in Social Media.* Cambridge: Cambridge University Press, 2018.

Richard J G, *Experiencing Narrative Worlds: On the Psychological Activities of Reading.* New Haven: Yale University Press, 1993.

Smith H L, "The Comparative Method: Moving Beyond Qualitative and Quantitative Strategies by Charles C. Ragin", *Social Forces,* Vol.67, No.3, 1987.

Suler J, "The Online Disinhibition Effect", *CyberPsychology & Behavior,* Vol.7, No.3, 2004.

Tajfel H, *Differentiation between Social Groups: Studies in the Social Psychology of Intergroup Relations.* London: American Press,1978.

Turkle S, *Life on the Screen: Identity in the Age of the Internet.* New York: Touchstone, 1995.

van Laer T, de Ruyter K, Visconti L M, et al., "The Extended Transportation-Imagery Model: A Meta-Analysis of the Antecedents and Consequences of Consumers' Narrative Transportation", *Journal of Consumer Research,* Vol.40, No.5, 2014.

Zhao X, Zhu F D, Qian W N, et al., "Impact of Multimedia in Sina Weibo: Popularity and Life Span", In Li J, Qi G, Zhao D, et al., *Semantic Web and Web Science*, New York: Springer, 2013.

索　引

后　记
用时间征服空间的传播趋势

"烽火连三月，家书抵万金。"后半句说的是亲情人伦，前半句说的却是用时间征服空间的传播。长城上相距几百米的一个个烽火台上的烟火的依次点燃，就是为了抢时间，用时间征服空间的对战事信息的传播。这正符合160多年前马克思指出的"用时间消灭（征服）空间"。

库利说："铁路也是媒介。"铁路能成为媒介，不仅是因为它运送承载信息的货物，更因为它运送承载思想的人流，也是凭借速度用时间来征服空间。飞机和高铁是同样的道理，时间缩短的同时，相对于人的能动性来说空间就变小了，被人的能动性征服的空间就变大了。

铁路时代的马克思说"电报已经把整个欧洲变更成了一个证券交易所"，广播时代的麦克卢汉说"现代传媒把地球变成了一个部落村"，智能传播时代的今天，腾讯会议、Zoom 会议、Welink 等软件技术使中国乃至全球变成了一个会议室，都是用时间征服更广阔空间的当下体现，都推动了更为低成本、高频率的交往和传播。

所以说，每一次时间对空间的征服，都是一种交往和传播的革新。用时间征服空间，本质上是缩短传播的时间，扩大传播的空间。扩大的传播空间使空间被征服了、变小了，偌大的欧洲变成了一个证券交易所，全世界变成了一个"部落村"或腾讯会议室。易言之，传播速度的提升压缩了空间，也即征服空间，使人类进入一个空间大不如时间快的时代，轻而易举地实现了流行歌曲幻唱的"想你时你在天边，想你时你在眼前"。智能媒体在未来还会从技术上创造用时间征服空间的更多传播形态，从而加剧用时间征服空间的这一传播的历史趋势。

马克思的"用时间消灭（征服）空间"是针对当时的物流和资本而言，库利的"铁路也是媒介"是针对彼时的人流而言。从物流加速到人流加速是人类社会的进步，但也带来全球性的问题：工具理性的过度膨胀带来了价值理性的日益式微，也即现代性的悖论。而问题是，在人类现代化的进程中，工具理性与价值理性的不断博弈今天恰恰集中体现到信息现代性的张力上。"信息现代性"是笔者个人一己之见的词汇表述，是说媒介技术发展了，谁掌握了技术谁就掌握了传播，工具理性就被强调了。但人类借助媒介技术强化的工具理性，却以社交媒体的方式再一次冲击甚至颠覆着人类的价值理性，在社交狂欢的网络行为中构筑了具有诸多不确定性的网络关系和网络社会结构——从过去的物流加速到人流加速再到今天的信息加速，即工业社会到信息社会的转换，使工业化时代身体从属于流水线演变为信息时代大脑从从属于微信、微博、Twitter、Facebook、百度、抖音等。

信息现代性的悖论也给新闻生产带来了问题：社交媒体的普及，使信息传播的社会意义大于新闻传播的社会功能。新闻是记者和传媒机构生产和传播的，信息却是每一个人都可以生产和传播的。过去只有记者、媒体可以实现用时间征服空间的新闻传播，今天，快递小哥、外卖小哥、农民工兄弟、学生、教师、医生等每一个非新闻行业的普通个体，都可以做到用时间征服空间的信息传播。换句话说，在人人拥有媒介技术的情况下，谁最先掌握了信息，谁就可以通过以移动互联网为平台的各种社交媒体，实现最广泛的空间征服。比如，高科技企业或许可以在残酷的技术竞争中生存甚至涅槃，但却极有可能杳无声息地被互联网的舆情传播轻松淹没。这一切皆因以移动互联网为平台的社交媒体的传播，即传播主体极端多元的群体传播（或称为群聚传播

the internet-based assembly communication），成为最普及也最凸显的传播形态。微博、微信、Twitter、Facebook 等不过是群聚传播的表征和体现，关键是传播主体极端多元的群聚传播传播的不是新闻，而是信息，而信息又被情绪控制着。如此，新闻传播的社会功能被信息传播包围，又被情绪传播吞噬。

信息现代性的悖论也给信息传播带来了新问题：十几年前，作为传播学人，我们会为俯拾皆是的传播新现象感到兴奋，会为选择了这个专业感到幸运。而今天，不仅非传播学人会纠结胡萝卜吃多了是抗癌还是伤胃，在素食减肥长寿与牛排富含蛋白质中两难，即使是优秀的传播学者都会迷失于后真相中；无数针锋相对的自媒体文章不仅使非传播学人对铺天盖地的各种自媒体、公众号产生质疑，也会让当初为"新的传播现象俯拾皆是"而兴奋的传播研究者陷入茫然。

表面上看，这一切都是媒介技术带来的传播形态的改变，深层上却是人与人、人与自身内心、人与社会的关系的改变，也即媒介技术在改变传播形态的同时带来了整个生产关系、社会关系和心灵关心的重构。所以，对媒介技术的过度关注（如 4G、5G、人工智能乃至区块链、元宇宙等）遮蔽了对媒介技术引发生产关系演变的反思，因为在以时间征服空间的传播中，关系被轻而易举地重新选择、重新建构。关系的选择和重构就是价值的选择和重构，而价值正是我们面临的世界性严峻问题。这一切皆因用时间征服空间的传播趋势对信息生产方式的颠覆性的影响。

拙著相关研究自 2012 年始，彼时称研究对象为"互联网群体传播"，此次小书出版改为"互联网群聚传播"，一字之易，期待对互联网的认知更为准确明晰。

本书由隋岩设定总体框架并统稿，各章节具体执笔分工如下。绪论和后记：隋岩。第一章第一节：隋岩、姜楠；第二节：隋岩、李丹；第三节：姜楠；第四节：隋岩、常启云。第二章第一节：隋岩、谈和；第二节：罗譞；第三节：隋岩、姜楠；第四节：隋岩、罗譞。第三章第一节：隋岩、唐忠敏；第二节：隋岩、曹飞；第三节：隋岩、杨溢熙；第四节：隋岩、曹飞。第四章第一节：隋岩、曹飞；第二节：隋岩、谈和；第三节：范明；第四节：隋岩；第五节：隋岩、姜楠。

感谢科学出版社和责编杜长清女士在编校出版过程中为本书付出的心血，更要感谢全国哲学社会科学工作办公室及其专家给予本书的机会和包容！

隋　岩

2023 年 5 月 24 日